Berliner Spaziergänge

Gisela Buddée

MERIAN-Tipps

Was Sie auf den Spaziergängen nicht versäumen sollten

Spaziergang 1
Nikolaiviertel

1 Das Ephraimpalais mit toskanischen Säulen und golden vergitterten Balkonen wurde als »schönste Ecke« berühmt (→ S. 18).

Spaziergang 2
Unter den Linden

2 Eine neue Perspektive und leichter Fahrtwind machen Sightseeing mit der Hightech-Rikscha zum besonderen Vergnügen (→ S. 20, 134).

3 Einen spektakulären Kontrapunkt setzt der moderne Anbau des Deutschen Historischen Museums am Ehrenhof des barocken Zeughauses (→ S. 30).

Spaziergang 3
Neue Mitte: »Scheunenviertel«

4 Versteckte Idyllen sind die zahlreichen ehemaligen Gewerbehöfe wie Heckmannhöfe, Kunstwerke (KW) und Sophie-Gips-Höfe (→ S. 41, 43, 45).

5 In der »Strandbar Mitte« erholen sich müde Füße im Sommer in feinstem märkischen Sand am Ufer der Spree (→ S. 49).

Spaziergang 4
Um den Kurfürstendamm

6 Mehr Fische als in manchem Aquarium und Leckerbissen aus aller Welt: Das KaDeWe gilt als Synonym für Luxus (→ S. 51).

7 Rund um den Savignyplatz ist der Neue Westen nicht wirklich alt geworden und immer noch beschaulich schön (→ S. 58).

Spaziergang 5
Olympiagelände

8 Vom Glockenturm hinter dem schön sanierten Stadion blickt man über Berlin bis ins Brandenburgische (→ S. 67).

Spaziergang 6
Machtmeile Wilhelmstraße

9 Das Holocaust-Mahnmal von Peter Eisenman ist Gedenkstätte und ein auf 19 000 qm begehbares Kunstwerk (→ S. 77).

Weitere MERIAN-Tipps →
finden Sie auf Seite 159

Inhalt

18 **MERIAN-Tipps**
Was Sie auf den Spaziergängen nicht versäumen sollten
← S. 1 und S. 159 →

Erläuterung der Symbole

Für Familien mit Kindern besonders geeignet

Diese Unterkünfte haben behindertengerechte Zimmer

In diesen Unterkünften sind Hunde erlaubt

Preise für Übernachtungen im Doppelzimmer ohne Frühstück:

●●●● *über 200 €* ●● *ab 100 €*
●●● *ab 150 €* ● *ab 70 €*

Preise für einen Hauptgang, ohne Getränke:

●●●● *ab 30 €* ●● *ab 10 €*
●●● *ab 20 €* ● *ab 5 €*

Karten und Pläne

Die Buchstaben-Zahlen-Kombinationen im Text verweisen auf die Planquadrate der Karten, z. B.
→ S. 138, D 6 Kartenatlas

Mit Stadtplan

→ S. 13

Geschichte der Stadt Berlin

Eine »Wildnis mit Lehmboden« entwickelt sich zur Hauptstadt der Bundesrepublik Deutschland.

Bis 1432 lagen zwei Städte an der Spree, Berlin und Cölln (Merian-Kupferstich, 1652).

Stadtgründung
Die erste Erwähnung der Stadt Cölln 1237 wird zum offiziellen Stadtgründungsdatum erklärt.

Vor dem Mittelalter siedeln zwischen Havel und Spree Germanen, später, um 600 n. Chr., Slawen, die die Burgen Köpenick und Spandau gründen. Auf halbem Weg, an einer Furt im sumpfigen Waldgebiet der Spree, legen Kaufleute eine Kolonie an; sie heißt Berlin – »Wildnis mit Lehmboden« im Slawischen. Ein Datum ist nicht bekannt. Auf einer nahen Spreeinsel, Collen (»der aus dem Wasser ragt«), haben sich bereits Fischer niedergelassen.

Kaiser Lothar schickt 1134 **Albrecht den Bären** aus dem Haus der Askanier als Markgrafen nach Norden, ihm folgen deutsche Siedler aus dem Harz, aus Franken und vom Rhein. Um den heutigen Mühlendamm entwickeln sich die Städte **Berlin** und **Cölln**. 1237 wird Cölln in einer Urkunde zum ersten Mal namentlich erwähnt, die Stadt Berlin 1244. Das Jahr 1237 jedoch wird später zum offiziellen Stadtgründungsdatum. Nikolaikirche und Marienkirche und eine Stadtmauer werden gebaut. Berlin und Cölln bilden 1307 eine Union, und 1359 wird die Doppelstadt Mitglied der Hanse. Luxemburger und Wittelsbacher streiten seit dem Tod des letzten Askaniers Woldemar (1319) um die Mark, und wiederholt zerstören Brände Teile der Stadt.

Berlin wird Residenz

1411 kommt Burggraf Friedrich VI. von Nürnberg in die Mark. Kaiser Sigismund ernennt ihn zum Kurfürsten **Friedrich I.** (1415–1440). Mit ihm beginnt die 500 Jahre währende **Herrschaft der Hohenzollern**.

1432 haben sich Berlin und Cölln als Stadt vereinigt. 1440 kommt Friedrichs Ältester, **Kurfürst Friedrich II.**, genannt »Eisenzahn«, mit 600 bewaffneten Reitern, um an der Spree zu regieren. In Tumulten, dem »Berliner Unwillen«, wehren sich die Bürger gegen den Landesherren, der ihnen eine feudale Zwingburg vor die Nase setzen will, doch der lässt den Roland – das Zeichen freier Gerichtsbarkeit – in die Spree werfen, trennt Berlin und Cölln und erbaut dazwischen von 1443 bis 1451 das erste Stadtschloss. Berlin hat seine städtischen Freiheiten verloren und muss aus der Hanse austreten. 1470 erklären die brandenburgischen Kurfürsten Berlin zu ihrem Regierungssitz, halten sich aber selten dort auf.

Kurfürst Friedrich I.
Mit einer starken Truppe im Gefolge und der »Faulen Grete« im Gepäck, das ist eine neue Kanone, die steinerne Kugeln verschießt und damit die Raubritter vertreibt und streitende Adelige ruhig stellt, verschafft sich Friedrich Ansehen in der Mark.

Als **Kurfürst Friedrich Wilhelm** (1640–1688) die Herrschaft übernimmt, leidet das entvölkerte Land unter den Folgen des verheerenden Dreißigjährigen Krieges. Der Regent heiratet eine Holländerin, Louise von Oranien. Neubürger bringen die Wirtschaft in Schwung. Sie stammen aus Holland, Belgien, Polen, Böhmen, Italien. 1671 erlaubt der Große Kurfürst die Gründung einer jüdischen Gemeinde (→ S. 43). 1685 kommen aus Frankreich wegen ihres Glaubens geflohene Hugenotten, die bald ein Viertel der Berliner Bevölkerung stellen.

Edikt von Potsdam
1685 gewährt Friedrich Wilhelm Glaubensflüchtlingen aus aller Welt das Aufenthaltsrecht in der Mark Brandenburg und in Berlin und erlaubt freie Religionsausübung.

Der Lustgarten wird angelegt, Berlin zur Festung ausgebaut. Die Dorotheenstadt entsteht am Spreebogen. Hatte Berlin Mitte des 17. Jh. nur noch 6000 Einwohner, sind es 50 Jahre später 55 000.

Preußen ist Königreich

Friedrich Wilhelms Sohn Friedrich III. krönt sich 1701 in Königsberg zum **König Friedrich I.** (1701–1713), zum ersten »König in Preußen«. Das Zeughaus wird gebaut, die beiden Kirchen am Gendarmenmarkt und für Königin Sophie Charlotte ein Schloss, später Charlottenburg genannt, das zum Treffpunkt europäischer Geistesgrößen wird. Am 1. Januar 1710 bekommt die gesamte Residenzstadt ihren endgültigen Namen – Berlin. Sie umfasst ungefähr die Fläche des heutigen Bezirks Mitte.

Der Soldatenkönig

»Lange Kerls«
Der Soldatenkönig hat eine Schwäche: die »Langen Kerls«. In Potsdam hat er eine Garnison baumlanger Männer aufgestellt. Zwölf lange Afrikaner tauscht er mit den Holländern gegen Stützpunkte in Westafrika.

Friedrich Wilhelm I. (1713–1740) verachtet den prunkvollen Lebensstil seiner Eltern, der ihm auch leere Staatskassen hinterlassen hat. Er hat zwei Lebensziele: eine schlagkräftige Armee und eine ordentliche Stadt, und er spart eisern. Die Berliner hassen ihn wie alles Militärische. Sogar sein Sohn Friedrich versucht, dem strengen Patriarchen zu entfliehen. Der Plan wird verraten, Friedrich Wilhelm I. will seinen Sohn als Deserteur töten lassen, begnügt sich dann aber mit der Hinrichtung dessen Freundes und »Komplizen«, des Leutnants Hans Hermann Katte. Friedrich muss dabei zusehen.

Friedrich der Große

Mit 28 Jahren tritt **Friedrich II.** (1740–1786) ein mächtiges Erbe an, die viertstärkste Armee Europas. Mit dem Einmarsch in Schlesien und mit zwei weiteren Kriegen zeigt er, was er unter Machtpolitik versteht, und macht Preußen zur Großmacht. Aber er holt auch die größten Geister der Zeit an seinen Hof, allerdings nach Potsdam in seine Sommerresidenz Sanssouci. Die Linden werden ausgebaut, das Opernhaus eröffnet, Schloss Bellevue entsteht, und Schloss Charlottenburg wird erweitert. Gotthold Ephraim Lessing kommt nach Berlin, eine lockere Vereinigung von Literaten trifft sich, Berlin wird zum Zentrum der Aufklärung. 1751 entsteht die spätere Königliche Porzellan-Manufaktur (KPM), die erste Bank wird gegründet. Mit der englischen Spinnmaschine beginnt 1781 die Mechanisierung der Berliner Textilherstellung. 1786, als Friedrich der Große – für die Berliner der Alte Fritz – stirbt, ist Berlin mit 150 000 Einwohnern eine bedeutende mitteleuropäische Metropole.

Napoleon ante portas

Sein Neffe **Friedrich Wilhelm II.** (1786–1797), der »dicke Wilhelm«, lässt das Brandenburger Tor bauen. Die Stadt wird für ihre Schönheit und Weltoffenheit weit gerühmt.

Sein Nachfolger **Friedrich Wilhelm III.** (1797–1840) flieht mit seiner schönen und klugen Frau Luise vor Napoleons Eroberungszügen bis nach Memel, sodass Napoleons Truppen 1806 durch das Brandenburger Tor marschieren können. Nach zwei Jahren ziehen sie wieder ab, manches Beutestück im Gepäck.

In den Salons wird über die Demütigung Deutschlands diskutiert, allmählich entsteht etwas wie ein deut-

1870, in der Wilhelmstraße fährt man noch mit Pferdekutschen vor, entsteht eine Ringbahn für den Güter- und Personenverkehr.

sches Nationalgefühl und das Bedürfnis nach Reformen in einem daniederliegenden Staat. Was die kulturellen Zirkel der Intellektuellen, oft Juden, denken und planen, setzen Politiker wie Wilhelm von Humboldt, August von Hardenberg und der Reichsfreiherr Karl vom und zum Stein um: 1809 nimmt ein gewähltes Stadtparlament seine Arbeit auf. Der Zunftzwang wird aufgehoben, die Bildung reformiert.

1813 ruft Friedrich Wilhelm III. zum bewaffneten Widerstand gegen Napoleon auf, führt die Befreiungskriege und spendiert den Orden Eisernes Kreuz. Der König will von Reformen nichts mehr wissen. Auf dem Wiener Kongress erhält Preußen Köln, Aachen, Mainz, Trier und Saarbrücken zugesprochen.

Karl Friedrich Schinkel baut die Neue Wache, Schauspielhaus und Altes Museum entstehen im klassizistischen Stil. Manch einer denkt an das antike Griechenland und nennt Berlin »Spree-Athen«. Im Jahr 1816 fährt das erste in Deutschland gebaute Dampfschiff, die »Princess Charlotte«, über Havel und Spree, und bereits 1838 verkehrt eine Eisenbahn zwischen Potsdam, Zehlendorf und Potsdamer Platz.

Die Universität

Nur unwillig setzt der König 1810 seinen »Friedrich Wilhelm« unter die Gründungsurkunde der Universität im Prinz-Heinrich-Palais Unter den Linden, dennoch wird die Universität 136 Jahre lang seinen Namen tragen. Heute heißt sie nach ihrem Gründer Wilhelm von Humboldt.

März- und Industrierevolution

Vom neuen König **Friedrich Wilhelm IV.** (1840–1861) erwarten die Berliner neue Reformen und erfahren die Unterdrückung aller freiheitlichen Gedanken. Eine rasante

Großes Hurra! Für Kinder ist die Luftbrücke (→ S. 12), über die Berlin elf Monate per Flugzeug versorgt wird, ein Abenteuer.

Industrialisierung bringt immer mehr Menschen in die Stadt. Es kommen mehr, als Arbeit vorhanden ist, die Lebensverhältnisse der kleinen Leute sind erbärmlich. Aus Frankreich schallt 1830 die Kunde vom Sturz der Monarchie. In Berlin formuliert man Forderungen nach Freiheit und Demokratie an den absolutistisch herrschenden König. Eine Nationalversammlung soll eine demokratische Verfassung entwerfen. Die Lage eskaliert. Aufständische bauen Barrikaden, Truppen schießen. 216 Menschen sterben bei dieser Märzrevolution (→ S. 41). Der Sieg bleibt eine Episode. Im November lässt der König den Aufstand endgültig niederschlagen und verhängt für acht Monate mit 40 000 Soldaten den Belagerungszustand über Berlin. Preußen wird konstitutionelle Monarchie.

Aufgestiegen
Manche der im 19. Jh. zugewanderten Handwerksgesellen haben es geschafft und sind längst zu bekannten Fabrikanten geworden wie Siemens, Stock, Knorr, Loewe, Orenstein, Koppel oder Borsig.

1845 beginnt man den 10,5 km langen Landwehrkanal zu graben. Für die Wohlhabenden bauen Schinkels Schüler prunkvolle Villen. In neuen Mietskasernen drängen sich Arbeiter und Arbeitslose. 1861 wird **Wilhelm I.** König von Preußen, ein Jahr später **Otto von Bismarck** preußischer Ministerpräsident. 1867 wird Berlin Hauptstadt des Norddeutschen Bundes und Sitz des Reichstages.

Hauptstadt des Kaiserreichs

Berlin wächst mit Mietskasernen und Villen ins Umland hinaus. 1868 findet der Allgemeine Deutsche Arbeiterkongress zur Gründung der ersten Gewerkschaften statt. 1871 im Deutsch-Französischen Krieg wird der »Erbfeind« bei Sedan geschlagen, und am 18. Januar 1871 vernimmt Berlin die nächste Überraschung: König Wilhelm I. wird in Versailles zum **Kaiser** gekrönt. Berlin ist **Hauptstadt** des neuen Deutschen (Kaiser-)Reiches.

Millionenbauern
Man spricht von »Schöneberger Millionenbauern«, die ihr Ackerland vorteilhaft verkaufen. Der Hamburger Kaufmann Johann Anton Wilhelm von Castenn erwirbt große Güter, um darauf die Villenstädte Lichterfelde-West, Lichterfelde-Ost, Friedenau, Halensee und Wilmersdorf zu bauen.

Glanz und Not der Gründerjahre

Die siegreichen Truppen ziehen 1871 in eine bald zweigeteilte Stadt: Armut und Elend im Norden und Osten, Glanz der Gründerjahre im Westen. Fünf Milliarden Francs Kriegsschuldzahlungen Frankreichs sollen die Wirtschaft kräftig ankurbeln. Der Kurfürstendamm wird – nach Pariser Vorbild – ausgebaut. Auf dem Königsplatz – heute Platz der Republik – wird die Siegessäule aufgestellt. Kanalisation, Schlachthof, Markthallen entstehen, eine Ringbahn um Berlin ist in Bau, Berlin ist Weltstadt. Schon wanken Banken und Börsen, kleine und große Spekulanten verlieren viel Geld, den Firmenpleiten folgen Massenentlassungen, Arbeitslosigkeit und Not. Die Arbeiterbewegung radikalisiert sich, auf den Kaiser wird ein Attentat verübt. 1878 erlässt Bismarck die Sozialistengesetze (→ S. 25). Über Berlin und Umgebung wird der »Kleine Belagerungszustand« verhängt. Die Bevölkerung steht unter Kriegsrecht.

1888 geht als Dreikaiserjahr in die Geschichte ein. Wilhelm I. stirbt 91-jährig. Für 99 Tage folgt ihm sein todkranker Sohn Friedrich I., bis der von seinem 29 Jahre alten Sohn **Wilhelm II.** (1888–1918) abgelöst wird. Bismarck wird aus allen Staatsämtern entlassen. Der Kaiser lässt 34 neue Kirchen bauen, den Dom als protzige Staats- und Hofkirche umbauen, Kasernen in Tempelhof errichten und die Siegesallee mit 32 Monumenten schmücken. Berlin soll die schönste Stadt der Welt werden. Für manche ist sie das schon. Um 1900 leben 1,9 Millionen Menschen in der Stadt.

Die Puppen
Die Berliner nennen die Statuen an der Siegesallee Puppen. Und weil es von der Stadtmitte weit bis dorthin ist, wird »bis in die Puppen« ein Begriff für alles, was sich lange hinzieht.

Weltkrieg und Weimarer Republik

Den Ersten Weltkrieg (1914–1918) erleben die Berliner als Zeit der Rationierung. Not und Hunger führen zur Revolution. Am 9. November 1918 streiken die Betriebe, und die Menschen versammeln sich in den Straßen. Die »B.Z. am Mittag« verkündet: »Der Kaiser hat abgedankt«. Der SPD-Politiker Philipp Scheidemann ruft von einem Fenster des Reichstages die Republik aus – und Karl Liebknecht von einem Balkon des Schlosses die freie sozialistische Republik. Der SPD-Vorsitzende Friedrich Ebert übernimmt die Regierungsverantwortung. Der Streit um die Zukunft wird 1919 beim Spartakusaufstand mit Waffengewalt ausgetragen. Als die KPD zum Generalstreik aufruft, werden ihre Anführer, Karl

Moderne Kommunikation
Seit 1876 gibt es in Berlin eine Rohrpost mit zunächst 15 Stationen. Innerhalb von Minuten werden Sendungen per Druckluft zu einem Zustellpostamt befördert und sofort ausgetragen. Seit 1880 erhalten Interessenten einen Fernsprechanschluss. Das erste Telefonbuch der Welt verzeichnet im Jahr 1880 187 private Anschlüsse.

Liebknecht und Rosa Luxemburg, festgenommen, misshandelt und umgebracht. Die Wahlen zur Nationalversammlung gewinnt die SDP. Die Abgeordneten weichen vor den Unruhen in das ruhige Weimar in Thüringen aus und begründen damit die **Weimarer Republik**.

Die kurzen Goldenen Zwanziger

1920 wird Berlin durch Eingemeindungen zu **Groß-Berlin**. Mit 3,8 Millionen Einwohnern ist es nun nach London und Paris drittgrößte Stadt Europas, zugleich wirtschaftliches, kulturelles und gesellschaftliches Zentrum. 1923 wird aus dem Vox-Haus die erste Rundfunksendung ausgestrahlt. Auf dem neuen Messegelände findet 1924 die erste Funkausstellung statt, der Flughafen Tempelhof wird gebaut. In Theatern, Kabaretts und Bars wird die neue Zeit gefeiert. Neue Wohnsiedlungen entstehen als Reformprojekte. Der Glanz überstrahlt nicht nur die politische Zerrissenheit, die Inflation hat viele Menschen in Armut gestürzt. Berlin ist mit 173 000 Juden die fünftgrößte jüdische Ansiedlung der Welt.

»Machtergreifung«

Mit 636 000 Arbeitslosen erreicht die Wirtschaftskrise 1932 ihren Höhepunkt. Jeder dritte Berliner lebt von geringen öffentlichen Zuwendungen. Die Nationalsozialisten erhalten starken Zulauf. Reichspräsident Hindenburg ernennt am 30. Januar 1933 **Hitler** zum Reichskanzler. Die SA feiert die »Machtergreifung« mit einem Fackelzug durch das Brandenburger Tor.

Schaltzentrale des Terrors

Am 28. Februar 1933 brennt der Reichstag – für die Nazis ein willkommener Anlass, ihre politischen Gegner auszuschalten. Der Reichstag erlässt im März das Ermächtigungsgesetz. Das Parlament hat sich damit selbst entmachtet. Im März noch wird in Oranienburg-Sachsenhausen das erste Konzentrationslager im Berliner Raum eingerichtet, und politisch Verfolgte werden in Massen dorthin gebracht. Am 1. April werden jüdische Geschäfte beschädigt und boykottiert, dann jüdische Beamte entlassen. Am 10. Mai werden auf dem Opernplatz (heute Bebelplatz) die Bücher linker, demokratischer und jüdischer Dichter verbrannt (→ S. 28). 1936 werden die XI. Olympischen Spiele in einem tolerant anmutenden Berlin gefeiert (→ S. 63). Die pangermanische Hauptstadt Germania wird geplant (→ S. 74). In dem als »Reichskristallnacht« organisierten Judenpogrom in der Nacht vom 9. auf den 10. November werden die meisten der 80 Berliner Synagogen zerstört oder beschädigt.

Tanz auf der Mauer am Brandenburger Tor 1989 – davon wagten die Berliner 28 Jahre lang nicht einmal zu träumen (→ S. 12).

Berlin im Krieg

Bei Beginn des Zweiten Weltkriegs hat Berlin 4,34 Millionen Einwohner. Im Oktober 1941 beginnt die Massendeportation der Berliner Juden in Konzentrations- und Vernichtungslager. Die Berliner erleben am 25. August 1940 den ersten Luftangriff, den ersten schweren am 1. März 1943. Am 18. Februar hatte Goebbels im Sportpalast den »totalen Krieg« proklamiert. Nach dem misslungenen Attentat auf Hitler am 20. Juli 1944 werden die führenden Verschwörer im Bendler-Block im Tiergarten erschossen. Im April 1945 beginnt die Rote Armee den Angriff auf Berlin. Am 2. Mai kapituliert Berlin, und am 8. Mai unterzeichnet die Wehrmachtsführung in Berlin-Karlshorst die bedingungslose Kapitulation.

Teilung und Mauerbau

Bereits während des Krieges hatten sich die USA, die Sowjetunion und Großbritannien über die Teilung des Deutschen Reiches verständigt. Berlin wird in vier Sektoren geteilt und der Aufsicht einer dem Alliierten Kontrollrat unterstehenden Behörde unterstellt. Als die Westmächte (Amerikaner, Engländer, Franzosen) auf der Londoner Sechsmächtekonferenz den Wiederaufbau Westdeutschlands beschließen, kündigen die Sowjets im März 1948 die Zusammenarbeit auf. Nach der Währungsunion in den Westsektoren Berlins lässt die

Wannsee-konferenz

Am 20. Januar 1942 beschließen 15 Beamte unter Leitung von Reinhard Heydrich, Chef des Reichssicherheitshauptamtes, in einer Villa am Wannsee die bürokratisch perfektionierte Deportation aus den unter deutscher (Militär-)Herrschaft stehenden Gebieten in Vernichtungslager: Das betrifft ca. sechs Millionen Juden, 200 000 Sinti und Roma und eine Million Angehörige anderer ethnischer Gruppen, politisch Verfolgte, Zwangsarbeiter, Homosexuelle und geistig Behinderte.

sowjetische Militärverwaltung am 24. Juni 1948 sämtliche Zufahrtswege nach Berlin blockieren. Der amerikanische Militärgouverneur Lucius D. Clay organisiert mit Bürgermeister Ernst Reuter die Luftbrücke, über die elf Monate lang 2,5 Millionen Menschen mit allem Lebensnotwendigen aus der Luft versorgt werden. Am 23. Mai 1949 wird das **Grundgesetz der Bundesrepublik Deutschland** verkündet. »Provisorische« Hauptstadt ist jetzt Bonn. Am 7. Oktober 1949 wird die Deutsche Demokratische Republik proklamiert, **Ost-Berlin wird Hauptstadt der DDR** und deren Regierungssitz.

Notaufnahmelager Marienfelde
Das Aufnahmelager wird 1953, auf dem Höhepunkt der Fluchtbewegungen aus der DDR, eröffnet. Für mehr als 300 000 Menschen wird es zum Durchgangslager.

Das Berlinhilfegesetz von 1950 verschafft der »Frontstadt« West-Berlin mit Zuschüssen und Steuervorteilen Milliarden. In Ost-Berlin wird der sozialistische Aufbau vorangetrieben. Am 16./17. Juni 1953 wird der Volksaufstand in Ost-Berlin mithilfe sowjetischen Militärs niedergeschlagen (→ S. 86). Immer mehr Menschen fliehen in den Westen. Am 13. August 1961 beginnt der **Bau der Berliner Mauer**, von der DDR-Führung als »antifaschistischer Schutzwall« verkauft. Am Höhepunkt des Kalten Krieges ist die Stadt endgültig in zwei Hälften geteilt und West-Berlin zur Insel geworden.

Alltag in der geteilten Stadt

Bekenntnis
1963 besucht US-Präsident John F. Kennedy West-Berlin und gibt ein Treuebekenntnis der Schutzmacht zu West-Berlin ab: »Ich bin ein Berliner«.

1967 gründet sich in West-Berlin die Kommune I. Am 2. Juni wird während einer Protestdemonstration gegen den Schah von Persien der Student Benno Ohnesorg von einem Polizeibeamten erschossen, und damit beginnen militante Aktionen der APO (Außerparlamentarische Opposition), Demonstrationen gegen den Vietnamkrieg und die Springer-Presse. West-Berlin macht durch Krawalle und Hausbesetzungen Schlagzeilen.

In Ost-Berlin wird der Alexanderplatz mit dem Fernsehturm als neues Zentrum gestaltet, der Palast der Republik errichtet. Zunehmend wird im Osten Ende der 1980er-Jahre Unmut über die ökonomische und politische Krise laut. Nach den vom russischen Präsidenten Michail Gorbatschow eingeleiteten Reformen in der Sowjetunion und der Auflösung des sozialistischen Bündnissystems wankt auch die DDR. Den Montagsdemonstrationen in Leipzig 1989 folgen die in Ost-Berlin. Am 9. November fällt die Mauer (→ S. 89). Am 22. Dezember ist das Brandenburger Tor wieder ein Tor.

Wieder vereint

Am 31. August 1990 wird der Einigungsvertrag zwischen beiden deutschen Staaten unterzeichnet. Am 20. Juni 1991 wird entschieden, dass Berlin wieder **Hauptstadt und Regierungssitz** werden soll. Im Mai 1999 tagt das Parlament zum ersten Mal im Reichstag.

MERIAN *live!*-QUIZ

GEWINNSPIEL: Monat für Monat eine Reise und weitere attraktive Preise zu gewinnen!

Um wen, was oder welchen Ort geht es hier?

»Nike. Viktoria. Eirene. Drei Namen für eine, die Mitglied eines Berliner Ensembles ist. Gegenüber der griechischen bzw. römischen Siegesgöttin erscheint Eirene am sympathischsten: Als Göttin des Friedens war sie eine der Horen, nach denen Schiller sein legendäres Fachblatt fürs Klassische benannte.

Auch jener Frauenfigur Schöpfer (er wird hier gesucht) fühlte sich der Klassik nah. Doch bald nach dieser Schöpfung war er kaum mehr en vogue: Im aufkommenden Zeitgeist der Romantik verblasste die Klassik zum Zweitgeist. Zudem ging 1802 ein Besuch in Weimar ziemlich schief. Als Maßnahme für eine Büste legte er sogleich Hand an, was Goethe sich verbat. Wie ein »Bierbruder« habe er sich dem Dichter genähert, lästerte der Philosoph Schelling.

Zum Goethe-Porträt kam es erst 14 Jahre später. Da war der Gesuchte Chef einer Berliner Akademie und hatte sich vor allem aufs Zeichnen verlegt. Seine Napoleon-Karikaturen sind von spitzer Feder. Eine Art Rache wohl auch, dass 1806 der Korse, kurz nach der Schlacht von Jena /Auerstedt, in Berlin seine Eirene nach Paris entführen ließ. (Unversehrt brachte sie General Blücher 1814 zurück.)

Im Zweiten Weltkrieg zerstört, erstrahlt Eirene-Nike-Viktoria heute als Kopie am originalen Ort. Freuen würde ihren Urheber, dass sie, samt Ensemble, doch noch ein Klassiker wurde – als Symbol. Sage somit niemand, sie sei den Deutschen keinen Cent wert: von 10 bis 50 ist sie, en miniature, ständig in Europa unterwegs. Und das mit 4 PS.«

Felix Woerther

Wenn Sie die Lösung wissen, besuchen Sie uns doch im Internet unter **www.merian.de/quiz** oder senden Sie uns eine E-Mail an **quiz@travel-house-media.de**

Unter den Einsendern verlosen wir Monat für Monat attraktive Preise. Viel Glück!

presented by **OLYMPUS**

Rund um die Wiege der Hauptstadt

Ein Stück Stadtmauer und eine Klosterruine erinnern im Nikolaiviertel an die alte Stadt.

Die beiden Türme der Nikolaikirche sind Stadtwanderern eine Orientierungshilfe.

Charakteristik des Spaziergangs Es ist nicht einfach, in Berlin authentische Spuren der Stadtwerdung zu finden. Die Furt an der Spree, die vor etwa 800 Jahren schon besiedelt war, ist längst eine viel befahrene Hauptstraße. Neue Planungen sehen jedoch den Rückbau zum urbanen Altstadtquartier vor. Wer Berlins Altstadt heute sucht, wird ins Nikolaiviertel geschickt, das nun Alt-Berlin spielt. Dort, wo nach dem Zweiten Weltkrieg fast nichts mehr stand, sollte bis 1987, zum 750. Stadtjubiläum, eine Traditionsinsel mit 780 modernen Wohnungen entstehen. Man schuf zu Füßen der ältesten Kirche Berlins ein seltsames Gebilde aus originalen und nachgebauten alten Häusern und Platten-Neubauten mit Giebeln.

SERVICE

Beginn des Spaziergangs: Rolandufer, U-Bahn: Jannowitzbrücke
Ende: Poststraße/Rathausstraße, U-Bahn: Alexanderplatz
Dauer: 2 Stunden

Verlassen Sie die U-Bahn Richtung Brückenstraße und gehen Sie zum **Rolandufer**. Am Fuß der Ufertreppe starten Schiffe zur Rundfahrt auf der Spree. Am Südufer ragt aus den Bäumen ein roter Turm, der zum im neogotischen Stilmix errichteten Märkischen Museum gehört, das die Ur- und Frühgeschichte des Berliner Raumes dokumentiert. In einem Zwinger dahinter leben die beiden Stadtbären Maxi und Schnute. Weiter westlich sehen Sie im Museumshafen alte Schiffe liegen, von denen manche in den Sommermonaten zu historischen Touren durch die Stadt ablegen.

Berliner Bären
Die ersten Bewohner des 1938 eingerichteten Bärenzwingers hießen Urs und Vreni und waren ein Geschenk der Stadt Bern zum 700. Stadtgeburtstag Berlins.

Vor dem grauen Gebäude, der neuen niederländischen Botschaft, biegen Sie in die **Klosterstraße** ein und überqueren anschließend die **Stralauer Straße**, von der Historiker annehmen, dass sie die älteste Straße der Stadt ist. Hinter einem Jugendstilportal reihen sich weiß und grün gekachelte Gewerbehöfe vom Ende des 19. Jh. aneinander. Mit der **Parochialkirche** (1695–1703), die Johann Arnold Nering und Martin Grünberg planten, ist einer der wenigen Berliner Barockbauten erhalten geblieben. Im Inneren sind die Kriegszerstörungen zu sehen. Der Turmaufsatz mit Glockenspiel und vier bronzenen Löwen soll bis 2011 rekonstruiert sein.

Um die Parochialkirche

Wenn Sie nach rechts in die **Parochialstraße** einbiegen, kommen Sie an deren Ende, in der **Waisenstraße**, zum Gasthaus **Zur letzten Instanz**, in dem schon der Zeichner Heinrich Zille am alten Majolika-Kachelofen gesessen hat. Bereits 1552 soll hier ein Gasthaus gestanden haben. Der Name nimmt Bezug zum dahinter liegenden Stadtgericht mit neobarocker Fassade und weitläufigen Treppenhäusern mit schönen Jugendstilgeländern. Links, hinter den Gasthaustischen im Schatten alter Bäume, treffen Sie auf ein Stück mittelalterlicher Stadtmauer. Aus Feldsteinen errichtet, später mit Ziegelsteinen ergänzt, verlor sie im 17. Jh. ihre Funktion und wurde zur Rückwand der Häuser, die hier entstanden.

Sein Milieu
Die enge Parochialstraße diente Zille als Hintergrund für viele seiner Milieuzeichnungen.

Große Brände, wie der von 1380, haben das älteste Berlin fast ausgelöscht. 1660 wurde für die Stadt eine Gassenordnung erlassen. Daraufhin musste jeder Hausbesitzer die Straße bis zum Rinnstein mitten auf der Straße pflastern, und zwar so, dass das Wasser bei Regen ablaufen konnte, und Ställe, die »so einigen Stank geben könnten«, sollten ganz verschwinden. Eine Wasserleitung – hölzerne Rinnen, die Wasser zu Höfen und

Straßen führten – gab es zwar schon seit dem Jahr 1572, aber das Wasser war schmutzig, und bis zum 19. Jh. war nur Brunnenwasser trinkbar.

Am alten Kloster

Sie folgen nun der Waisenstraße nach Norden bis zu ihrem Ende, wo in einer Grünanlage die **Ruine der Klosterkirche** in den Himmel ragt, die um das Jahr 1250 am damaligen Stadtrand als Teil eines Franziskanerklosters entstanden ist, eine dreischiffige Basilika in schönster märkischer Backsteingotik. Die Klosteranlage selbst war zu Beginn des 16. Jh. fertiggestellt worden. Als mit Leonhard Thurneysser ein Alchimist und Astrologe aus dem schweizerischen Basel nach Berlin kam, der zudem als Wunderdoktor bekannt war, überließ Kurfürst Johann Georg ihm Teile des Klosters für Laboratorien. Auch die erste Druckerei der Stadt wurde hier eingerichtet. 1574 stiftete der Kurfürst das Gymnasium Zum Grauen Kloster, und 1576 gab es bereits 600 Schüler. Es wurde über Jahrhunderte zu Berlins bedeutendster Bildungseinrichtung. Karl Friedrich Schinkel hat sie ebenso besucht wie Otto von Bismarck.

Schule

Eine Schulpflicht gab es bis 1717 nicht. Man musste Schulgeld bezahlen, und so ist es kein Wunder, dass 1615 die Hälfte der Erwachsenen ihren Namen nicht schreiben konnte.

Durch den Eingang Klosterstraße können Sie in die Kriegsruine hineinsehen, in der im Sommer auch Ausstellungen und Konzerte stattfinden. In der Klosterstraße hat 1261 auch das älteste Haus des damals noch askanischen Landesfürsten gestanden. 1290 bis 1300 entstand neben der Klosterkirche das Hohe Haus, das Haus des Landesherrn bis zum Schlossbau (Grundsteinlegung am 31. Juli 1443).

Bei den Mühlen

An der Ecke Grunerstraße wenden Sie sich nach Süden. Im Molkenmarkt – das ist die große Kreuzung – werden Sie den »ollen Markt« der alten Handelssiedlung nicht erkennen, ebenso wenig im Mühlendamm den Ort, an dessen Wehr sich Wassermühlen drehten. Sie überqueren die Kreuzung zweimal und folgen dem Mühlendamm einige Schritte, um beim »Paddenwirt« (Padden sind Frösche) in die Eiergasse einzubiegen, die direkt in Berlins »Altstadt« führt.

Molkenmarkt

Der Molkenmarkt war zunächst der Alte Markt, der später seinen Namen nach den Mollen, den Mühlen am Mühlendamm, erhalten hat.

Richtig alt sieht sie nicht aus, das ist sie auch nicht, aber bis zur Zerstörung im Zweiten Weltkrieg hat es noch eine Altstadt mit engen Gassen und kleinen Häusern im Schatten der Nikolaikirche gegeben. Bei der neuen Bebauung des historischen Ortes sollten kulturhistorische Verluste zeitgemäß ersetzt werden, eine detailgetreue Rekonstruktion der mittelalterlichen Altstadt hat der Architekt Günter Stahn, der das neue Nikolaiviertel entwarf, aber nicht vorgesehen.

Nikolaikirche und Nostalgie

Biegen Sie gleich links auf den **Nikolaikirchplatz** ein. Schmale Häuser, nur 3 bis 4 m breit, aus dem 17. und 18. Jh. umstanden die Kirche bis zur Zerstörung im Zweiten Weltkrieg. In einem von ihnen, Nikolaikirchplatz 7, wohnte von 1752 bis 1755 Gotthold Ephraim Lessing. Wenn Sie an der »Kaffeestube« den kurzen Weg zum Mühlendamm einbiegen, sehen Sie links an der Ecke das Gasthaus **Zur Rippe** und an dessen Mühlendammfront über dem Fenster eine Riesenrippe. Das Hauszeichen geht auf eine Sage zurück: Der Riese Rolbert hatte eine Fischerstochter geraubt, und der tapfere Berliner hatte den Riesen nach hartem Kampf besiegt. Die Rippe mit dem Schulterblatt ist das Siegeszeichen.

Kehren Sie nun zum Nikolaikirchplatz um und gehen zum **Bärenbrunnen** vor der Nikolaikirche. Ausgrabungen von 1956 bis 1958, die auf einen Friedhof hinwiesen, belegen eine Besiedelung des Ortes schon im 12. Jh. An der **Nikolaikirche** sehen Sie mit dem Felssteinsockel der westlichen Turmfront das älteste erhaltene Mauerwerk der mittelalterlichen Stadt, das noch von einem Vorgängerbau stammt. Vier Bauphasen der dem Schutzpatron der Kaufleute geweihten Kirche lassen sich nachweisen: eine Pfeilerbasilika aus der Zeit um 1200, der Erweiterungs- oder Neubau von 1264, dessen Granitquader den Turm begründen, der Bau des Chores von 1378/79 und der abschließende Bau von 1460, der der Kirche die heutige Gestalt gab – mit einem Turm. Die zwei Türme heute werden auf einen Irrtum bei der Res-

Nikolaikirche

Paul Gerhardt predigte von 1657 bis 1666 in St. Nikolai und schrieb hier einen großen Teil seiner Kirchenlieder. Auch der Ablassprediger Tetzel soll in der Nikolaikirche für die Verkürzung des Fegefeuers mittels klingender Münze geworben haben.

»Krach in der Destille«, so sah ihn »Pinselheinrich« Zille, der berühmte Chronist des Berliner »Milljöhs«, um 1910.

taurierung im 19. Jh. zurückgeführt. Eine Sichtgrube ermöglicht Ihnen einen Blick auf Fundamente und Mauerwerk. Die Kirche wird als Ausstellungs- und Konzertraum genutzt und ist täglich, außer montags, zu besichtigen.

Altberliner Wohnhäuser

Wenn Sie die Kirche verlassen haben, biegen Sie nach links in die **Poststraße**, an deren Ecke ein klassizistisches Haus zum Besuch einlädt. Dass der bürgerliche Christian Knoblauch 1759 an diesem Ort ein dreistöckiges Haus errichten durfte, mag an seinen guten Kontakten zu Hof und Militär gelegen haben und das wiederum daran, dass er auch Waffen produzierte. Im 18. Jh. wurde das einstige Rokokohaus umgebaut. Sohn Karl Friedrich eröffnete 1789 im Erdgeschoss eine Seidenhandlung. Heute ist das **Knoblauchhaus**, das älteste Bürgerhaus im Nikolaiviertel, ein Museum, in dem in sieben Zimmern der Biedermeier mit Familienporträts und Raumdekorationen konserviert ist. Es ist außer Montag zu besichtigen.

Knoblauchhaus
Eines der Schmuckstücke im Knoblauchhaus ist ein Ölgemälde der Neuen Synagoge in der Oranienburger Straße von Emil de Cauwer.

Wenden Sie sich auf der Straße wieder Richtung Mühlendamm, kommen Sie zur einst »schönsten Ecke« Berlins, dem **Ephraimpalais**, einem Rokokopalais. Toskanische Säulen tragen den Balkon, Vasen und Putten schmücken die Attika. Das Haus hatte sich Veitel Heine Ephraim, Münzpächter und Hofjuwelier Friedrichs II., der bei der Finanzierung des Siebenjährigen

Krieges half, von 1762 bis 1765 errichten lassen. Das Haus mit wechselnden Ausstellungen ist täglich außer Montag geöffnet. Wegen Erweiterung der Mühlendammbrücke wurde das Haus 1936 abgetragen, und die nummerierten Sandsteinteile wurden eingelagert – im Westen. Ein Kulturgutaustausch brachte sie nach Ost-Berlin zurück, sodass das Haus 1985 bis 1987, um 12 m zurückversetzt, wieder aufgebaut werden konnte. Die Innenräume sind vereinfacht wieder hergestellt worden, und das Stadtmuseum zeigt hier Ausstellungen.

Falschmünzer
Teile des Ephraimpalais stammen vom Brühlschen Palais in Dresden. Friedrich II. hatte angeordnet, den Besitz des Grafen Brühl zu zerstören, und das Geschenk für den »Münzjuden« sollte den Grafen beleidigen und gleichzeitig Dank für Ephraims Falschprägungen zur Finanzierung des Siebenjährigen Krieges sein.

Erinnerungen an Zille

Bummeln Sie die Poststraße zurück. Eine Theodor-Fontane-Apotheke, wie sie an der Ecke Propststraße steht, hat es hier nie gegeben. An der Ecke der Straße **Am Nußbaum** steht ein Haus mit dem Giebel zur Straße und imitiert die alte Kneipe des Zeichners Zille von der Fischerinsel. Von dem Häuschen aus dem 16. Jh. ist jedoch kein Stein erhalten. Zum 150. Geburtstag des Zeichners (1858–1929) wurde hier ein Zille-Denkmal enthüllt, das Thorsten Stegemann schuf. Wenn Sie die **Propststraße** zurück Richtung Spree gehen, sehen Sie in Nr. 11 ein **Zille-Museum**, das Arbeiten des als »Pinselheinrich« bekannten Berliners zeigt. An der Spree wacht St. Georg im Kampf mit dem Drachen, die Skulptur, die August Kiss 1853 für den Schlosshof schuf.

Sie wenden sich wieder der Propststraße zu und biegen links in die Poststraße ein. Dort hat der Architekt die bürgerliche Gerichtslaube in eine moderne Gaststätte verwandelt. Sie treffen am Ende der Poststraße auf die Rathausstraße, biegen nach rechts ein und gehen am Rathaus vorbei zum Bahnhof Alexanderplatz.

ADRESSEN & SERVICE

Heinrich-Zille-Museum Zeichnungen, Druckgrafiken und Fotos präsentieren Leben und Werk des Künstlers. Propststr. 11; April–Okt. tgl. 11–19, sonst 11–18 Uhr

Teddy's Vom Winzling bis zum Riesen gibt es alles, was nach Teddy aussieht. Propststr. 4; Mo–Fr 10–19.30, Sa 10–18, So 11–18 Uhr

ESSEN & TRINKEN

Zur letzten Instanz Am Majolika-Kachelofen sitzen wie Napoleon, Charlie Chaplin und Jacques Chirac, »Sühneversuch« oder »Kreuzverhör« bestellen und Gulasch oder Eisbein essen. Waisenstr. 14–16; Mo–Sa 12–1, So 12–23 Uhr ●●

Le Provençal Fein wie einst die Gegend: Schnecken als Vorspeise, als Hauptgericht Lammcarrée und zum Nachtisch Lavendeleis. Spreeufer 3; tgl. 12–24 Uhr ●●●

Reinhard's Restaurant Günstiger Businesslunch oder vegetarisches Gericht, im Sommer auch draußen. Poststr. 28; Tel. 030/242 52 95; tgl. ab 9 Uhr ●●

2 Flaniermeile Unter den Linden

Kurfürsten, Könige und Kaiser hinterließen ihre Spuren so wie die Machthaber der DDR.

Das Brandenburger Tor ist Symbol für die Teilung, dann für die Einheit Berlins geworden.

Charakteristik des Spaziergangs Unter den Linden ist Berlins Hauptstraße und eine Flaniermeile, die zur Besichtigung einlädt. Sie beginnt an der Schlossbrücke und endet am Pariser Platz mit dem Brandenburger Tor, das im geteilten Deutschland zum Symbol für die Einheit Berlins geworden ist. Ihre Häuser erzählen vom Glück und Unglück eines ganzen Landes über Jahrhunderte hinweg, und darum ist diese Straße auch ein Mythos. Was in mehr als 500 Jahren entstand, war am Ende des Zweiten Weltkriegs zum Teil zerstört, wurde wieder aufgebaut oder durch moderne Bürogebäude ersetzt. Dennoch repräsentiert diese Straße das Berlin der Kurfürsten, das der preußischen Könige und Kaiser und das der DDR.

SERVICE

Beginn und Ende des Spaziergangs: Brandenburger Tor
Bus: 100, 200
S-Bahn: Unter den Linden
Dauer: 1,5 Stunden

Am **Brandenburger Tor** soll Ihr Spaziergang seinen Anfang nehmen. Als Friedenstor und triumphaler Abschluss der Prachtstraße Unter den Linden wurde es geplant. Der Baumeister Carl Gotthard Langhans orientierte sich bei seinem Entwurf an den Propyläen der Akropolis von Athen. Eine strenge und wuchtige klassizistische Toranlage entstand von 1788 bis 1791 als doppelter Portikus mit großen dorischen Säulen, die durch Zwischengänge getrennt sind. Der mittlere Durchgang, mit 5,5 m am breitesten, war den Equipagen des Königs vorbehalten. Die Flügelbauten dienten als Unterkünfte für Wachsoldaten und Zöllner. Im nördlichen Anbau erholen sich heute Touristen im »Raum der Stille« vom Stadtlärm.

Der bildhauerische Schmuck entstand nach Entwürfen Gottfried Schadows mit Themen der griechischen Mythologie. Die Reliefs im Inneren der Durchfahrt künden von den Taten des Herkules. Das Relief auf der Attika an der Stadtfront zeigt den Einzug der Friedensgöttin in die Stadt. Auf der Quadriga triumphiert Eirene, die Friedensgöttin, im vierspännigen Streitwagen. Napoleon ließ die Dame samt Gespann 1806 in Kisten verpacken und nach Paris entführen. Marschall Blücher holte sie 1814 zurück, und sie bekam das Eiserne Kreuz mit Eichenkranz und preußischem Adler und galt von nun an als Viktoria, die Siegesgöttin. Der Platz, über den sie wacht, wurde zum Pariser Platz.

Tugendhaft

Rieke, die Nichte des Potsdamer Kupferschmieds Jury, der die Quadriga ausführte, stand für Eirene Modell. Zunächst durfte die Quadriga nicht aufgestellt werden, weil die Göttin unbekleidet war und Besucher mit nackten Tatsachen begrüßt hätte. So umhüllt nun ein Tugendmantel die Dame.

Pariser Platz

Der **Pariser Platz**, unter Friedrich Wilhelm I. als 120 m mal 120 m großes Quadrat angelegt, wurde im Laufe der Jahre mit prächtigen Stadtpalais dicht umbaut und bildete ein städtebauliches Pendant zum Schloss. Prominente und wohlhabende Bürger haben hier gelebt: der Maler und Präsident der Akademie der Künste Max Liebermann, der Komponist Meyerbeer, der Kunstsammler Fürst Radziwill, die Feldmarschälle Blücher und Wrangel, der Rechtsgelehrte Savigny. Die französische und die britische Botschaft standen am Pariser Platz sowie das Hotel Adlon. Im letzten Kriegsjahr wurden die meisten Gebäude erheblich beschädigt, die Reste später abgetragen, und mit dem Bau der Mauer 1961 wurde der Platz zum militärischen Sperrgebiet.

Die neue Bebauung knüpft an alte Zeiten und den Klassizismus des 19. Jh. an. International bekannte Architekten mussten sich dabei den strengen Vorgaben fügen, wie Sie am **Haus Sommer** und am **Haus Liebermann**

Max Liebermann

Max Liebermann wohnte am Pariser Platz 7 und beobachtete am 30. Januar 1933 die Fackelzüge der SA durch das Brandenburger Tor zur Feier der Ernennung Hitlers zum Reichskanzler. »Soviel kann ick jar nicht fressen, wie ick kotzen möchte«, kommentierte der 85-Jährige.

(nach den früheren Besitzern benannt) links und rechts neben dem Brandenburger Tor sehen, vom Berliner Architekten Josef Paul Kleihues spiegelbildlich entworfen.

Südlich des Hauses Sommer, Pariser Platz 2, wurde am 4. Juli 2008, dem US-amerikanischen Nationalfeiertag, die neue **US-Botschaft** eröffnet. Das Bedürfnis nach einer besonders breiten Sicherheitszone und die damit verbundene Notwendigkeit, auf der Rückseite des Gebäudes die Ebertstraße zu verlegen, mochte Berlin lange nicht akzeptieren. Jetzt halten auch versenkbare Poller unerwünschte Besucher fern.

Neue alte Bauvorschriften

Mit heller Kalksandsteinfassade nimmt das Gebäude Pariser Platz 3, ein Bankhaus, Bezug zum Brandenburger Tor. Auf offensichtlich abenteuerliche Art hat sich nur der Architekt der **Akademie der Künste** am Pariser Platz 4, Günter Behnisch, den Bauvorgaben, die Steinfassaden und Fenstergrößen festlegten, widersetzt. Sein Bau soll Geschichte wach halten. Eine Glasfassade macht Reste der Vorgängerbauten sichtbar. Man sieht Wände stürzen und schräge Stege, in der Wand Spuren einer Treppe. Ausstellungsräume und Café sind außer Montag täglich geöffnet.

Pariser Platz 3
Der amerikanische Architekt Frank O. Gehry schuf für die Konferenzhalle der Bank eine silberglänzende biomorphe Figur, die man aus der Vorhalle betrachten kann.

Akademie der Künste
Als die Preußische Akademie der Künste an den Pariser Platz zog, war sie unter ihrem Präsidenten Max Liebermann ein Forum der Moderne. Damit war 1933 Schluss. 1937 musste sie ihr Haus Hitlers Chefarchitekten Speer überlassen. Im Kalten Krieg in Ost- und West-Akademien geteilt, wurde sie 1993 als Berliner Akademie wieder vereint.

Die **Französische Botschaft** gegenüber in Nr. 5, auf der Nordseite des Platzes, erinnert mit dem hohen Sockel und den Schießscharten ähnlichen Fenstern an eine Festung (Architekt Christian de Portzamparc). Der Grundstein zu diesem Bau wurde am Nationalfeiertag, dem 14. Juli 1998, am alten Standort (seit 1860) gelegt. Wer das Gebäude aber von der Wilhelmstraße betritt, wechselt von einer lauten Straße in leise Innenhofgärten mit verwunschenen Skulpturen.

Ein bronzenes Pferd sehen Sie durch die Tür im Atrium der Bank, Pariser Platz 6, nach Plänen des Hamburger Architekturbüros Gerkan, Marg & Partner gebaut. Das Trojanische Pferd des Bologneser Künstlers Mimmo Paladino hebt die Strenge der Fassade auf.

Die gute Adresse

Gehen Sie zunächst die **Südseite der Linden** entlang. Als erster Neubau nach der Wiedervereinigung wurde 1997 das **Hotel Adlon** mit der Adresse Unter den Linden 75–77 gefeiert. Der Bauherr kam vom Rhein wie schon der Tischlermeister und Schausteller Lorenz Adlon, der das im Krieg zerstörte Original des Luxushotels 90 Jahre zuvor hatte errichten lassen. Zur Eröffnung 1907 hatte der Kaiser darauf bestanden, als Erster den »Tempel der Lüste« zu betreten. Illustre Namen füllten die Gästebücher, unter ihnen Charlie Chaplin, John Rockefeller,

Enrico Caruso und Thomas Mann. Auch für den Neubau hatte sich Berlin stilistisch Historismus wie beim Bau der Gründerjahre ausbedungen. Aber die festgelegte Traufhöhe hielt dem Investorendruck beim Neubau nicht stand. Die lang anhaltende Diskussion über Tradition und Geschmack war eröffnet.

Bauregeln

Friedrich II. befahl, die teils zweistöckigen Bürgerhäuser seiner Vorgänger abzureißen, und erließ das Lindenstatut, nach dem die Häuser eine Traufhöhe von 18 m und mindestens vier Geschosse haben mussten. Das Statut gilt bis heute.

Eine Straße verändert sich

Beim Bummel über die 1,4 km lange und 60 m breite Straße fällt bald auf, dass hier kaum jemand wohnt. Das war nicht immer so. Erst Mitte des 17. Jh. wurde das sumpfige Gelände am Ufer der Spree trocken gelegt, und von der »Hundebrücke« – heute Schlossbrücke – , an der man die Hunde zur Jagd sammelte, bis zum Tiergarten wurden Nuss- und Lindenbäume gepflanzt.

Zeitgenössische Zeichnungen zeigen auf der Nordseite der Linden um 1700 eine fast durchgehende Bebauung und auf der Südseite einzelne Häuser. Erst mit der Schinkel-Ära verschwanden die Wohnhäuser, mit Um- und Neubauten änderte sich die Straße zum Boulevard der Geschäftshäuser und Verwaltungen und schließlich der Banken, Ministerien, Hotels, Cafés und Handelshäuser. In der Weimarer Republik zog sich die staatliche Repräsentanz auf das westliche Ende der Linden und um den Reichstag im Tiergarten zurück, das östliche Ende der Linden wurde zum Museums- und Wissenschaftsbereich.

Glanz von gestern

Das **Bürohaus** mit den Hausnummern 69d–73 aus den 1960er-Jahren an der Ecke Wilhelmstraße wurde 1994 als erster Bau für den Bundestag in Berlin umgebaut und mit einer neuen Fassade versehen. Im nebenstehenden Palais war ab 1928 das Preußische Kultusministerium untergebracht. Im Haus Nr. 67 wohnte von 1823 bis 1836 Karl Friedrich Schinkel.

Am Gebäudekomplex der **Russischen Botschaft** Nr. 55–65, an dem Wachposten stehen, deutet nichts außer dem polierten Messingschild auf die glanzvollen Zeiten

Mondän waren die Cafés »Kranzler« und »Bauer« (→ S. 26). In den Salons in der ersten Etage durfte man sogar rauchen.

hin, die das Haus der russischen Diplomaten erlebt hat. Das so genannte **Kurländische Palais** am selben Ort gehörte der Schwester Friedrichs des Großen, Amalie von Preußen, bevor es 1837 für den Gesandten Russlands gekauft und die größte diplomatische Vertretung in Berlin wurde. Mit seinem berühmten Rokokosaal war es der Treffpunkt des aristokratischen Berlin, und als ab 1918 die Diplomaten Sowjetrusslands darin residierten, blieb es ein Bezugspunkt der Gesellschaft. Das Palais wurde im Krieg zerstört, aber 1948 entstand ein Neubau im Stil sowjetischer Staatsarchitektur, wie Sie ihn heute noch sehen. Nur die Lenin-Büste ist 1994 verschwunden.

Das **Aeroflot-Gebäude** nebenan (Nr. 51–53), heute noch mit Hammer und Sichel geschmückt, ist 1968 für die Handelsvertretung der UdSSR an der Stelle des einstigen berühmten Bankhauses Bleichröder gebaut worden.

Komische Oper
Das 1891 gebaute Musiktheater an der Behrenstraße hieß einst Metropol-Theater, und Berlin umschwärmte seinen Kapellmeister Paul Lincke. Das Haus wurde schon 1947 als Komische Oper wieder eröffnet und verdankte sein internationales Renommee dem Intendanten Walter Felsenstein.

Schuss auf den Kaiser

Die Glinkastraße gibt es erst seit 1968, und so fehlen jetzt einige Hausnummern. Funktionsräume für die **Komische Oper** sind 1966 in einem 187 m langen Block auf der Rückseite des Opernhauses entstanden. Die Notwendigkeit dieser Oper ist immer im Gespräch, wenn Sparmaßnahmen im Kulturbereich anstehen.

An einem Junitag 1878 schoss der Ingenieur Dr. Nobiling vom Fenster des ersten Stocks im damaligen Haus Nr. 18 auf die Kalesche Kaiser Wilhelms I. Er traf, der Kai-

Im Zollernhof (→ S. 31), dem Hauptstadtstudio des ZDF, genießt man eine Pause neben der Großplastik von Bernhard Heiliger.

ser wurde schwer verletzt, und der Attentäter erschoss sich selbst. Bismarck soll diesen Anlass zur Verkündung seiner Sozialistengesetze genutzt haben. Um 1900 stand hier unter anderem das Hotel Westminster, und mit Kaiser-Galerie und Kleiner Linden-Galerie waren zwei Durchgänge zur Behrenstraße geschaffen worden.

Vom Salon zum Porzellan-Haus

Neben dem Geschäft, das seit 1960 im Erdgeschoss des Apartmenthauses Nr. 39 Meißener Porzellan anbietet, stand 150 Jahre lang das Palais Raczynski aus dem 18. Jh. Von 1835 bis 1844 empfing Bettina von Arnim hier in einem der legendären Berliner Salons Geistesgrößen wie Alexander von Humboldt. 1849 war das Palais die Berliner Adresse des Grafen Dönhoff, der einer der prominentesten preußischen Adelsfamilien entstammte. Später zog das »Residenz-Café« ein, 1903 das Nachtlokal »Linden-Casino« und schließlich das Kino Union-Theater. Im Hotel Zur Sonne auf dem Nachbargrundstück hat Johann Wolfgang von Goethe vom 15. bis zum 20. Mai 1779 bei seinem einzigen Berlinbesuch genächtigt. Sein Kollege Friedrich Schiller wohnte einige Tage im Mai 1804 im später zum Hotel de Russie umbenannten Haus.

Die **Ecke Friedrichstraße**, wo ein Geschäft der Königlichen Porzellan Manufaktur (KPM) das Untergeschoss des **Grand-Hotels** schmückt, war bis zu ihrer Zerstörung im Zweiten Weltkrieg eine der berühmtesten Ecken Ber-

Goethe in Berlin

Goethe hatte in Berlin ein beachtliches Besichtigungsprogramm absolviert: das Opernhaus, die Hedwigskirche, das Zeughaus, das Prinz-Heinrich-Palais und die 1751 gegründete Berliner Porzellanmanufaktur.

Storm in Berlin

Theodor Fontane berichtet vom peinlichen Besuch Theodor Storms, der unbedingt mit ihm ins elegante »Café Kranzler« wollte, aber wie: »Leinerne Beinkleider und Weste, grünes Röckchen, Reisehut und Schal ... mit zwei Strippen vorn, an jeder ein Puschel«.

Café-Eck

An der Kreuzung Friedrichstraße eröffnete neben dem seit 1834 bestehenden Wiener »Café Kranzler« 1878 das »Café Bauer« und gegenüber bald das »Victoria«, und man sprach in Berlin vom »Drei-Café-Eck«.

Tannenbaum

Am Heiligen Abend 1815 schmückte Karoline von Dacheröden eine kleine Tanne, die im Vorgarten stand, mit Kerzen. Das gefiel vielen Berlinern, die die neue Sitte vom nächsten Jahr an imitierten.

lins.1804 war aus Wien der Zuckerbäcker Johann Georg Kranzler gekommen und hatte hier eine Konditorei eröffnet. In dem von August Stüler 1834 umgebauten Haus war die etwas erhöhte »Rampe«, eine schmale Terrasse vor dem Haus, der beliebte Logenplatz.

Eine anspruchsvolle Gegend war die Ecke schon vorher gewesen: Wilhelm von Humboldt und seine Frau Karoline von Dacheröden hatten 1809 hier ihre Stadtwohnung. Auf demselben Grundstück stand schon seit 1798 die berühmte Weinhandlung der Gebrüder Habel, Hoflieferanten und Königliche Kellermeister sowie Wirte eines angesehenes Weinlokals.

Unter den Linden 17 an der Ecke Charlottenstraße nächtigte Theodor Storm 1852 in Meinhardts Hotel. In der Häuserzeile 13–15 residierte vor dem Krieg die Deutsche Bank. Sie hat den Komplex 1990 zurückgekauft und zeigt seit 1997 im Erdgeschoss in der **Deutschen Guggenheim Berlin** Wechselausstellungen.

Am Haus Unter den Linden 11 lohnt sich wieder ein Blick nach oben. Hier ist alles nur Fassade. Balkon, Wappen und Säulen wurden um 1960 vom abgerissenen Gouverneurshaus nahe des Roten Rathauses vor das **Niederländische Palais** versetzt – so genannt, weil es ab 1815 dem König der Niederlande gehörte. In dem 1753

Als Fridericus Rex mit Dreispitz und Krückstock reitet Friedrich II. seit 1851 – mit Unterbrechungen – Unter den Linden.

errichteten Haus traf König Friedrich Wilhelm II. seine Geliebte, die später zur Gräfin geadelte Lichtenau.

Im 1680 errichteten **Alten Palais**, Nummer 9 an der Ecke Bebelplatz, damals Opernplatz, zeigte sich Kaiser Wilhelm I. täglich Punkt zwölf Uhr während der Wachablösung an der gegenüberliegenden Neuen Wache im Eckfenster und erwiderte höflich jeden Gruß. Das war eine wahrhaft touristische Attraktion und als solche damals schon im Baedeker vermerkt. Hier, im Schlafzimmer zum Innenhof hin, starb Wilhelm I. am 9. März 1888. Heute gehört das Gebäude zur Humboldt-Universität.

Nebenverdienst
Schnell und exklusiv konnte der Berliner Lokalanzeiger den Tod Wilhelms I. am 9. März 1888 bekannt geben. Als der Kaiser im Alten Palais gestorben war, meldete ein bestochener Diener: »Die Wäsche kann abgeholt werden.«

Forum Friedericianum

Mit dem Denkmal Friedrichs des Großen in der Straßenmitte wird das von Georg Wenzeslaus von Knobelsdorff geplante **Forum Fridericianum** eröffnet. Einen Ort der Aufklärung hatte sich schon der junge König in angemessener Entfernung vom Schloss gewünscht, ein Ensemble, das Wissenschaften, Künste und Monarchie vereinte. Es sollte am noch nicht benannten und späteren Platz am Opernhaus entstehen, zuerst das »Zauberschloss«, die Oper, deren Bau nach Plänen von Knobelsdorff 1741 begonnen wurde, heute **Staatsoper Unter den Linden**. Auch wenn Königliche Bibliothek, Hedwigskirche und Prinz-Heinrich-Palais gebaut wurden, blieb das Ensemble doch ein Fragment, und der Grundstein für sein Denkmal, mit dessen Entwürfen praktisch alle bedeutenden Künstler beschäftigt waren, wurde nach einem Modell Christian Daniel Rauchs erst hundert Jahre nach Friedrichs Thronbesteigung gelegt und das Denkmal erst 1851 enthüllt.

Sie sehen den König im Krönungsmantel auf seinem Lieblingspferd Condé. 150 Personen begleiten seine Majestät in Bronze: vier Reiter an den Ecken, u. a. die Generäle Friedrich Wilhelm von Seydlitz und Hans Joachim von Ziethen. Lebensgroß an den Seiten, teilweise nur im Relief, des Königs hervorragendste Generäle, unterm Pferdeschwanz Gelehrte und Künstler – was der königlichen Wertschätzung durchaus entsprochen haben soll.

König im Park
Im Zweiten Weltkrieg blieb das Denkmal Friedrichs II. unversehrt, passte dann aber nicht in ein sozialistisches Weltbild und wurde im Park von Sanssouci versteckt, jedoch 1981 aus nicht ganz erklärlichen Gründen rehabilitiert.

Die verlorenen Bücher

Am **Bebelplatz**, unter dem sich neuerdings ein Parkhaus verbirgt, fällt der »Kommode« genannte Barockbau der **Alten Bibliothek** aus der Rolle, nach Plänen Georg Christian Ungers und Georg Friedrich Boumanns von 1775 bis 1780 erbaut, auf Weisung des Königs unter Rückgriff auf einen etwa 50 Jahre alten Plan Fischer von Erlachs für die Wiener Hofburg.

Nur die Fassade entspricht noch dem historischen Vorbild, das Haus gehört heute zur Humboldt-Univer-

Als »Puppe« auf der Schlossbrücke hinter der neuen Kommandantur verkannt: Siegesgöttin Nike lehrt den Knaben kämpfen!

Bücherverbrennung

Erich Kästner: »Ich stand vor der Universität, eingekeilt zwischen Studenten in SA-Uniformen, den Blüten der Nation, sah unsere Bücher in die schmutzigen Flammen fliegen ... Begräbniswetter über der Stadt.«

sität. In der Mitte des Platzes unter einer Glasplatte liegt eine leere Bibliothek der verlorenen Bücher, vom israelischen Künstler Micha Ullmann 1994 geschaffen zur Erinnerung an die Bücherverbrennung der Nationalsozialisten vom 10. Mai 1933.

An der Platzfront neben der Hedwigs-Kathedrale steht dort, wo bis zum Krieg das Haupthaus der Dresdner Bank in Berlin war, das **Grand Hotel de Rome**. Die katholische **Hedwigs-Kathedrale**, von Knobelsdorff entworfen und 1773 geweiht, Sitz des katholischen Bischofs von Berlin, ist nach der schlesischen Nationalheiligen benannt und erinnert mit ihrer Kuppel entfernt an das Pantheon. Friedrich wollte den Katholiken nach dem Siebenjährigen Krieg seine Toleranz beweisen. Dompropst Bernhard Lichtenberg, der während des Nationalsozialismus in der Kirche predigte, wurde 1943 von den Nazis ermordet und 1992 vom Papst selig gesprochen. Die bei einem Bombenangriff beschädigte Kirche ist von 1952 bis 1963 wieder aufgebaut worden.

Friedrich II. bestand 1742 auf der Eröffnung des von Knobelsdorff entworfenen Opernhauses, obwohl es noch nicht ganz fertig war. Viele empfinden die Staatsoper als das gelungenste Haus Unter den Linden. Es war mit modernster Technik ausgestattet, galt doch die Oper als Vollendung der Kunst. Gespielt wurde nur im Winter, zweimal die Woche. Das im Zweiten Weltkrieg zerstörte Haus wurde 1987 vollständig rekonstruiert.

1962/63 wieder aufgebaut wurde auch das **Prinzessinnenpalais**, in dem heute das **Operncafé** mit üppigen Kuchenplatten Naschkatzen verführt. Hier sollten, so war es bereits beim Bau des Palais 1733 bis 1737 geplant worden, die drei Töchter Friedrich Wilhelms III. ein sittsames Leben führen.

Arrangement
Die Prinzessinnen durften im Garten nur bis zur Charlottenstraße flanieren, und die weiter westlich beheimateten Gunstgewerblerinnen betrachteten ihrerseits die Charlottenstraße als Grenze. So konnten peinliche Verwechslungen vermieden werden.

Ort der Vereinigung

Im **Kronprinzenpalais**, Unter den Linden 3, schlief 1971 Egon Bahr, Bonns Verhandlungsführer während der Unterredungen zum Verkehrsvertrag zwischen der Bundesrepublik und der DDR, und empörte damit die Opposition. Der Kronprinzen Stadtadresse von 1773 bis 1840 wurde nach 1968 wieder aufgebaut. Hier unterzeichneten 1990 auch Bundesinnenminister Wolfgang Schäuble und DDR-Staatssekretär Günther Krause den Beitrittsvertrag zur Bundesrepublik Deutschland.

Die prominente Nr. 1 ist seit 2003 mit einer Replik der **Kommandantur**, die seit 1799 Dienstsitz des jeweiligen Stadtkommandanten war, wieder bebaut. An der **Schlossbrücke** von Schinkel, der schönsten Brücke der Stadt, von den Berlinern »Puppenbrücke« genannt, endet die Straße Unter den Linden. Ihren einstigen repräsentativen Beginn, das Stadtschloss der Hohenzollern, gibt es nicht mehr, den Palast der Republik ebenfalls nicht, aber bis zum Baubeginn des Humboldt-Forums eine temporäre Kunsthalle.

Plunder
Im Dezember 1950 sanken die Reste des 1945 zerstörten Berliner Stadtschlosses in sich zusammen. DDR-Ministerpräsident Otto Grotewohl hatte den »Plunder der Geschichte« mit 13 000 Kilogramm Sprengstoff beseitigen lassen.

Heinrich Heines schönster Blick

Wir überqueren die Straße an ihrem östlichen Ende und befinden uns auf der Nordseite. Heinrich Heine sagte an dieser Stelle: »Ich kenne keinen imposanteren Anblick, als vor der Hundebrücke stehend nach den Linden zu sehen.« Sie haben nun das älteste der heute noch existierenden Gebäude Unter den Linden vor sich, das Haus Nr. 2, das dem Schlossbereich zugerechnet wurde. Das **Zeughaus**, als Waffenkammer zwischen 1695 und 1706 errichtet – die Planer Blondel und Nehring starben früh, und Andreas Schlüter realisierte die Ideen seiner Vorgänger –, hatte schon im 19. Jh. seine Bedeutung verloren und war praktisch zu einem Museum geworden. Nur während der Revolution 1848 wurde die Waffenkammer noch einmal gestürmt.

Schlüter war gleichzeitig mit Arbeiten am Schloss beschäftigt, und so gehören die Skulpturen, die das klassisch strenge Bauwerk ergänzen, zu seinem Hauptbeitrag. Sehen Sie hinauf zum Giebel über dem Hauptportal, wo Mars und Minerva lagern, umgeben von gefesselten Besiegten. Das vergoldete Medaillon darunter stellt König Friedrich I. dar. Am Eingang selbst stehen die Rechenkunst, die Geometrie, die Mechanik und die Feuerwerkskunst, Sandsteinfiguren von Hulot. Schlüters

Deutsches Historisches Museum
Das Zeughaus wird als Deutsches Historisches Museum genutzt, seit 2003 ist es um eine gläserne Spindel und einen Anbau des amerikanisch-chinesischen Architekten Ieoh Ming Pei ergänzt.

Meisterwerk allerdings finden Sie im inzwischen überdachten Ehrenhof. 3 **22 Masken sterbender Krieger** an den Schlusssteinen der Bogenfenster. Einen interessanten Kontrast dazu bildet der moderne Museumsanbau. Das Museum im Zeughaus beherbergt manche Rarität: das Feldbett Friedrichs des Großen, Napoleons Hut, Adenauers Wahlplakat »Keine Experimente« oder die Plastikstühle, auf denen Journalisten am 9. November 1989 vom Fall der Mauer erfuhren.

Die **Neue Wache**, seit 1993 Zentrale Gedenkstätte für die Opfer von Krieg und Gewaltherrschaft, steht dort, wo eine Kanonenwache den Festungsgraben vor dem Schloss schützen sollte, und war 1816 der erste öffentliche Auftrag für den Architekten Karl Friedrich Schinkel. Der setzte ein Tempelchen mit dorischen Säulen in ein Kastanienwäldchen. Zwischen 1951 und 1957 rekonstruiert, wurde die Wache ab 1962 zum Publikumsmagneten, wenn sich die DDR-Wachsoldaten in preußischem Stechschritt am Mahnmal für die Opfer von Faschismus und Militarismus ablösten. 1969 bekam die Wache einen Kristallwürfel mit Ewiger Flamme und unter zwei Bronzeplatten Grüfte mit der Erde von Schlachtfeldern und Konzentrationslagern. Wenn Sie das schmucklose Innere der Wache betreten, stehen Sie vor der auf das Vierfache vergrößerten Käthe-Kollwitz-Skulptur »Mutter mit totem Sohn«.

Stätten der Bildung

Nobelpreisträger
Die Friedrich-Wilhelm-Universität, 1946 in Humboldt-Universität umbenannt, kann auf 29 Nobelpreisträger verweisen, unter ihnen Albert Einstein (Physik), Otto Hahn (Chemie), Robert Koch (Medizin) und Theodor Mommsen (Literatur).

Vor dem nächsten Gebäudekomplex, der **Humboldt-Universität** (Unter den Linden 6), empfängt Sie Alexander von Humboldt, hinter Haupteingang und Bouquinisten überwacht sein Bruder Wilhelm das Forum Fridericianum. Das Palais wurde 1748 bis 1765 ursprünglich für Prinz Heinrich, den Bruder Friedrichs II., von Johann Boumann erbaut. Da er das Gebäude kaum nutzte, schlug Wilhelm von Humboldt vor, es zur Universität zu machen, wie es 1810 auch geschah. Erster Rektor wurde Johann Gottlieb Fichte. Karl Marx studierte hier von 1836 bis 1841. Im Oktober 2006, mit 56 Jahren Verspätung, wurde im Ehrenhof ein Max-Planck-Denkmal aufgestellt. Die Bronze-Statue des Begründers der Quantentheorie hatte seit 1950 eine wahre Odyssee hinter sich, vermutlich, weil der Bildhauer Bernhard Heiliger in den Westen gegangen war.

Jetzt passieren Sie einen Gebäudekomplex, der mit 170 m mal 106 m die ganze Breite zwischen Universitäts- und Charlottenstraße einnimmt, die **Staatsbibliothek** (Nr. 8), 1904 bis 1914 nach Plänen von Ernst Eberhard von Ihne auf dem Areal des ehemaligen kurfürstlichen Pferdestalls errichtet. Kurfürst Friedrich III. hatte den klobigen Marstall aufstocken und Säle einrichten las-

Einst standen hier kurfürstliche Pferde. Die sechs Innenhöfe der Staatsbibliothek bleiben noch eine Weile Baustelle.

sen, die er 1696 der Akademie der Künste und 1700 der Akademie der Wissenschaften zuwies. 1807 und 1808 hat Fichte im Roten Saal seine legendären Reden an die Nation gehalten. Bis 2009 sollen Generalsanierung und Umbau abgeschlossen sein.

Hotels und Büros

Das Eckhaus an der Charlottenstraße Nr. 10, seit 2006 als **Palazzo Italia** Schaufenster italienischer Wirtschaft und Kultur, war 1775 Hotel Ville de Rome und ab 1876 Grand Hotel, bis zum Bau des Adlon das Beste am Platze – und hier stand das erste Telefon an einem Hotelbett.

Hinter einem Bürohaus (Unter den Linden 12) mit Café wächst ein Bürohaus, wo bis 2006 das Hotel Unter den Linden stand. An der Ecke stand einst das »Victoria-Café«, daneben Armins Festsäle, in denen Max Reinhardt 1901 sein Kabarett Schall und Rauch gründete, das spätere Kleine Theater. Die Nummerierung springt hier auf Nr. 24 an der Westseite der Friedrichstraße, zum 1936 errichteten **Haus der Schweiz**. Schauen Sie hinauf, Wilhelm Tell blickt über die Kreuzung.

Die folgenden Gebäude sind heute Bürohäuser. Die Einförmigkeit der Straße hier verrät nichts mehr von ihrer Vergangenheit als Wohnstraße. Jedenfalls haben die Mieter zu Beginn des 19. Jh. häufig gewechselt, denn die Wohnungen sollen sehr teuer gewesen sein. Der **Zollernhof** jedoch (Nr. 36–38) wurde 1911 als erstes reines Bürohaus gebaut und 1915 zum 500. Jahrestag des Ein-

Panzerknacker

Die Panzerknackerbande hatte 1951 monatelang die Decke der Eisenbahnverkehrskasse in Nr. 10 gestemmt, um in den Tresorraum zu gelangen. Die Beute betrug fast 1,7 Millionen Ostmark (224 000 DM). Die Räuber wurden gefasst, ihr Anführer zu neun Jahren Zuchthaus verurteilt. Unter dem Titel »Der Bruch« wurde der Fall 1989 mit Götz George, Rolf Hoppe und Otto Sander verfilmt.

Attentat
Ein werbewirksames Attentat übte ein Kreuzberger bei der Eröffnung von Madame Tussauds Wachsfigurenkabinett Unter den Linden 74 im Juli 2008 aus: Er riss der Hitler-Figur den Kopf ab. Nun ist sie – repariert – hinter Glas geschützt.

zugs der Hohenzollern in die Mark benannt. Seit 2000 hat das Zweite Deutsche Fernsehen (ZDF) hier sein Hauptstadtstudio und Büroräume. Den Palast nebenan, Haus Nr. 40, der den Krieg fast unbeschädigt überstanden hatte, haben die Franzosen nach der Anerkennung der DDR für ihre Botschaft genutzt. Das Gebäude über dem **Café Einstein** an der Ecke Neustädtische Kirchstraße füllen wieder Büros, ebenso Nr. 44–60.

Jenseits der Schadowstraße (Nr. 62–68) gab es von 1869 bis 1910 das Berliner Aquarium, dessen erster Direktor Alfred Brehm hieß. Es war das größte Aquarium der Welt, und »Brehms Tierleben« wurde berühmt.

Hinter der metallischen Fassade mit stilisierten Lindenblättern liegt die Botschaft Polens. Jenseits der Wilhelmstraße entstand seit 1999 der Neubau der Ungarische Botschaft. Hier endet die Straße Unter den Linden am Pariser Platz vor dem Brandenburger Tor.

ADRESSEN & SERVICE

Mehrere Baustellen beeinträchtigen eine Zeit lang Autofahrer und Fußgänger Unter den Linden, vor allem natürlich der U-Bahn-Bau zwischen Reichstag und Alexanderplatz (bis 2010)

Deutsches Historisches Museum Deutsche Geschichte in Bildern und Zeugnissen aus zwei Jahrtausenden ist hier ausgestellt und kann an Multimedia-Stationen vertieft werden. Im Neubau, Hinter dem Gießhaus, werden Sonderausstellungen gezeigt. Unter den Linden 2; tgl. 10–18 Uhr

Deutsche Guggenheim Wechselausstellungen des Kunstbesitzes der Deutschen Bank. Unter den Linden 13–15; Fr–Mi 11–20, Do bis 22 Uhr; Führungen tgl. 18 Uhr: Lunch Lectures Mi 13 Uhr

Berlin Story in den Kaiserhöfen gibt es die größte Fülle und beste Auswahl an Büchern zur Berliner Geschichte, Souvenirs, Dokumente, Ausstellungen und Filme. Café und Salon mit Abendprogramm ergänzen das Angebot. Unter den Linden 26; Mo–Sa 10–22, So bis 20 Uhr; www.berlinstory.de

ESSEN & TRINKEN

Margaux Nicht nur einer der Berliner Gourmettempel, Sterne-Koch Michael Hoffmann kreiert im Feinschmecker-Restaurant Menüs aus Produkten erstklassiger Qualität. Unter den Linden 78, Eingang Wilhelmstraße; Tel. 030/22 65 26 11; Mo–Sa 19–22.30 Uhr; www.margaux-berlin.de ●●●●

Operncafé Im Sommer lockt die riesige Terrasse am Forum Fridericianum. Fürstliche Kuchenauswahl und kleine Speisen von mittags bis abends.
Unter den Linden 5; tgl. 9–24 Uhr ●●

Theodor Tucher Kaffeehaus und Speisekabinett oder Leselounge – den ganzen Tag über wird im Schatten des Brandenburger Tores angenehmste Erholung angeboten. Pariser Platz 6a; tgl. 9–1 Uhr ●●

Neue Mitte: »Scheunenviertel«

Allmählich prägt wieder jüdisches Leben die Gegend um den Hackeschen Markt.

Die Kuppeln der Neuen Synagoge krönen seit 1995 das Centrum Judaicum (→ S. 45).

Charakteristik des Spaziergangs Im Scheunenviertel suchen Berlinbesucher das »neue Berlin« – überraschend und launig. Man erwartet hier Künstler, Szene, Bars und Clubs in maroden Kellern, Vorreiter modischer Zukunft in Leben und Outfit. Tatsächlich war das verrückte Flair der Nachwendejahre völlig neu. Das arme Scheunenviertel aber lag nur am Rand der Spandauer Vorstadt, wie das Gebiet um die Oranienburger Straße wirklich heißt. Ein lebendiges jüdisches Viertel, mitten in der Stadt, war es schon immer und so dicht bewohnt, dass hier Spuren der Geschichte stets gegenwartig sind. Jüdisches Leben gewinnt heute dieses älteste in Struktur und Bausubstanz erhaltene Berliner Wohnviertel zurück.

SERVICE

Beginn des Spaziergangs: U-Bahnhof Rosa-Luxemburg-Platz
Ende: Rosenstraße, U-Bahn: Alexanderplatz oder S-Bahn: Hackescher Markt
Dauer: 2 Stunden

Wenn Sie den U-Bahnhof **Rosa-Luxemburg-Platz** in Richtung Weydingerstraße verlassen, stehen Sie vor der **Volksbühne**, dem lange wohl lebendigsten und interessantesten Theater der Hauptstadt, das – seit 1992 unter Leitung von Frank Castorf – von sich sagen kann, dass es ihm mit seinem Repertoire auf unvergleichliche Art gelingt, Jung und Alt aus Ost und West zu versammeln. Mit den avantgardistisch politischen Inszenierungen Erwin Piscators war die Volksbühne eines der innovativsten Theater der Zwischenkriegszeit. 1913, als der Architekt Oskar Kaufmann dem Verein der sozialdemokratischen Volksbühnenbewegung diese Trutzburg – damals Berlins größtes und modernstes Theater – baute, lag sie am Bülowplatz.

Volksbühne

»Die Volksbühne war jung, als auch ich jung war ... Sie ist ein Asyl, eine Festung, eine Burg des freien Geistes und der freien Geister: solchen Geistes und solcher Geister, die alle starren Dogmen abweisen!« (Gerhart Hauptmann, Festrede für die Freie Volksbühne 21.9.1930).

Am Rosa-Luxemburg-Platz

Die Nazis nannten den Bülow-Platz Horst-Wessel-Platz und machten ihn zur Aufmarschfläche. Erst seit 2004 wurde das wild bewachsene Dreieck zwischen Rosa-Luxemburg-Straße und Weydingerstraße als Grünfläche gestaltet. Sie befinden sich hier im Scheunenviertel, das um 1900 zum größten Teil abgerissen und in den darauf folgenden 20er-Jahren neu aufgebaut wurde.

Im **Kino Babylon**, 1927 von Hans Poelzig geplant, einem der letzten großen Berliner Kinos aus der Stummfilmzeit und noch immer eines der schönsten, traf sich ab 1933 eine antifaschistische Widerstandsgruppe im Vorführraum über dem Foyer, vom Filmvorführer Rudolf Lunau organisiert. Lunau wurde verraten, ins Strafbataillon 999 gebracht und seit 1943 »vermisst«. Das Babylon war nach dem Krieg Uraufführungskino der Defa, der Ost-Nachfolgerin der Ufa, verfiel jedoch und musste schließlich 1993 wegen Baufälligkeit geschlossen werden. 1999 wurde es saniert und zum Filmkunsthaus. Es gibt Off-Kino-Premieren und Festivals und eine Kinoorgel, die sogar Meeresrauschen imitieren kann.

Mord am Bülow-Platz

Am 9. August 1931 fielen erst Schüsse und dann »Totenkopf« und »Schweinebacke« tot um. So nannte man die beiden vor der KPD-Zentrale in der Weydingerstraße erschossenen Polizisten Lenk und Anlauf. Als Schütze und Mörder angeklagt wurde Erich Mielke, der spätere Stasi-Chef.

Nur bis zur Rosenthaler Straße im Westen erstreckte sich das Scheunenviertel zwischen Linien- und Münzstraße, bis die Scheunen Berliner Bürger nach einer Feuerverordnung aus dem Jahr 1672 hinter die Stadtmauer verlegt wurden. An der **Torstraße** im Norden verlief um 1870 die Stadtmauer zwischen dem Prenzlauer und dem Schönhauser Tor. Nach Wilhelm Pieck, dem ersten und langjährigen Präsidenten der DDR, war die Torstraße benannt, bis sie nach der Wende wieder ihren alten Namen erhielt.

Judentor
Nur durch das Rosenthaler Tor in der 1732 errichteten Akzisemauer durften Juden die Stadt betreten, nachdem sie den landesüblichen Schweinezoll (den Wert einer Sau) bezahlt hatten. Das Tor wurde 1867 beseitigt, als die Rosenthaler Straße zu einer Hauptverkehrsader ausgebaut wurde.

Dies Viertel behielt den Namen, der Armut bedeutete, war billige Wohngegend der Tagelöhner, Dienstboten, Ackerbürger und Handwerker, die im 19. Jh. Industriearbeiter wurden. Viele Ostjuden auf der Flucht vor Kriegen und Pogromen strandeten hier und lebten ihr eigenes Leben. Joseph Roth hat die Gegend beschrieben: »... kein Schtetl, nur freudlos graue Straßen«. Und heute?

Einstiges Schmuddel-Viertel

Überqueren Sie vor der Volksbühne die Rosa-Luxemburg-Straße, um dann gleich links in die **Almstadtstraße** einzubiegen – wie Hirtenstraße, Mulack- und Steinstraße noch zu Beginn des vorigen Jahrhunderts von legendär schlechtem Ruf. Sie gehen durch eine fast baumlose langweilige Straße mit Baulücken und unterschiedlich hohen Häusern. Als sie im 18. Jh. zwischen Vorstadt und Ackerland angelegt wurde, standen hier auch Kasernen, und die Straße hieß Grenadierstraße. Einige Kneipen gab es, man sagte Spelunken, einen Polka-Keller und Kaffeeklappen, deren Gäste allesamt nicht zu den feinen Leuten zählten.

Eine Beschreibung Alfred Döblins macht die alte Straße lebendiger als der heutige Anblick: »Der Damm ist von Menschen besetzt; sie kommen und gehen aus den winkligen alten Häusern. Das ist ein ganz östliches Quartier, das gutturale Jiddisch dominiert. Das bewegt sich in unaufhörlicher Unruhe, blickt aus den Fenstern, ruft, bildet Gruppen, tuschelt in finsteren Hausfluren...«. Über einer jüdisch-orthodoxen Betstube diskutierten künftige Marxisten in der von Wilhelm Liebknecht gegründeten Arbeiterbildungsschule. Auf der Straße flanierten die Strichmädchen. Als die Straße 1951 in Almstadtstraße umbenannt wurde, war das jüdische Leben dort längst verschwunden.

Mulack-Ritze
Es gibt die »Mulack-Ritze« immer noch, und zwar im Gründerzeitmuseum, das Charlotte von Mahlsdorf gegründet hat. Dort ist die alte Gaststube von 1890 mit Theke, Büffet, Hungerturm, Grammophon und Gläsern aufgebaut. Hultschiner Damm 333, Besuch mit Führung Mi und So 10–18 Uhr.

Im Zwielicht

Biegen Sie nach rechts in die schmale Schendelgasse und überqueren Sie die lebhafte Alte Schönhauser Straße, dort beginnt die **Mulackstraße.** Keine Straße im Scheunenviertel war schlechter beleumundet, keine lockte Besucher nach der Wende mehr als sie, Inbegriff des pittoresken Slums und aller Scheunenviertelmythen. Von der legendären jahrhundertealten »Mulack-Ritze« hatte man gelesen, aber das kleine Haus auf dem Grundstück Nummer 15 mit der langen Geschichte war schon 1963 abgerissen. Vor Kaiser Wilhelms Zeiten war es bereits ein Treffpunkt für Transvestiten, Schwule und Lesben gewesen. Zille hatte seine Besucher gezeichnet und der jüdische Sexualforscher Magnus Hirschfeld die homosexuelle »Szenerie studiert«. Die Massary, die

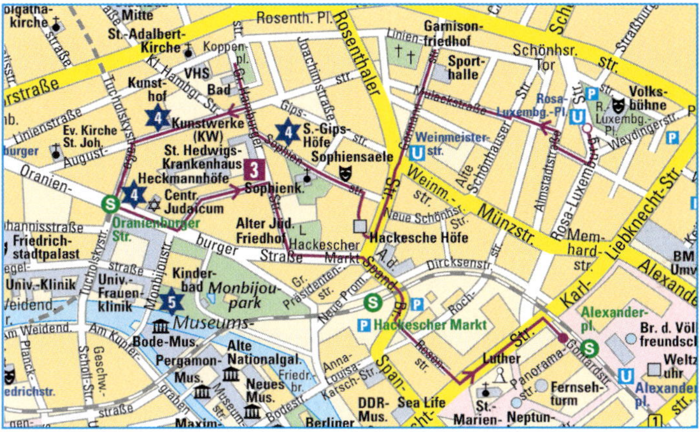

Waldoff und Brecht sollen hier eingekehrt sein. 1952 hatte das Bezirksamt den letzten Eigentümern die Lizenz entzogen. Das Quartier verfiel. Durch große Fenster der eleganten Galerien und schicken Modeläden in schönen neuen und sanierten Häusern können Sie heute bis in die grünen baumbestandenen Höfe sehen. Hier ist es still und ein bisschen leer, und es fehlt wohl an Laufkundschaft, die nichts weiß von der neuen Eleganz, so wenige Minuten abseits der Touristenströme von Oranienburger Straße und Hackeschem Markt. Arme Leute gibt es hier wohl nicht mehr.

Biegen Sie nun rechts in die **Gormannstraße.** An der Ecke lag das Obdachlosenasyl, von den Berlinern »Pennerheim« genannt, wo es eine Suppe und ein Bett für eine Nacht gab. Ab 1902 wurde in der Straße ein Zentraler Arbeitsnachweis, Vorläufer des Arbeitsamtes, eingerichtet. Hinter der Sporthalle fällt Ihnen bestimmt ein schwarz-gelb gestreiftes Haus auf, das »Dunkelrestaurant« mit der »Unsicht-Bar«, in dem Sie erfahren können, wie Sie sich als Blinder beim öffentlichen Essen zurechtfinden würden – eine Touristenattraktion.

Stempeln oder spielen

In die Gormannstraße ging man Arbeit suchen, stempeln oder – wenn es gar nichts anderes gab – spielen. Vor dem sogenannten Arbeitsnachweis, einem Vorläufer des Arbeitsamtes, waren Spieltische aufgebaut, wo sich die Arbeitslosen die Zeit vertrieben.

Grenze zur westlichen Vorstadt

Folgen Sie nun der Gormannstraße nach links, an der **Rosenthaler Straße** endet das Scheunenviertel. Diese Straße trennte die gutbürgerliche westliche Vorstadt mit schönen Gärten und Kaffeehäusern von der Armengegend. Hier wohnten die besser gestellten Juden, die mit den armen Gestalten des Scheunenviertels nicht viel zu tun hatten. Zu sehr erinnerten sie an das karge Leben der Vorfahren. Ihnen bietet sich an dieser Ecke ein Anblick unglaublicher Öde und Leere. Können Sie sich vor-

Eine typische Gegend armer Leute war die Mulackstraße (→ S. 36). Jetzt ist sie sichtlich reicher geworden.

stellen, dass in der Rosenthaler Straße vor nicht einmal 100 Jahren das Leben pulsierte, sich Läden, Fabriken, Tanzcafés und Werkstätten aneinander reihten? Das im Krieg wenig zerstörte Viertel mit seinen engen Straßen und kleinteiliger Bebauung verfiel erst danach. 1990 wurde die Spandauer Vorstadt zum Flächendenkmal erklärt und wird seit 1993 saniert. Überqueren Sie an der Gormannstraße die Rosenthaler Straße, um nach links zu den Hackeschen Höfen zu gelangen.

Auf dem Weg dorthin erwartet Sie eine Sensation in diesem heute herausgeputzten Viertel um die Hackeschen Höfe – die Rosenthaler Straße 39, **Haus Schwarzenberg**. Nur hier ist die alte Mitte noch wirklich oll und schmutzig und soll es auch bleiben. Nur hier lässt sich noch erahnen, wie bis zu den 90er-Jahren fast das ganze Viertel aussah. Eine Gruppe von Künstlern hat das Haus dem Hochglanz der neuen Zeit entzogen. Galerien, Klubs und Ateliers im Haus Schwarzenberg sind Heimstätten für rund 100 Berliner Künstler (→ S. 49, Kasten). Im Hof, im linken Seitenflügel des verwinkelten Gebäudes, hatte der sehbehinderte Otto Weidt von 1939 bis 1945 eine **Blindenwerkstatt**, in der etwa 30 jüdische Angestellte bis 1943 Besen und Bürsten herstellten. Otto Weidt setzte sich mit Mut und Schläue für seine bedrohten Mitarbeiter ein, versteckte eine Familie in der Werkstatt. Da er die Produktion als »kriegswichtig« einstufen lassen konnte, gelang es ihm, seine zum Abtransport in die Vernichtungslager bestellte Belegschaft auf der Sammel-

Schwarzenberg

Der erzgebirgische Kreis Schwarzenberg blieb im Jahr 1945 für 42 Tage von den Alliierten unbesetzt. In diesem Vakuum versuchte sich ein antifaschistischer örtlicher Aktionsausschuss am Aufbau einer provisorischen Verwaltung, bis der Einzug der Roten Armee das Experiment beendete.

Bis 1867 stand hier das Rosenthaler Tor. Nach dessen Abriss wurde der gleichnamige Platz zur Hauptverkehrsachse.

stelle in der Großen Hamburger Straße wieder zur Arbeit zurückzuholen. Seit 2001 sind in zwei Räumen der Werkstatt in einer Dependance des Jüdischen Museums Kopien von Briefen und Ausweisen, alte Tische und Maschinen zu einer anrührenden Ausstellung vereint.

Stille Helden
So heißt die Gedenkstätte in der Rosenthaler Str. 39, die an Menschen mit Zivilcourage während der Nazizeit erinnert – ca. 250 Deutsche, die verfolgte Juden versteckten (tgl. 10–20 Uhr).

Hackesche Höfe

1882 wurde der schöne **S-Bahnhof Hackescher Markt** entworfen, den Sie links sehen. Man stieg hier aus, wenn man zur Börse, die im Zweiten Weltkrieg zerstört wurde, ging. Bis vor wenigen Jahren erinnerte nur ein **Kino Börse** an die Vergangenheit. Es spielte immer wieder den DDR-Kinoklassiker »Die Legende von Paul und Paula« (nach dem Roman von Ulrich Plenzdorf). Jetzt sieht man hier nur Bürogebäude.

Ortsunkundige fragen nach den **Hackeschen Höfen**, denn der Eingang ist tatsächlich nicht selbstverständlich zu erkennen. Der Fassadenschmuck wurde im Jahr 1961 abgeschlagen. Rosenthaler Str. 40/41 heißt die offizielle Adresse, an der sich acht Wohn- und Gewerbehöfe aneinander reihen. Rechts am Eingang der Höfe erinnert eine Gedenktafel an Jakob van Hoddis, einen Lyriker, der 1909 hier mit anderen Intellektuellen den expressionistischen Neuen Club – zur Überwindung der Enge des Kaiserreiches – gegründet hatte. Zu seinen bekanntesten Gedichten gehört »Weltende«: »Dem Bürger fliegt vom spitzen Kopf der Hut./In allen Lüften hallt es wie Ge-

Hackesche Höfe
1995 hatten Senat, Eigentümer und Mieter ein Konzept zur Förderung urbanen Lebens beschlossen, das u. a. vorsah, dass in den nächsten zehn Jahren alle Läden und Restaurants vom Inhaber geführt sein müssten.

schrei./Dachdecker stürzen ab und gehn entzwei./ Und an den Küsten – liest man – steigt die Flut.//Der Sturm ist da, die wilden Meere hupfen/An Land, um dicke Dämme zu zerdrücken./Die meisten Menschen haben einen Schnupfen./Die Eisenbahnen fallen von den Brücken.«

Saniert
205 Millionen Euro hat das Land Berlin von 1993 bis 2008 für das 67 Hektar große Sanierungsgebiet der Spandauer Vorstadt ausgegeben, hohe Summen investierten auch viele Eigentümer, jetzt gehört die Gegend um den Hackeschen Markt zu den teuersten und beliebtesten Wohngegenden der Stadt. Gewerbemieten wachsen ins Gigantische, und Mode vertreibt die Gastronomie.

Schönheit der Stadt

Der erste Hof lockt die Besucher mit schönen Jugendstilfassaden in Gold, Grün und Blau, nach historischem Vorbild restauriert, in das Ensemble. August Endell, zu Beginn des 20. Jh. mit der Dekoration beauftragt, setzte damit dem üblichen wilhelminischen Stuck seine Vorstellung von der »Schönheit der großen Stadt« entgegen, zog das Leben von der Straße hinein und zu Textil- und Schuhproduzenten, Kürschnern, Likörfabriken und Stempelmachern. Acht Höfe entstanden auf kleiner Grundfläche, verblüffend rentabel genutzt, und Platz für Wohnungen für das gehobene Kleinbürgertum gab es außerdem, geradezu luxuriös ausgestattet mit Parkettboden, Balkonen und Innentoiletten. Die feine Ausstattung der Restaurationssäle ist heute nur noch im linken Seitenflügel in den Festsälen, jetzt ein Varietee, zu sehen. Von den 179 jüdischen Bewohnern im Jahr 1939 blieb keiner. Nach dem Krieg gab es eine Autowerkstatt und Lagerräume, die Pracht verfiel. Dann kam die Wende.

Der erste der acht Hackeschen Höfe lockt mit bunten Fassaden wie vor 100 Jahren. Historische Fliesen kauft man im achten Hof.

Bis 1997 für 50 Millionen Euro behutsam und denkmalgerecht rekonstruiert, entspricht das Konzept aus Wohnen und Arbeiten und mit inhabergeführten Läden wieder dem der Gründerzeit. Die nagelneuen verspielten Rosenhöfe mit Ladenzeilen, Zugang von Hof III, wollen gar nicht dazu passen. Gehen Sie geradeaus.

Kunst in der Sophienstraße

Wenn Sie die immer schlichter gestalteten Höfe durchstreift haben, gelangen Sie schließlich über den Hof VI auf die **Sophienstraße**, die im 18. Jh. nicht viel anders ausgesehen haben mag, aber Kirchhofsgasse hieß. In den Märzkämpfen 1848 waren hier drei Barrikaden aufgebaut. Fontane beschreibt, dass dazu Droschken und Wagen umgekippt wurden. Er selbst habe ein Gewehr aufgelesen und Pulver hineingeschüttet– aber nicht geschossen. Sie gehen nach links. Das Haus Nr. 18 auf der rechten Straßenseite hatte der 1844 gegründete Berliner Handwerkerverein ausgebaut. Achten Sie auf den Terrakottaschmuck, auch den »Händedruck«, den es 1904 über der Einfahrt erhielt. Am 14. November 1918 traf sich der Spartakusbund in den Sälen im Hof, die 2000 Menschen fassen konnten. Einer der Redner vor dem voll besetzten Saal hieß Wilhelm Pieck. Als »Sophiensäle« haben sich die Räume längst vom Off-Theater zur Berliner Theater-Institution entwickelt. Ambitionierte Avantgardisten wie die Choreografin Sasha Waltz hatten den Ort schon früh entdeckt. Auf der anderen Straßenseite ist der mit hohen Bäumen bestandene Sophienkirchhof eine Oase der Ruhe.

Sophienkirchhof
Auf dem Sophienkirchhof erinnert ein Obelisk an Karl Friedrich Zelter, Maurermeister und Komponist, der hier begraben liegt und nicht nur Freund Goethes und Direktor der Singakademie war, sondern 1809 auch Begründer der Berliner Liedertafel, des ersten deutschen Männergesangvereins.

Sicher lag es am »historischen Ort«, dass gerade die Sophienstraße zum Stadtjubiläum 1987 herausgeputzt wurde. Von 1981 an wurden in einer Aktion namens »Handwerk & Tradition« die Fassaden erneuert. Läden wurden nostalgisch beschriftet und mit damals begehrten handwerklichen Waren gefüllt: erzgebirgische Volkskunst, Goldschmiedestücke, Töpferwaren. Ein Puppentheater zog ein und überlebte auch die Wende. Vor dem Jazzklub, den es nicht mehr gibt, warteten am Wochenende Dutzende auf der Straße auf Einlass, die meisten vergeblich. Noch heute wird in dieser Straße gewebt und werden Geigen gebaut, doch zeigt das Angebot der Läden eine neue Weltläufigkeit.

Haus Nr. 21, tagsüber ganz unauffällig, lockt abends mit kräftigem Rot, Blau und Gelb in Höfe, die bis in die Gipsstraße führen, dort, wo früher Gips gebrannt und später Nähmaschinen hergestellt wurden: die **Sophie-Gips-Höfe**. 4 Ein Durchbruch für die Kunst der Gegenwart wurde hier geschaffen. Erika und Rolf Hoffmann haben sich hier für ihre Sammlung – Sigmar Polke, Rebecca Horn, Andy Warhol, A. R. Penck – im letzten

Galerien reihen sich in der Auguststraße aneinander, im Hof der Kunst-Werke kann man wunderbar Kaffee trinken.

Hof eine private Galerie gebaut. Erstklassiger Kaffee wird bei »Barcomis« geröstet, und man sitzt im Sommer sehr schön im ruhigen Hof – fast abseits der Touristenströme.

Biegen Sie von der Sophienstraße nach rechts in die **Große Hamburger Straße** ein. Links neben dem Theaterhaus verweist Sie ein Denkmal auf die Bedeutung des gegenüberliegenden Parks und Spielplatzes: Christian Koppe, Stadthauptmann von Berlin, hatte das Gelände 1696 von den Schadowschen Erben gekauft und 1705 der Berliner Verwaltung mit der Maßgabe überlassen, darauf einen Friedhof für Arme und Waisen einzurichten. Auch Selbstmörder soll man hier beerdigt haben. Die Gruft Koppes und seiner Familie soll direkt unter dem Denkmal liegen, das die Stadt ihm gewidmet hat. »Der verlassene Stuhl hinter dem leeren Tisch vor dem umgestürzten Stuhl« fällt Ihnen im Park sicher auf. Ein Vers von Nelly Sachs rahmt das Mahnmal. Carl Biedermann und Eva Butzmann schufen den verlassenen Raum 1988 zum 50. Jahrestag des Novemberpogroms, und 1996 wurde das Denkmal aufgestellt. Es soll an die jüdischen Anwohner erinnern, die während der Nazizeit in aller Eile ihre Wohnungen verlassen mussten.

Heinz Knobloch
Immer wird man an die Warnung des Berliner Autors und Feuilletonisten Heinz Knobloch erinnert: »Misstraut den Grünanlagen!«

Kunstmeile

Kehren Sie um und biegen Sie rechts in die **Auguststraße** ein. Als Kunstfreund oder Kunstfreundin werden Sie diese Straße nicht so bald verlassen – oder wiederkommen –, denn hier reiht sich eine Galerie an die andere. Gerd Harry Lybke hat die Spürnase für die Entdeckung und das Talent für die Förderung junger Shooting-Stars der modernen Kunst. Seine Galerie **Eigen+Art**, Auguststr. 26, zu DDR-Zeiten als freie Initiative in Leipzig ins Leben gerufen, expandierte nach der Wende nach Berlin und vorübergehend nach New York und ist heute der Renner auf dem hektischen internationalen Kunstmarkt.

Clärchens Ballhaus, in Nr. 24, ist seit 1903 geradezu eine Legende als Schwoflokal im Kiez und erhielt nach fast 100-jährigem Gebrauch ein Lifting, dem die Anwohner und Nutzer bange entgegen sahen. Aber soll man nicht nach allen offensichtlichen Zeichen der Gentrification genannten Vertreibung der alten Bewohner durch Sanierung (und Verteuerung) um die gewohnten, Identifikation stiftenden Orte bangen? Jetzt ist das Ballhaus schon ab Mittag geöffnet, mit Lametta an den Wänden dekoriert, und Pizza gibt es neben Bouletten sowie Kaffee und Kuchen. Geblieben ist die tolerante Mischung aus Jung und Alt, die Nachbarn kommen, aber auch Studenten und Touristen treffen sich im schönen Garten.

Die **Kunst-Werke (KW)**, Auguststr. 69, auf der rechten Straßenseite, eine ehemalige sanierte Margarinefabrik, ist heute Epizentrum der modernen Kunst, dessen erfolgreicher Gründer Klaus Biesenbach inzwischen zum Museum of Modern Art in New York abgewandert ist. Der Hof gehört zum Ausstellungsgelände und bietet mit dem »Café Bravo« den von der Kunst Erschöpften Stärkung. 4

Galeriemeile

Mit der »Aktion 37 Räume« begann in der Auguststraße im Juni 1992 das Kontrastprogramm zur Documenta in Kassel. Der Erfolg der Galeriemeile schien nicht aufzuhalten. Viele Galeristen haben aber die Straße der ständigen Events und Kunstführungen inzwischen verlassen und neue authentische Räume gesucht und gefunden.

Jüdisches Leben

Nach dem Dreißigjährigen Krieg waren 50 aus Wien vertriebene jüdische Familien nach Berlin gekommen, die Kurfürst Friedrich Wilhelm 1671 unter seinen »sonderbaren Schutz« stellte. Juden sollten schon im 17. Jh. auf kurfürstlichen Wunsch die daniederliegende Wirtschaft beleben, Steuern zahlen, aber keine Synagoge bauen. Ihre Einreise wurde streng kontrolliert.

Bis 1933 lebten 160 000 Juden in Berlin. 1939 hatte schon die Hälfte von ihnen das Land verlassen. Im Sommer 1945 waren noch etwa 8000 verblieben, von denen viele auf die Auswanderungsgenehmigung warteten. 55 000 waren in Konzentrationslagern ermordet worden. Durch Zuzug von Juden aus der ehemaligen Sowjetunion ist die Jüdische Gemeinde heute wieder auf ca. 12 000 Mitglieder angewachsen.

Die Häuser Nr. 14 und Nr. 15 waren seit 1930 die **Jüdische Mädchenschule**, bis die Nazis sie 1942 schlossen. Zu Mauerzeiten wurden sie zur Erweiterten Oberschule Max Planck. Im Gebäude des **Jüdischen Krankenhauses** (Nr. 11–13), dem der Ruf vorauseilte, eine der besten medizinischen Einrichtungen Europas zu

Jüdisches Museum

Im Westen Kreuzbergs, in einem Gebäude mit der Form eines zerborstenen Davidssterns, vom amerikanischen Architekten Daniel Libeskind entworfen, kann man 2000 Jahre jüdischer Geschichte erfahren (Lindenstr. 9–14; U-Bahn: Hallesches Tor).

Mahnmal für die deportierten Juden
Am S-Bahnhof Grunewald, Gleis 17, wurden jüdische Bürger zur Deportation in Züge – Viehwaggons – gesperrt und in die Vernichtungslager transportiert. Heute ist dieser Ort ein eindringliches Mahnmal.

sein, lebten ab 1922 auch osteuropäische Flüchtlingskinder im Waisenhaus AHAWAH (das hebräische Wort für Liebe). Ein Teil der Kinder wanderte mit den Lehrern 1934 und 1935 nach Palästina aus. Die Nazis machten das Haus zum Sammellager für alte Juden, die Tage und Wochen im Siechenhaus auf die Deportation in Vernichtungslager warteten. 15 000 Menschen haben das Haus in 117 Alterstransporten verlassen.

Biegen Sie nach links in die **Tucholskystraße**, die 1827 wegen der Kaserne jenseits der Oranienburger Straße, direkt am Kupfergraben, Artilleriestraße genannt wurde. Die Kaserne trug zu DDR-Zeiten den Namen Friedrich-Engels-Kaserne, weil der Marxist dort einige Jahre Dienst getan hatte. Kurt Tucholsky selbst hatte nie in dieser Straße gelebt, dafür war aber Christian Morgenstern, der 1841 in einer Wohnung unterm Dach der Artilleriestraße 31 Theaterkritiken und Gedichte schrieb, der berühmteste Anwohner.

In der Tucholskystraße 40, rechts von der Auguststraße, hatten orthodoxe Juden 1869 aus Protest gegen die zunehmende Liberalisierung der Hauptgemeinde eine neue Gemeinde, Adass Jisroel, gegründet, die die Nazis 1939 für aufgelöst erklärt hatten. Seit 1994 wieder als unabhängig anerkannt, unterhält Adass Jisroel in seinen Räumen eine eigene Synagoge.

In der Tucholskystraße Nr. 9, im zweiten Block rechts jenseits der Oranienburger Straße, liegt das **Leo-Baeck-Haus**. Ab 1907 bestand hier – damals Artilleriestraße 14 – die Hochschule für die Wissenschaft des Judentums, die 1872 Unter den Linden eröffnet worden war. Das NS-Regime schloss die Schule 1942, ihr Leiter, der Rabbiner Leo Baeck, wurde nach Theresienstadt verschleppt, überlebte und starb 1956 in London. Seit dem 19. April 1999, dem Jahrestag des Aufstandes im Warschauer Getto 1943, haben der Zentralrat der Juden in Deutschland und der European Jewish Congress hier ihren Sitz wie die Jüdische Presse Gesellschaft.

Stolz der Post

Sehen Sie an der Ecke Oranienburger Straße die großen Buchstaben **WOHNMASCHINE**? 1988, als noch niemand an Mauerfall und Sanierung dachte, hatte der Theatertischler Friedrich Look die erste – und heimliche – Galerie an diesem Ort hinter dieser Wortschöpfung verborgen. Der gelbe Klinkerbau auf der rechten Straßenseite, der sich bis zur Oranienburger Straße zieht, ist von 1875 bis 1881 als **Postfuhramt** mit Wagenremisen, Ställen für 240 Pferde, Rohrpostmaschinenhaus, Schlafstellen für Bedienstete und Versammlungsräumen nach Plänen von Carl Schwatlo gebaut worden. Achten Sie auf die farbigen Terrakotten und die Putten, die Aufgaben des

Post- und Telegrafenwesens vorführen. Sie sind längst arbeitslos. Immer wieder werden die maroden Räume für gelegentliche Kunstausstellungen genutzt. Eine neue Verwendung als Teil eines Hotels war im Gespräch. Schräg gegenüber in der Oranienburger Straße, wo die Uhr an der Fassade schon lange steht, lagen das Institut für Post- und Fernmeldewesen und das Haupttelegrafenamt. Um 1900 hatte Berlin das größte Telefonnetz der Welt.

Maurisches Kunstwerk

Biegen Sie links in die **Oranienburger Straße**. Gleich 4
hinter den ruhigen **Heckmannhöfen** mit einigen hübschen Läden und einem Keller, in dem ganz traditionell Bonbons gekocht werden, stehen Sie vor der **Neuen Synagoge**, deren orientalisch anmutende goldene Kuppeln den Himmel über der Stadtmitte beherrschen. Eduard Knobloch hatte den Bau 1859 begonnen, der 1866 von Schinkels Schüler August Stüler vollendet wurde. Der mutige Polizist Wilhelm Krützfeld vom Revier 16 hatte das »maurische Kunstwerk« am 9. November 1938 vor der Zerstörung durch die SA bewahren können, aber nach einem britischen Bombenangriff im November 1943 war nur noch eine monströse Ruine übrig geblieben, die 1958 endgültig abgerissen wurde. Den Grundstein für den Wiederaufbau des Vordergebäudes

Die Szenen änderten sich mit der Deportation der Juden. Bilder wie dieses von 1935 in der Grenadierstraße gab es nicht wieder.

Der Bahnhof am Hackeschen Markt (→ S. 39) ist im Sommer Kulisse für Straßencafés, vor denen abends Artisten auftreten.

legte die Stadt im November 1988, und am 7. Mai 1995 konnte die Jüdische Gemeinde Berlins die erneute Einweihung feiern. In der Neuen Synagoge gibt es nur einen kleinen Gebetsraum, die restlichen Räumlichkeiten nutzt das **Centrum Judaicum** für Kulturveranstaltungen und Kongresse. Eine ständige Ausstellung führt durch jüdischen Alltag vor dem Krieg und vermittelt viel von der einstigen Lebendigkeit des Viertels. Im September 1930 spielte Albert Einstein in der Synagoge Konzerte von Bach und Händel.

Kleine Idyllen

Adalbert von Chamisso

1796 war ein 15-Jähriger namens Charles Adelaide, Sohn einer aus Frankreich ausgesiedelten Familie, als Page ins Schlösschen gezogen. Als Adalbert von Chamisso ist er berühmt geworden, und seit 1888 steht seine Büste am Parkeingang am Monbijouplatz.

Bevor Sie links in die Krausnickstraße abbiegen, werfen Sie noch einen Blick auf die andere Straßenseite zum Monbijoupark, der sich bis zum Ufer der Spree zieht. Die Schriftstellerin Ina Seidel hatte das Schlösschen beschrieben, das einst dort lag, im Krieg beschädigt und 1960 abgerissen wurde: »Ich liebe nicht nur den Park, auch das kleine Palais in seinem preußisch enthaltsamen Spätbarock erschien mir sehr reizvoll, es war in der Tat ein Bijou, ein Kleinod intimer Architektur.« Wo das Schloss stand, liegt heute ein Kinderschwimmbad.

An der linken Straßenseite der **Krausnickstraße** erstreckt sich das katholische **St. Hedwig-Krankenhaus** bis zur Großen Hamburger Straße. 1854 hatten die Barmherzigen Schwestern das neogotische Bauwerk bezogen. Sieht es nicht schön aus, wenn man von der Großen Hamburger in den grün – und im Herbst weinrot – belaubten Eingang sieht? Ausgerechnet in diesem Krankenhaus, das in der Nazizeit allen Verfolgten offen stand, hatte Propagandaminister Goebbels sich 1943

Eine Pracht ist das alte Postfuhramt (→ S. 44). Bei einer Kunstaktion im Jahr 2002 zierten Tausende Liebesbriefe die Fassade.

eines Nierenleidens wegen behandeln lassen und sich voller Lob geäußert. Sie gehen jetzt nach rechts zur **Sophienkirche** von 1712. Als einzige barocke Kirche hat sie den Krieg fast unbeschadet überstanden.

Orte des Grauens und der Zukunft

Wenn das Straßenschild **Große Hamburger Straße** heute noch vielen Menschen das Herz stocken lässt, dann weil sie mit dem einstigen Zentrum jüdischen Gemeindelebens Tradition und Schrecken verbinden. Das Haus Große Hamburger Str. 27 wird bewacht – wie die Synagoge in der Oranienburger Straße –, und der Schulhof daneben ist mit einer Mauer umgeben, die in Stacheldraht endet. Das Gebäude ist 1905 bis 1906 als Knabenschule der Jüdischen Gemeinde entstanden und wurde 1942 von den Nazis geschlossen. Seit 1993 setzt die **Jüdische Oberschule** die Tradition der 1778 von Moses Mendelssohn, David Friedländer und Daniel Itzig gegründeten Freischule fort, und im Sommer 2000 machten die ersten Schüler nach der Schoa hier Abitur.

An der Großen Hamburger Str. 26 liegt ein unscheinbarer Park. Links steht ein Denkmal, darauf eine Handvoll Steine. 1672 war hier der erste **Friedhof der Jüdischen Gemeinde** in Berlin angelegt und Jechiel Aschkenasi als Erster beigesetzt worden. 12 000 Tote barg der Friedhof, als er 1827 geschlossen wurde, auch Moses Mendelssohn († 1786). Als die SS (Schutz-Staffel) der Nazis den Friedhof 1943 zerstörte, mussten die Bewohner des Altenheimes daneben zusehen, wie der »Gute Ort« (jüdischer Friedhof) verschwand. Das Altersheim selbst, in dem die Gemeinde von 1828 bis 1942 vor allem arme

Theodor Fontane

Mit seinem Onkel August hatte Theodor Fontane als Jugendlicher in der Großen Hamburger Straße gewohnt, parterre, neben einem »Judenkirchhof«. Nach Fontanes Erinnerungen rann das Wasser die Wände hinunter. Es war durchaus üblich, dass Hungerleider als »Trockenwohner« noch feuchte Wohnungen bezogen, bis sie besser gestellten Bewohnern zuzumuten waren.

»Der Block der Frauen« in der Rosenstraße erinnert an den Protest von Frauen gegen die Internierung ihrer jüdischen Männer.

Moses Mendelssohn
Seinem Dessauer Lehrer Rabbi Fraenkel folgte er 1743 als 14-Jähriger nach Berlin. Er wurde zum Philosophen der Aufklärung und Wegbereiter jüdischer Emanzipation. Sein Freund Gotthold Ephraim Lessing nahm ihn zum Vorbild für sein Drama »Nathan der Weise« (1779).

Alte versorgte, machten die Nazis zum Sammellager, von dem aus die Juden zu den Zügen in die Vernichtungslager gebracht wurden. Die Nachbarn hatten nichts gesehen, und die wenigen, die gesehen hatten, versteckten ihre jüdischen Nachbarn, im St.-Hedwigs-Krankenhaus, in der Bäckerei, in der Bürstenmacherei, in der Prostituiertenwohnung. Bomben haben das Altersheim zerstört. Seit 1984 erinnert eine Figurengruppe von Willi und Mark Lammert, die Sie links vor dem Park sehen, an das Sammellager der Gestapo (Geheime Staatspolizei). Wenn Sie hinter den Büschen rechts um die Ecke gehen, finden Sie einen einzelnen Grabstein, den für Moses Mendelssohn. Rechts an der Mauer sind Fragmente von Grabplatten und eine Gedenktafel zu sehen.

Auf der anderen Straßenseite zwischen den Häusern Nr. 15 und Nr. 16 fällt eine Lücke auf, es gibt hier nur die Seitenflügel eines großen Gebäudes. An den 19 Schaufenstern des »Größten Spielwarengeschäfts der Welt«, das hier gestanden hat, drückten sich Kinder die Nasen platt. Ob das Haus rechts mit dem Kinderrelief dazu gehörte? Auf den hohen Seitenwänden lesen Sie Namen, es sind die der Menschen, die hier lebten, als das Haus am 3. Februar 1945 unter Bomben zusammensank – Ergebnis eines Kunstprojektes »Die Endlichkeit der Freiheit« von 1990, das der Künstler Christian Boltanski »The Missing House« nannte.

Protest der Frauen

Nach einigen Restaurants biegen Sie hinter einer Brachfläche links wieder in die Oranienburger Straße und gehen rechts zum Hackeschen Markt, lassen den S-Bahnhof rechts liegen und folgen der Straße An der Spandauer Brücke. Auf der linken Seite können Sie in die **Rosenstraße** abbiegen. Kurz vor deren Ende stehen Sie vor der **Skulpturengruppe »Der Block der Frauen«**, 1995 von Ingeborg Hunzinger geschaffen. Das Denkmal erinnert an den tagelangen Protest nicht jüdischer Frauen im Frühjahr 1943 gegen die Inhaftierung ihrer jüdischen Ehemänner, die darauf entlassen wurden. Margarethe von Trotta hat das Ereignis 2003 verfilmt. In der Heidereutergasse ist 1712 bis 1714 Berlins erste Gemeindesynagoge errichtet worden. Vorher war es Juden nicht erlaubt, eigene Synagogen zu bauen, und sie trafen sich in privaten Betstuben zum Gottesdienst. Äußerlich unscheinbar, aber innen barock ausgestattet, diente die Alte Synagoge als Gotteshaus, bis sie 1944 bei einem alliierten Luftangriff zerstört wurde. Man sieht heute nur die Grundmauern und eine Gedenktafel.

Sie können jetzt am Ende des Spaziergangs über die Karl-Liebknecht-Straße zum Alexanderplatz mit U- und S-Bahnhof gehen. Nicht weiter ist der Rückweg zum S-Bahnhof Hackescher Markt.

ADRESSEN & SERVICE

Haus Schwarzenberg Geschichte, Kunst und Kultur. Rosenthaler Str. 39; Blindenwerkstatt Otto Weidt: Mo–Fr 12–20, Sa, So 11–20 Uhr; Führungen So 14 Uhr. Anne-Frank-Zentrum: Mai–Sept. Di–So 12–20 Uhr, Okt.–Apr. Di–So 10–18 Uhr

LUMAS – Foto Kunst Editionen Werke international anerkannter Künstler zu erschwinglichen Preisen. Rosenthalerstr. 40/41; S-Bahn: Hackescher Markt; Mo–Fr 11–20, Sa 10–20, So 13–19 Uhr; Tel. 030/28 04 03 73

Berlinklamotten Junge Mode von 140 jungen Berliner Designern. Rosenthaler Str. 40/41; Mo–Sa 11–20 Uhr

Ampelmann Galerie Shop Das Ost-Ampelmännchen für alle Zwecke. Hackesche Höfe V; Mo–Sa 10–22 (Winter 19 Uhr), So 11–19 Uhr

ESSEN & TRINKEN

Beth Café In dem seit 1991 bestehenden kleinen Restaurant, gern von Mitgliedern der orthodoxen Gemeinde Adass Yisroel besucht, werden (kontrolliert) koschere, vegetarische Menüs und israelische Spezialitäten angeboten. Tucholskystr. 60; Tel. 030/281 31 35; So–Do 11–22, Fr 11–15 ●●

Pan Asia Im Hof versteckt und angenehm puristisch. Eine frische, schnelle asiatische Küche, glutamatfrei, wird hier serviert. Rosenthaler Str. 38; Tel. 030/27 90 88 11; So–Do 12–24, Fr, Sa 12–1 Uhr ●●

Strandbar Mitte Die älteste Berliner Strandbar an der Spree lädt im Sommer zur Pause auf feinstem märkischen Sand. Besonders schön, wenn die Abendsonne den Sandstein der Museumsinsel färbt. Monbijoustr. 3; Sommer tgl. ab 10 Uhr ●

5

Nacht! Tauentzien! Kokain!

Die Goldenen Zwanziger sind die große Zeit des Neuen Westens um den Kurfürstendamm.

Der Neue Westen an der Gedächtniskirche: Von 235 Gebäuden standen 1945 noch 43.

Charakteristik des Spaziergangs Das Wilhelminische Zeitalter ist zu Ende. Dichter, Maler, Musiker, Tänzerinnen und Regisseure dirigieren den Protest gegen das Alte und stimmen auf eine neue Zeit ein, bewundern Picasso und die Dietrich, liberalisieren, was als anstößig galt, und das alles weit weg von der alten Mitte, dem Empfangssalon der Könige von Preußen. Der Neue Westen ist gerade entstanden, im fragwürdigen Geschmack der Gründerzeit. Hier wird Berlin »das größte Kaffeehaus Europas«, der Schmelztiegel der Nationen, das »Industriegebiet der Intelligenz«; hier entsteht der Mythos von den Goldenen Zwanzigern. Man zieht nach Berlin, in den – nach Erich Kästner – »verrückt gewordenen Steinbaukasten«.

SERVICE

Beginn des Spaziergangs: U-Bahnhof Wittenbergplatz
Ende: Bahnhof Zoologischer Garten (U- und S-Bahn)
Dauer: 2,5 Stunden

»Den Flanierenden leitet die Straße in eine entschwundene Zeit«, schrieb Walter Benjamin in den 20er-Jahren, als er in seine Geburtsstadt Berlin zurückgekehrt war. Sie sind schon im U-Bahnhof Wittenbergplatz in eine entschwundene Zeit eingetaucht. Wie eine Filmkulisse wirken die alten Werbetafeln, Geländer, Fliesen, Lampen und nostalgischen Schilder, die an den Treppen die Richtung weisen. Und wenn Sie die Halle dieses Jugendstilbahnhofs von 1902 verlassen, der 1913 umgebaut und längst historisierend wieder hergestellt wurde, empfängt Sie die Großstadt. Eilige Passanten, Musiker, Bettler, bummelnde Touristen kreuzen Ihr Blickfeld. Schön ist hier nicht viel – Hotels, Wohn- und Bürohäuser, wie man sie eben nach dem Krieg wieder aufgebaut hat. Sie wenden sich an der Ampel zur Südseite der Straße, die hier **Tauentzienstraße** heißt und wo unübersehbar das **Kaufhaus des Westens** (KaDeWe) lockt. 6

Schon bei der Eröffnung des größten und berühmtesten Warenhauses Berlins im März 1907 redeten die Berliner nur vom KaDeWe – das Abkürzen war gerade in Mode gekommen. Der Besitzer Adolf Jandorf trat im Neuen Westen mit exklusiven Luxuswaren für ein verwöhntes Publikum in Erscheinung; für Billiges wie in seinen anderen Läden hätte es hier keinen Bedarf gegeben.

»Charlottengrad«

Das sollte sich schnell ändern, denn die Nachkriegszeit und die Inflation zu Beginn der 20er-Jahre brachten neben Kriegsgewinnlern – hier hießen sie »Raffkes« – auch Armut und Hunger. Viele Ausländer zogen nach Berlin und vor allem nach der Oktoberrevolution 1917 Russen nach Charlottenburg, das damit zu »Charlottengrad« wurde. Flüchtlinge kamen, Emigranten, Sowjetbürger – manche für kurze, andere für längere Zeit, arme und reiche.

Für den Schriftsteller Andrei Bely, den damals berühmtesten Schriftsteller Russlands, ist das KaDeWe das Kaufhaus der Kaufhäuser, »... in dessen Schaufensterauslagen feine Seidenstoffe in allen Nuancen schillern, kunstvoll hingefingert von Dekorateuren, affektierte Wachsschönheiten stellen ihren Staat da zur Schau ... Elegante Verkäuferinnen und Verkäufer überschütten einen mit Dingen, und nicht sofort wird Ihnen auffallen, dass unter all den hier versammelten Nationen, den Polen, Tschechoslowaken, Chinesen, Japanern und Russen, nur eine einzige Nation fehlt, die deutsche Nation. Das KaDeWe geht über den Geldbeutel der Deut-

Ilja Ehrenburg

Ilja Ehrenburg schrieb 1922: »In Europa gibt es nur eine zeitgemäße Stadt – es ist Berlin.« Berlin war für ihn der Ort, »... an dem der Kampf um die Zukunft Russlands in Europa« ausgetragen wird.«

Kurfürstendamm
Bis 1883 war der Churfürsten-Damm ein Knüppeldamm, den Könige und Kurfürsten nutzten, um vom Berliner Stadtschloss zur Jagd in den Grunewald zu reiten.

schen ... Charlottengrad ist vorzugsweise für die Russen da.« Das Zentrum der meisten Russen jedoch bildet der Prager Platz weiter südlich in Wilmersdorf. Viele schreiben von elenden Zimmern mit mottenzerfressenem Plüsch und Waschkommode, von Sauerkohlgeruch, Naphtalin und stinkenden Mülleimern. Es erinnert sie an die Hinterhöfe von Sankt Petersburg. Wenn sie ihre schäbige Unterkunft verlassen, sehen sie an den Plätzen Bettler, Streichholzverkäufer, Altwarenhändler und hören Geigen klagen.

Ein Boulevard Pariser Art

Nachdem Reichskanzler Otto von Bismarck 1871 nach dem Deutsch-Französischen Krieg aus Paris zurückgekommen war, sollte die preußische Residenz auch zur Kapitale des Kaiserreichs werden, und er regte an, den Kurfürstendamm zu einem Boulevard nach dem Vorbild der Champs-Elysées auszubauen. Und anschließend, ohne großes Aufsehen, war die Straße gebaut worden, 3,5 km lang, 53 m breit, wobei in der Mitte ein Reitweg erhalten blieb. Rundherum hatte sich bald angesiedelt, wer das entsprechende Kleingeld dazu hatte.

Werfen Sie einen Blick auf das Eckhaus Nürnberger Straße 50–55 (Hotel Ellington), das 1928 bis 1931 für die Reichsmonopolverwaltung für Branntwein errichtet wurde und als **Femina-Palast** bekannt war, denn im Erdgeschoss gab es die gleichnamige Tanzbar.

Femina-Tanzbar
Allein stehende männliche Gäste wurden ermuntert, sich der Dame ihrer Wahl per Tischtelefon zu nähern: »Nur nicht schüchtern! Rufe an! Ob sie Dich mag, erfährst Du dann!«

Am Romanischen Forum

Beim **Europa-Center**, das auf der Nordseite der Straße bis zum Breitscheidplatz reicht, wird Ihre Fantasie auf eine harte Probe gestellt. Das gesamte Areal wurde ab 1955 neu bebaut. Vielleicht hilft Ihnen das Plätschern des Weltkugelbrunnens, den die Berliner »Wasserklops« nennen, sich in die Zeit vor hundert Jahren zu versetzen, als hier nach dem Willen Kaiser Wilhelms II. das Romanische Forum wie die Kaiser-Wilhelm-Gedächtniskirche im neoromanischen Stil entstand. An der Ostseite des damaligen Auguste-Viktoria-Platzes, zwischen Tauentzien und Kurfürstendamm, errichtete Franz Schwechten 1901 das zweite Romanische Haus als Wohnhaus. Über die gesamte Breite des Gebäudes zog sich das **Romanische Café**, in den 20er-Jahren legendärer Treffpunkt derjenigen, die der Enge des Kaiserreichs etwas entgegensetzen wollten. Erich Kästner, selbst froh, dass ihn ein »Fußtritt Fortunas«, nämlich eine Kündigung, nach Berlin verschlagen hatte, beschrieb es als »Wartesaal der Talente«.

Arme wie Reiche lebten hier, und es war ein buntes Volk, das sich hier die Zeit vertrieb, mit Verlegern verhandelte, Schach spielte oder von Tisch zu Tisch spa-

zierte, um nichts bestellen zu müssen. Einer der jungen Literaten, Günther Birkenfeld, der den Begriff »Wartesaal des Genius« schuf, beschrieb das Lokal: »So farblos und frostig wie sein Name ...«, aber »... hier traf sich alles, was zwischen Rejkjavik und Tahiti von Beruf oder aus Liebhaberei mit den Musen und Grazien in irgendeiner Beziehung stand.« In der Anfangszeit hatten die Stammgäste noch vom »Rachmonischen Café« geulkt, nach dem hebräischen Wort für erbarmungswürdig. Spätestens 1925 war es berühmt.

Es gab eine sichtbare Hierarchie: ein kleiner Raum mit 20 Tischen war das »Bassin für Schwimmer« – das waren die Arrivierten –, von dem eine Treppe zur Galerie mit Spielertischen hinaufführte; der große Raum rechts vom Eingang mit 60 bis 70 Tischen war den »Nichtschwimmern« vorbehalten, der großen Schar der Jungen, Unbekannten, aber Hoffnungsvollen. Alle wollten etwas werden: Fotograf, Pressezeichner, Conferencier, Reporter, Filmschauspieler... Auf der Außenterrasse mit Aussicht auf die Gedächtniskirche saßen die Touristen und die Neugierigen, um vielleicht einen Blick auf einen berühmten Künstler zu erhaschen.

Billy Wilder

Billy Wilder verdingte sich in Berlin als Gigolo: »Als Eintänzer zu arbeiten war schon sehr komisch, zumal ich am Abend Frack oder Smoking tragen musste, aber nur ein Hemd besaß. Ich habe es nicht gewaschen, sondern mit dem Radiergummi gereinigt. Meine zweite Heimat allerdings war das Romanische Café ...«

Unter den Augen der Monarchie

In südlicher Richtung führt die **Rankestraße** ab, wo es in **Schwanneckes Weinstuben**, Nr. 4, ein ganzes Stück vornehmer zuging. Da konnte man Ernst Rowohlt, Alfred Kerr und Joachim Ringelnatz sitzen sehen. Auf dem **Breitscheidplatz**, 1889 als Gutenbergplatz angelegt, hatte die **Kaiser-Wilhelm-Gedächtniskirche** einen monarchischen Akzent in den Neuen Westen gesetzt.

»Die Russen ziehen ihre Kreise um die Gedächtniskirche wie Fliegen um Kronleuchter. Auf den Straßen spazieren Damen in Sealmänteln und schwarzen Lederüberschuhen. Schieber in rauwollenen Paletots, russische Professoren, die Hände mit dem Regenschirm auf dem Rücken verschränkt ... Wir leben unter den Deut-

Die neue Gedächtniskirche

Nach Plänen Egon Eiermanns entstand 1961 eine neue Kirche. Die Kriegsruine ist als Mahnmal erhalten. In der Eingangshalle sehen Sie Mosaikarbeiten und Teile des Wandschmucks.

1925, als das Foto entstand, waren viele Stammgäste des »Romanischen Cafés« (→ S. 52) am Breitscheidplatz emigriert.

Literaturszene international
Zu den ausländischen Literaten im Berlin der 20er-Jahre gehörten Alexei Tolstoi, Vladimir Nabokow (Russland), Elias Canetti (Österreich), Georg Lukács (Ungarn) und Rabindranath Tagore (Indien).

schen wie ein See inmitten seiner Ufer.« So sieht es Andrei Bely, und es passt zum Neuen Westen, dem der Ruf von Extravaganz und Snobismus anhängt. Für ihn ist die Tauentzienstraße »das Zentrum der russischen parties de plaisir ..., von der die Coupletsänger schwärmen: Nacht! Tauentzien! Kokain! Das ist Berlin!«.

Wo der Film zu Hause war

Schon sind Sie auf dem Charlottenburger Broadway, der **Kurfürstendamm** beginnt – mit der Hausnummer 11. Die Nummerierung verläuft, wie sehr oft in Berlin, auf der einen Seite durchgehend, wechselt am Ende der Straße und endet gegenüber mit Nummer 237. Die ersten und letzten Hausnummern fehlen, seit 1925 der ursprünglich erste Teil der Straße bis zum Landwehrkanal in Budapester Straße umbenannt wurde. Vor Nr. 11 hatte Kurt Tucholsky schon 1912 seine »Bücherbar« eröffnet, einen »Studikerunfug« für einige Wochen, wo er geistige Nahrung in jeder Form anbot. In westlicher Richtung stand das erste **Romanische Haus**, heute Kurfürstendamm Nr. 12, mit dem **Gloria-Palast**, einem neobarocken Kinogebäude für 1200 Zuschauer, 1926 mit einer Pantomime von Frank Wedekind und Murnaus Molière-Verfilmung »Tartüff« eröffnet. Es wurde das Haus der großen Uraufführungen wie für den »Blauen Engel« mit Marlene Dietrich und Heinrich George am 1. April 1930. Da hatte Berlin aber schon längst Filmgeschichte ge-

Der Ku'damm ist die beliebteste Einkaufsstraße Berlins. Westlich der Gedächtniskirche wird das Angebot exklusiv.

schrieben. Am Kudamm gab es zehn Lichtspielhäuser, man hatte »Madame Dubarry« von Lubitsch gesehen und »Metropolis« von Lang, und 1922 war der erste Tonfilm, »Das Leben auf dem Dorfe«, aufgeführt worden. Im schneeweißen **Marmorhaus** (Nr. 236), 1912 bis 1913 erbaut, das Sie gegenüber sehen, zeigte sich die Moderne nicht nur in der mit schlesischem Marmor verkleideten Fassade. 1919 fand hier die Premiere von Robert Wieners »Das Kabinett des Dr. Caligari« statt.

Wenn Sie der Nordseite der Straße folgen, finden Sie neben einem Hoteleingang an der Hausnummer 15 eine Gedenktafel, die an »Mampes gute Stube« erinnert. Der Österreicher Joseph Roth, seit 1921 als Journalist in Berlin, wohnte im Hotel, und hier soll sein »Radetzkymarsch« entstanden sein. An der Südecke Joachimstaler Straße, wo eine große Video-Werbewand Sie über neue Modetrends informiert, hatte das Wäschehaus Grünfeld 1926 eine Filiale eröffnet, mit riesiger Schaufensterfront und gläsernem Fahrstuhl. Das war neu, das gab es im Stammhaus an der Leipziger Straße nicht. Die Kundschaft war prominent, kam vom Theater und vom Film, aus der Kunst- und Modewelt, oder die Kunden waren Touristen aus dem Ausland.

Das berühmte **Café Kranzler** an der Nordecke, von dem nichts als die Rotunde blieb, ist erst 1932 eröffnet worden. Sein Vorläufer war das »Café des Westens«, Treffpunkt der kulturellen Avantgarde um Alfred Kerr und Richard Strauss, Christian Morgenstern und Carl Stern-

Kino ist aus

Erst 1950 löste der Zoo-Palast das Marmorhaus als Premierenkino ab. Die plötzliche Schließung 2001 setzte das Kinosterben der Paläste nach Gloria 1998 und Filmbühne Wien 2000 fort.

heim, George Grosz, Wieland Herzfelde wie John Heartfield. Hier wurden Pläne geschmiedet und Kabaretts (Schall und Rauch, Überbrettl), avantgardistische Zeitschriften (Der Sturm, Die Aktion) und Verlage (Malik) gegründet. Seine Kritiker nannten es »Café Größenwahn«, und seine Gäste adoptierten die Bezeichnung gern. Mit dem Ersten Weltkrieg ging seine Zeit zu Ende, man zog weiter ins »Romanische Café«. Zwei Jahre lang gab es noch das Kabarett Größenwahn im ersten Stock.

Von Klassik bis »Barockoko«

Protzbauten
»Kurfürstendamm-Architektur« gilt in Berlin nach wie vor als Schimpfwort und bezeichnet protzig-überladene Fassaden.

Sie werden schnell feststellen, dass die Häuser am Kurfürstendamm überhaupt kein einheitliches Gesicht zeigen. Das liegt nicht nur daran, dass eintönige Bauten die vielen Kriegslücken füllen. Auch schon zur Zeit seiner Entstehung vor hundert Jahren gab es keine Bauvorschriften, und innerhalb weniger Jahre standen pompöse Häuser nebeneinander, mit Stuck und Erkern und Türmchen verziert, romanisch, barock oder im Rokoko, je nach Vermögen oder Gusto des Besitzers. Zehn- und mehr Zimmerwohnungen gab es in den Mietshäusern, in deren Höfen gelegentlich Schweine und Ziegen gehalten wurde. Es gab auch billige Stübchen ohne Heizung unterm Dach – ein Dienstmädchen erfror –, und die Adresse Kurfürstendamm war nicht für jeden eine gute. Die Erdgeschosse waren aber voller neuer bunter Läden, wie man in der Zeitung lesen konnte.

Josephine Baker wusste sich in Szene zu setzen. Ein Auftritt von Star und Strauß würde Fotografen heute ebenso reizen wie 1926.

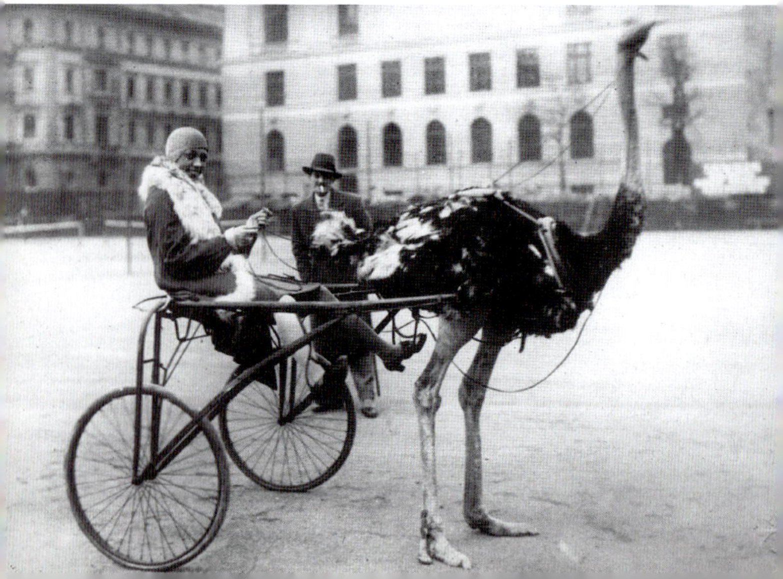

Viele jüdische Geschäfte gab es in der Modebranche, und in der Meineckestraße 10 im Haus der Jewish Agency wurde seit 1925 die »Jüdische Rundschau« redigiert. Das Palästinaamt verhalf bis zu seiner Schließung 1941 etwa 50 000 Menschen zur Auswanderung. An der Ecke Fasanenstraße, Kudamm 26, stehen Sie vor einem Stück wilhelminischen Klassizismus. Der Tempel, mit ionischen Säulen und Dreiecksgiebel, ist 1912 bis 1913 als Lichtspielhaus **Union-Palast** und mit Max Reinhardts »Insel der Seligen« eingeweiht worden. Auch als Filmbühne Wien blieb es Premierenkino. In der »Conditorei Wien« sah man mittags die Kritiker vom »Berliner Tageblatt« und vom »12-Uhr-Blatt« speisen.

Südlich
»Zacken, Vor- und Überbauten... Vor den Cafés breiten sich Terrassen auf dem Trottoir aus. Eins hat schon in Pariser Art Kohlebecken für die kalte Jahreszeit hinausgestellt – das Leben ist südlicher geworden.« Eine Berliner Zeitung, um 1920

Eine neue Vokabel: Sex-Appeal

Viel Wirbel machte 1926 im Eckhaus gegenüber an der Nordseite der Auftritt Josephine Bakers im **Nelson-Theater**. Nicht nur, weil sie ihre langen braunen Beine auf so unnachahmliche Art im Charleston-Takt warf. Walther Kiaulehn schreibt in seinem Stadt-Portrait über den »schwarzen Stern Europas«: »Braun wie ein gut gebratenes Steak, langbeinig und paradiesisch: in provokanter Unschuld trug sie nur eine Bananengirlande um ihre Hüften. Das straff gekämmte, blauschwarze Haar, die wippende Hüfte und das blitzende, weiße Gebiss...« Eine neue Vokabel sei »aus Amerika über den Ozean nach Berlin herübergeweht: Sex-Appeal!« In Nelsons intimer Konzertkulisse sang Marlene, als sie noch nicht »die Dietrich« war, und tanzte die verruchte Anita Berber. Wenn die am Kurfürstendamm aus dem Auto stieg, im Zobelpelz, das grell bemalte Gesicht unterm Rotschopf, ein Kettchen um den Fuß, blieben die Leute stehen. Sie schnupfte, wie andere, die Modedroge Kokain, die man auf der Straße kaufen konnte oder in bekannten Bars.

Koks
Das Koksen war große Mode. Die Halb- wie die Unterwelt kokste und auch die neue Avantgarde. Gottfried Benn, Sigmund Freud, Johannes R. Becher wie Ernst Jünger probierten den »Schnee«. Nur Carl Zuckmayer ekelte sich vor entzündeten Nasenlöchern, hatte sich in schlechten Zeiten allerdings – erfolglos – als Dealer versucht.

Damenwahl

Die Frauen hatten sich überhaupt verändert. Trinkfeste Diseusen saßen in den Bars, Asta Nielsen hatte in ihrer Rolle als Hamlet 1920 den Pagenkopf kreiert, und als Bubikopf trugen ihn Stars wie die Soubrette Fritzi Massary, auch mal lockig, wie die kesse Kabarettsängerin Claire Waldoff. Die »Berliner Illustrierte« entrüstete sich, zumal den kurzen Haaren auch die kurzen Röcke folgten. Es setzte sich dennoch durch.

Die Prominenz verkehrte bei **Kempinski**, Sie treffen an der Ecke **Uhlandstraße** auf das berühmte Haus, auf das Tucholsky in dessen Glanzzeit dichtete: »Hat der Berliner sechs Mark fünfzig/und geht mit seiner Dame aus/so nimmt er davon fünfzig Pfennig/und kauft ihr einen Blumenstrauß./Ganz überrascht sagt sie: Ich dan-

Pariser Flair besitzt der Savignyplatz. Für die Kaffeepause findet sich rund um die Kantstraße manches verträumte Eckchen.

ke!/Denn sie ist nicht verwöhnt darin/dann führt er sie mit Rothschild-Miene/zum Restaurant Kempinski hin./ Denn erstens ist es da sehr billig/und zweitens ist das Essen schön/und drittens trifft man auch Bekannte/und viertens wird man dort gesehen.«

Auf der Südseite, wo die **Komödie am Kurfürstendamm** (Nr. 208/209) zum Theaterbesuch einlädt, stellte die Berliner Secession Werke von Käthe Kollwitz, Max Beckmann, Emil Nolde, Edvard Munch aus, die heute alle zur klassischen Moderne gehören und für den Kaiser noch »Rinnsteinkunst« waren. 1924 zog die Secession um, und Max Reinhardt eröffnete die Komödie. Es gibt so wenig von dem zu sehen, was war, nur dann und wann eine Gedenktafel.

Der alte Neue Westen

Savignyplatz
Der Platz hatte nach dem Krieg das intellektuelle Erbe des Breitscheidplatzes übernommen. Nach dem Mauerfall war es hier still geworden, jetzt ist es aber wieder um so lebendiger.

Biegen Sie nach Norden in die **Bleibtreustraße** ein, eine der atmosphärisch schönsten Seitenstraßen mit ihren Bäumen, Boutiquen, kleinen Restaurants. Hier ist Berlin immer noch der alte Neue Westen, charmant, etwas pariserisch. Gelegentlich fällt Ihnen sicher eine Gedenktafel auf wie neben Nr. 15, da hat eine Weile die Schauspielerin Tilla Durieux gewohnt, mit dem Kunsthändler und Verleger Paul Cassirer verheiratet, der, wie der Kaiser sagte, »die Dreckkunst aus Paris zu uns bringen möchte«. Biegen Sie an der S-Bahn in den **Else-Ury-Bogen** ein, benannt nach der Verfasserin der »Nesthäkchen«-Romane, die im KZ umkam. Sie gelangen auf 7 den **Savignyplatz**. Neben dem spanischen Restaurant

(Nr. 5) starb George Grosz, der Schriftsteller und große Maler des dekadenten Berlin 1959 nach durchzechter Nacht. Auch er hatte in den Zwanzigern zum lebenden Inventar des »Romanischen Cafés« gehört.

Wenn Sie der **Kantstraße**, die den Platz durchschneidet, nach Osten folgen, kommen Sie an der »Paris-Bar« (Nr. 152) vorbei, in der die Genies von heute sich zu Hause fühlen. Carl von Ossietzky hatte ab 1927 im ersten Stock seine »Weltbühne« redigiert. Den Friedensnobelpreis durfte er 1935 auf Druck der Nazis nicht entgegennehmen und starb drei Jahre später an Folgen der KZ-Haft. Vor der Hochbahnunterführung präsentiert sich an der Nordseite ganz kokett das **Theater des Westens** mit seiner Neorenaissancefassade von 1895/96. Hier im Keller besuchte man seit 1921 Trude Hesterbergs Kabarett Wilde Bühne, für das Ringelnatz, Tucholsky und Kästner die bissigen Texte schrieben und wo der noch wenig bekannte Brecht seine Soldatenlieder vortrug. An der Kreuzung sind Sie fast am Bahnhof Zoologischer Garten angekommen.

ADRESSEN & SERVICE

Filmmuseum Berlin und Deutsche Kinemathek Eine Zeitreise durch die deutsche Filmgeschichte, Präsentation der Nachlässe von Marlene Dietrich, Heinz Rühmann u. a., Wechselausstellungen und Online-Center. Potsdamer Str. 2 (Sony Center); Di–So 10–18, Do bis 20 Uhr; www.filmmuseum-berlin.de

Graphik-Galerie Pels-Leusden und Käthe-Kollwitz-Museum Fasanenstr. 23; Mi–Mo und Feiertage 11–18 Uhr

Bar jeder Vernunft Spiegelzelt im Flair der 20er-Jahre. Mit etwas Glück steht das Musical »Cabaret« auf dem Programm, zu dem Christopher Isherwood mit »Leb wohl, Berlin« die Grundlage schrieb. Schaperstr. 24; Tel. 030/883 15 82; Bar ab 19 Uhr

Udo Walz Berlins Promi-Friseur und Hair-Dresseur wichtiger Damen aus Politik und Fernsehen versorgt nach Anmeldung auch Sie mit edlem (und kostspieligem) Schnitt. Kempinski-Plaza, Uhlandstr. 181; Tel. 030/8 82 74 57

ESSEN & TRINKEN

Paris Bar Die vornehmen Kellner parlieren Französisch. Wer an der Theke stehen darf wie der Schauspieler Otto Sander, hat sich diese Gunst redlich ertrunken. Aber nicht jeder Gast, der so aussehen möchte, ist ein Intellektueller. Kantstr. 152; Tel. 030/3 13 80 52; tgl. 12–2 Uhr ●●●

Soup-Kultur Exquisite und nahrhafte Suppen, wenn auch nur im Stehen zu genießen. Kurfürstendamm 224, Ecke Meineckestraße ●

Wintergarten In einer feinen Stadtvilla mit Wintergarten und schönem Garten, nur wenige Schritte vom lauten Kurfürstendamm entfernt: Das Café im Literaturhaus profitiert von der idyllischen Lage wie von der bodenständigen, verlässlichen Küche. Fasanenstr. 23; Tel. 030/8 82 54 14; tgl. 9.30–1 Uhr, Frühstück bis 14 Uhr. ●●

Sport und Spiele gestern und heute

Olympiastadion, Glockenturm und Waldbühne sind attraktive Orte für Berliner und Besucher.

Unten von gestern und oben von heute, so präsentiert sich das moderne Olympiastadion.

Charakteristik des Spaziergangs Das heutige Olympiagelände war 1933 Reichssportfeld und behielt den Namen bis 1950. Viele Besucher kommen, um das neue Olympiastadion zu besichtigen, das eigentlich nur das behutsam umgebaute alte ist, jedoch so, dass es Vergangenheit und Gegenwart versöhnt. Hier feierte man die Olympischen Spiele von 1936, die der ganzen Welt ein tolerantes Deutschland vorgaukelten. Wo das Endspiel der Fußballweltmeisterschaft 2006 stattfand, gibt es 2009 die Leichtathletik-WM und 2011 das Eröffnungsspiel der Frauen-Fußballweltmeisterschaft (ohne Fanmeile). Die Waldbühne, die die Nazis zur Ergänzung des Stadions bauten, ist seit 1978 als schönste Open-Air-Bühne Berlins etabliert.

SERVICE

Beginn des Spaziergangs: Osttor des Olympiastadions, S-Bahn: Olympiastadion
Ende: an der Waldbühne, S-Bahn: Pichelsberg
Dauer: etwa zwei Stunden

Info-Kunst
Beleuchtetes Glas auf einer 18 m hohen Säule, vier Monitore im Sockel, die Informationen zu Geschichte und Sport freigeben – ein Kunstwerk am Olympischen Platz ist im Juni 2005 in Betrieb gegangen.

Nur wenige Minuten gehen Sie von der S-Bahn bis zum **Olympischen Platz** und zum **Haupteingang des Olympiastadions**, wo zwischen zwei kantigen Türmen die fünf olympischen Ringe schweben, seit 1914 Sinnbild der im Sport geeinten Erdteile. Die 36 m hohen Türme sind der Preußenturm (links) und der Bayernturm (rechts). Den 70 m breiten Vorplatz flankieren die monströsen Figuren »Diskuswerfer« und »Stafettenläufer« von Carl Albiker, Gestalt gewordene Fantasien von »Herrenmenschen«, deren es ein gutes Dutzend auf dem Gelände gibt.

Als dieses **Stadion** am Westrand Charlottenburgs von 1934 bis 1936 für die Olympischen Sommerspiele 1936 für 100 000 Zuschauer gebaut wurde, musste sein Vorgängerbau abgerissen werden. Das Deutsche Stadion, auch Grunewald-Stadion genannt, hatte Otto March schon 1913 auf dem Gelände der Rennbahn Grunewald für die Olympischen Spiele 1916 gebaut. Die fanden jedoch wegen des Ersten Weltkriegs nicht statt. Es gab bereits mehrere Einzelkampfeinrichtungen, Radrennbahn, Turnplätze, Schwimmbecken, Laufbahn usw. Zum 25-jährigen Regierungsjubiläum Kaiser Wilhelms II. war es unter dem Motto »Allezeit bereit für des Reiches Herrlichkeit« eingeweiht worden. Eigentlich wollte der Deutsche Reichsausschuss für Leibesübungen das Deutsche Stadion erweitern und modernisieren, aber als Berlin 1931 den Zuschlag für die Austragung der Olympischen Spiele für das Jahr 1936 bekam, wurde Werner March, Sohn des Architekten des alten Stadions, mit einem Umbaukonzept beauftragt.

Im Vorfeld der Spiele

Als das Internationale Olympische Komitee (IOC) die Spiele am 13. Mai 1931 nach Deutschland vergab, ahnte noch niemand, dass zwei Jahre später die Nazis die Weimarer Republik ablösen würden. 1933 gab es schon die ersten Konzentrationslager in Oranienburg und Dachau. Demokratische Sportbewegungen waren weitgehend abgeschafft, konfessionelle Vereine verboten. In den USA gab es aus Empörung über die Diskriminierung von Juden Bestrebungen, die Spiele in Deutschland zu boykottieren, noch verstärkt durch die Verabschiedung der »Nürnberger Rassegesetze« am 15. September 1935. Eine Fair-Play-Bewegung hielt es für zweifelhaft, dass die Olympische Charta respektiert werden würde. Und auch in Deutschland selbst wuchs der Widerstand gegen die Spiele, aus politischen Gründen. Wie die Natio-

Heinrich Mann:
»Ein Regime, das sich stützt auf Zwangsarbeit und Massenversklavung; ein Regime, das den Krieg vorbereitet und nur durch verlogene Propaganda existiert, wie soll ein solches Regime den friedlichen Sport und freiheitlichen Sportler respektieren? Glauben Sie mir, diejenigen der internationalen Sportler, die nach Berlin gehen, werden dort nichts anderes sein als Gladiatoren, Gefangene und Spaßmacher eines Diktators, der sich bereits als Herr dieser Welt fühlt.« (Rede in Paris, 6./7. Juni 1936)

nalsozialisten lehnten zunächst auch die Arbeitersportbewegungen die Olympischen Spiele ab – die einen, weil ihnen humanistische Ziele und die völkerverbindende Idee jenseits von Nation und Rasse nicht passten, die anderen lehnten prinzipiell gemeinsame Aktivitäten mit bürgerlichen und nationalsozialistisch beeinflussten Turnvereinen ab. Ein international besetztes Komitee zur Verteidigung der olympischen Idee befürchtete propagandistischen Missbrauch der Spiele und schlug eine Gegen- oder Volksolympiade in Barcelona vor. Doch inzwischen hatte Hitler den Nutzen der Olympischen Spiele für seine Ziele schon erkannt.

Die NS-Regierung gab eine vom IOC geforderte Erklärung ab, nach der die Spiele allen Rassen und Konfessionen offen stünden. Der populäre Boxer Max Schmeling wurde in die Vereinigten Staaten gesandt, für die Teilnahme an den Olympischen Spielen in Berlin zu werben – später distanzierte er sich davon –, und in einer knappen Abstimmung entschied die Amateur Athletic Union sich gegen den Boykott, und andere Staaten folgten.

»Triumph des Willens«

Werner March hatte drei Entwürfe für das Olympiastadion abgeliefert – und Hitler hatte mit der Absage der Spiele gedroht, denn zu klein, zu bescheiden schien ihm die moderne Stahlkonstruktion für sein Vorhaben, er wollte etwas Gigantisches. Angeblich soll sein Lieblingsarchitekt Albert Speer, sozusagen über Nacht, das Ei des Kolumbus gefunden haben: Natursteinplatten, in Handarbeit aufgeraut, so wie Sie sie auch heute noch am Stadion sehen, sollten dem Bau die gewünschte Schwere geben und als »Triumph des Willens« monumentalen Ausdruck verleihen. March hat das noch 1973 in einem Interview bestritten. Nach 940 Tagen Bauzeit stand das neue Stadion.

Die klare Form orientiert sich an antiken Sportstätten, und selbst den schmalen Pfeilern sieht man die verblendete Stahlkonstruktion noch an. Wenn das Gebäude nicht gigantisch wirkt, so liegt das auch daran, dass es als Erdstadion entstanden ist, das heißt, nur der Oberring lag über Erdniveau. Seit Umbau und Modernisierung nach Plänen des Hamburger Architekturbüros Gerkan, Marg und Partner von 2000 bis 2004 wirkt es anders, hat wohl die Erdenschwere beibehalten, aber über einer Fuge scheint auf schlanken Säulen das Dach zu schweben und dem Gebäude doch eine neue Leichtigkeit zu verleihen. Wenn Sie die Treppe hinaufgehen, sehen Sie, dass es eigentlich kein Dach gibt, eher einen offenen Ring als Wetterschutz für die Zuschauer. Im teflonbeschichteten Glasfaserdach ist die Technik untergebracht: Von einer Skybox aus werden die Anzeige-

tafeln, die Audio-Anlage und das Flutlicht gesteuert. Auch ein Ring of Fire kann hier leuchten.

Der **Innenraum des Stadions** wurde um 2,65 m abgesenkt, um eine dichtere Atmosphäre für Fußballspiele zu schaffen. Die blaue Tartanbahn konnten weder Architekten noch Denkmalschutz verhindern, es sind Hertha BSC-Farben, und das Olympiastadion ist Heimstatt des Berliner Fußballvereins. Für die neue Ehrentribüne, die Sie beim Gang über die Südseite erreichen, wurde fast ein ganzes Stadionsegment abgerissen. Keine Spur mehr ist von der »Führerloge« geblieben.

Ausländische Staatsoberhäupter neben dem deutschen Bundespräsidenten mochten sich viele Berliner in der alten Loge nicht vorstellen und lehnten 1992 die Austragung der Olympischen Spiele 2000 in Berlin ab.

Inszenierung der Olympischen Spiele

Im Westen des Ovals stehen Sie am **Marathontor**, das den Blick auf Maifeld und Glockenturm freigibt. Die ursprüngliche Sichtachse wurde trotz des Umbaus erhalten. Der Dreifuß mit Feuerschale über dem Marathontunnel nimmt das olympische Feuer auf. Als Hitler am 1. August 1936 vor 100 000 Zuschauern die Olympischen Spiele eröffnete, schaute die versammelte Menge wie gebannt auf die Empore: Fritz Schilgen, Studenten-Weltmeister über 1500 m im Jahr 1931, hielt eine brennende Fackel in die steinerne Flammenschale und entzündete das olympische Feuer. So etwas hatte es zuvor noch nicht gegeben.

Leni Riefenstahl filmte das Ereignis und verewigte es im Prolog zu ihrem Dokumentarfilm »Fest der Völker«. Die Idee zum Fackellauf hatte Carl Diem, Generalsekretär des deutschen Organisationskomitees. Das Feuer hatte in 13 Tagen genau 3075 km zurückgelegt.

Flatowallee

1997 wurde die zum Coubertinplatz (Pierre de Coubertin war der Begründer der neuzeitlichen Olympischen Spiele 1894) führende Reichssportfeldstraße in Flatowallee umbenannt. Die Cousins Felix und Alfred Flatow wurden bei den ersten Olympischen Spielen der Neuzeit 1896 in Athen Sieger in verschiedenen Turndisziplinen. Beide starben im Konzentrationslager Theresienstadt, weil sie Juden waren.

Der US-Amerikaner Jesse Owens gewann vier Goldmedaillen und wurde damit zum Publikumsliebling der Spiele von 1936.

Tausende Läufer hatten die olympische Flamme jeweils etwa 1 km auf dem Landweg durch Griechenland, Bulgarien, Jugoslawien, Ungarn, Österreich und die Tschechoslowakei nach Deutschland getragen. Begonnen hatte der Fackellauf am 20. Juli in Olympia. Nach antikem Vorbild hatten zwei junge Griechinnen ein Stück Holz in den Brennpunkt eines konkaven Spiegels gehalten und entzündet. Sie gaben die Fackel an den griechischen Sportler Konstantinos Kondylis, der als erster Fackelläufer in die olympische Geschichte einging.

Olympische Flamme

Bei Olympischen Spielen der Antike wurde kein Feuer entzündet, jedoch bei den sportlichen Veranstaltungen in Athen. Bei den Olympischen Spielen der Neuzeit wurde das erste Mal bei den Sommerspielen in Amsterdam 1928 ein Feuer entzündet, es gab aber keinen Fackellauf vor der Eröffnung.

Die deutschen Organisatoren hatten nichts dem Zufall überlassen, um auf die Welt einen exzellenten Eindruck zu machen. Der »Stürmer«, antisemitisches Hetzblatt des fränkischen SA-Führers Julius Streicher, verschwand unter den Ladentischen. Antisemitische Parolen wurden aus der Öffentlichkeit entfernt, Judenverfolgung vorübergehend eingestellt. Dass in Berlin lebende Sinti und Roma in ein Lager nach Marzahn gebracht wurden, von wo aus sie später nach Auschwitz deportiert wurden, sah wohl keiner.

Entgegen der deutschen Zusicherungen gab es in den deutschen Mannschaften, die zu den Spielen angetreten waren, keine Juden. Nur der Eishockeyspieler Rudi Ball, der als »Halbjude« den Berliner Schlittschuhklub schon verlassen hatte und in Italien spielte, und die Florettfechterin Helene Mayer – als Halbjüdin in ihrem Offenbacher Fechtklub ausgeschlossen und mittlerweile dreimal amerikanische Meisterin – wurden aufge-

Muskelbepackte, steinerne »Herrenmenschen« wie die Sportler von Carl Albiker erinnern an die Vergangenheit (→ S. 61).

stellt, kamen zu den Spielen und fuhren unbehelligt wieder weg. Die einzige wirkliche Jüdin, die Hochspringerin Gretel Bergmann, ließ man bis 14 Tage vor den Spielen im Glauben, sie dürfe antreten. Aber dann entschied der Reichssportführer anders. Noch während der Olympischen Spiele machte sich die Legion Condor auf den Weg, um den Faschisten Franco im Spanischen Bürgerkrieg zu unterstützen.

Die Spiele wurden für die Gastgeber ein Erfolg. Deutschland, mit 406 Sportlern die größte der 46 teilnehmenden Nationen, gewann die Nationenwertung mit 33 Gold-, 26 Silber- und 30 Bronzemedaillen. Nur eins passte weder Hitler noch seinem Propagandachef Joseph Goebbels, die doch die Überlegenheit der weißen Rasse zelebrieren wollten, ins Konzept: Ausgerechnet der schwarze US-Amerikaner Jesse Owens wurde mit vier Goldmedaillen (über 100 m, 200 m, 4 x 100 m Staffel und im Weitsprung) zum Superstar der Spiele und zum Publikumsliebling.

Erstes Sport-Fernsehen

Zum ersten Mal wurden 1936 Olympische Spiele im Fernsehen übertragen. In so genannten öffentlichen Fernsehstuben konnte man die Spiele verfolgen, wegen der schwachen Übertragungssignale jedoch nur in Berlin.

Den Medaillen folgt der Tod

Im März 1945, da war der Zweite Weltkrieg fast zu Ende, starben hier Tausende Jugendliche, Mitglieder der Hitlerjugend, im Volkssturm. Das war das letzte Aufgebot von eigentlich kriegsuntauglichen alten Männern und Jugendlichen, deren Anführer Arthur Axmann und Carl Diem (Erfinder des Fackellaufes) sie als sogenannte

Erinnerungen einer Siegerin

Am 2. August, beim ersten Wettkampf am ersten Tag der Spiele, flog der Speer Tilly Fleischers 45,18 m, genug für die erste Goldmedaille. Zur Siegerehrung wurde die Deutschlandhymne gesungen. Dann wurde die Speerwerferin zu Hitler gebracht, der sie beglückwünschte.

letzte Reserve gegen die vorrückenden schwer bewaffneten russischen Panzertruppen in einen schon verlorenen Krieg schickten, um das von den Russen eingenommene Reichssportfeld zurückzuerobern.

Umbau für die neue Zeit

1974 wurde das Stadion für die Fußballweltmeisterschaft im selben Jahr zum Teil überdacht und fast 30 Jahre später schließlich bei laufendem Sportbetrieb umgebaut. Daniel Barenboim dirigierte am 1. August 2004 zur Wiedereröffnung.

Am 23. Juni 1996 kam ungewohnter Besuch: Einem Hubschrauber entstieg Papst Johannes Paul II. und ließ sich in seinem Papamobil ins Stadion fahren, vor dem diejenigen, für die die 70 000 Plätze nicht reichten, seinen Auftritt auf Videoleinwänden verfolgten. Der Papst sprach bei diesem Anlass zwei Priester selig, die sich mutig dem Nationalsozialismus entgegengestellt hatten, Bernhard Lichtenberg und Karl Leisner.

Das 112 000 qm große **Maifeld**, das Sie hinter dem Marathontor sehen, war für Pferdedressur- und Polowettkämpfe gedacht und auch als Aufmarschplatz geplant. Später sollte es, darauf deutet der Name hin, für die Feiern zum 1. Mai verwendet werden. Auf den

Mit Geigerzählern fand man die vergrabene alte Olympia-Glocke. 1956 wurde sie vor dem Südportal des Stadions aufgestellt.

Wällen haben 60 000 Zuschauer Platz. Bis 1994 feierten die Berliner hier die Geburtstagsparaden der britischen Königin, denn das Maifeld gehörte nach dem Zweiten Weltkrieg zum Areal der britischen Schutzmacht, die einen Teil für ihr Hauptquartier nutzte. Man kann das Gelände nicht zur Besichtigung betreten. Es ist nur bei Konzerten und Polo-Turnieren zugänglich.

Papst Johannes Paul II.:

»Genau an dem Ort, wo das nationalsozialistische Regime vor 60 Jahren die Feier der Olympischen Spiele zu einem Triumph für seine menschenverachtende Ideologie nutzen wollte, an dem selben Ort, wo der Idealismus missbraucht und Menschen statt zum friedlichen Miteinander zu Hass und Feindschaft angestachelt wurden, triumphieren heute zwei selige Märtyrer.« (Rede im Olympiastadion, 23. Juni 1996)

Vom Führer- zum Glockenturm

Um den gegenüberliegenden Glockenturm zu besuchen, verlässt man das Gelände des Olympiastadions und geht am Südtor vorbei die Jesse-Owens-Allee entlang zur Langemarckhalle an der Passenheimer Straße.

Zäune verhindern links und rechts neben dem Glockenturm den Aufstieg zu den Maifeldtribünen. Die **Langemarckhalle** unter den Tribünen kann besichtigt werden. Hier gibt es eine Ausstellung zur Geschichte des Olympiastadions, und ein Film zeigt die Entwicklung. Die Halle ist dem Andenken der jugendlichen Freiwilligenregimenter gewidmet, die 1914 in der Schlacht von Langemarck bei Ypern in der belgischen Provinz Westflandern starben, ein von den Nazis als »Beispiel selbstlosen Opfermuts« ausgeschlachtetes Gemetzel. An zwölf Pfeilern ließen sie die 76 Fahnen der an der Schlacht beteiligten Regimenter anbringen.

8

Der heutige **Glockenturm** mit einem Querschnitt von 6 x 10 m, einst »Führerturm«, der aus der Halle herauszuwachsen scheint, ist erst 1960 bis 1962 nach einem Entwurf von Werner March auf den alten Fundamenten gebaut worden. Er schließt das Olympiagelände nach Westen ab und überragt mit seinen 77,17 m alle anderen Bauten. Oben (145 über NN) werden Sie feststellen, dass alle Gebäude auf ihn ausgerichtet sind. Von hier aus wollte der »Führer« zu den Massen sprechen. Hier waren während der Olympischen Spiele Festleitung, Polizei, Sanitätsdienst, Rundfunk- und Filmanlagen untergebracht. Während des Krieges war das Reichsfilmarchiv im Turm eingelagert, ist aber nach Einmarsch der russischen Truppen verbrannt, vermutlich aus Unachtsamkeit. Bei diesem Brand wurden tragende Teile der Stahlskelettkonstruktion so deformiert, dass die Briten den Turm 1947 gesprengt haben.

Zum neuen Glockenturm fahren Sie mit einem Aufzug in der Langemarckhalle bis zur neuen Glocke, dann sind es noch 58 Stufen bis zur Aussichtsplattform, und Berlin liegt Ihnen zu Füßen. Für Knirpse gibt es Bänkchen, damit auch sie – bei klarer Sicht – bis ins Havelland im Westen oder bis zu den Müggelbergen im Südosten sehen können. Schilder erklären Ihnen, was Sie vor sich sehen, wie den nahen Teufelsberg mit den alten amerikanischen Radaranlagen, die den Osten erkunden.

Ob Oper, Rockkonzert oder Film, die Waldbühne ist romantische Kulisse für laue Sommerabende.

Berlins schönste Freilichtbühne

Am Ausgang wenden Sie sich nach rechts, und wenn Sie die **Glockenturmstraße** einige Schritt entlang gegangen sind, begrüßen Sie gleich rechts monströse Figuren am Eingang der **Waldbühne**. Sie können sie nur bei Veranstaltungen betreten oder vom schmalen Weg neben dem Parkplatz in die **Murellenschlucht** hinuntersteigen und einen Blick hineinwerfen. Werner March hat die Bühne mit dem Olympia-Komplex als Kult- und Feierstätte der Nazis nach griechischem Vorbild als Amphitheater am Rand des Reichssportfelds entworfen. Zunächst hieß sie noch Dietrich-Eckart-Bühne und wurde mit dessen »Frankenheimer Würfelspiel«, einem Singspiel, eröffnet. 1936 fanden hier hauptsächlich Boxkämpfe statt. Nach dem Krieg übernahmen die Briten das Areal, gaben es aber manchmal für öffentliche Nutzung frei, und so wurde weiter geboxt, bis man 1960 die Qualitäten als Konzertbühne entdeckte.

Rolling-Stones-Konzert: Kommentar im Westen

»21 000 Menschen in der Waldbühne, die wie ein Pulverfass explodierte, als Tausende von jugendlichen Beatfans der Massenpsychose verfielen ... Während und nach dem Auftreten der Beatband feierte die Zerstörungswut hemmungsloser Jugendlicher wahre Triumphe.«

Kleinholz für die Stones

Es wurde eine kurze Konzertperiode, die am 15. September 1965 ihren Höhepunkt erfuhr und auch gleich endete. 21 000 Menschen waren zu einem Konzert der Rolling Stones in die Waldbühne gekommen, hatten die für diese Zeit üppigen 20 DM Eintritt bezahlt – und nach 25 Minuten war das Konzert zu Ende, weil Besucher auf die Bühne stürmten. Die Menge forderte eine Zugabe, doch man hatte beschlossen, die Leute nach Hause zu schicken, und knipste das Licht aus. Nun schlug die entfesselte, wütende Menge die Bänke kurz und klein. 300 000 DM Schaden – auch viel für jene Zeit. In der S-Bahn gingen Keilerei und Zerstörungen weiter.

Erst 1978, 13 Jahre später, gab es wieder Konzerte in der Waldbühne. Ihr Durchbruch als international bekannte Open-Air-Arena kam mit einem legendären Konzert von Bob Marley 1980.

Sind Ihnen am Beginn des Weges in die Schlucht die großen Verkehrsspiegel links und rechts aufgefallen? Ihre Reihe setzt sich auf dem Weg hinunter fort. Sie sind **Denkzeichen** zur Erinnerung an die Ermordeten der Militärjustiz am Murellenberg. Zwischen dem 12. August 1944 und dem 14. April 1945 wurden ganz in der Nähe etwa 230 Deserteure, Kriegsdienstverweigerer und Befehlsverweigerer, mehrheitlich nach Urteilen des Reichskriegsgerichtes, standrechtlich erschossen. Erst 1998 hob der Deutsche Bundestag die rechtsstaatlichen Entscheidungen der NS-Terrorjustiz per Gesetz auf und sprach den Opfern »Achtung und Mitgefühl« aus.

Folgen Sie der Schwirwindter Allee zum S-Bahnhof Pichelsberg.

Rolling-Stones-Konzert: Kommentar im Osten

Walter Ulbricht: »Ist es denn wirklich so, dass wir jeden Dreck, der vom Westen kommt, kopieren müssen? Ich denke, Genossen, mit der Monotonie des Yeah, Yeah, Yeah und wie das alles heißt, ja, sollte man doch Schluss machen.« Es wird Schluss gemacht: Beat-Bands werden DDR-weit verboten.

ADRESSEN & SERVICE

Olympiastadion Besichtigung April–Okt. 9–19, sonst 9–16 Uhr; an Tagen vor einem Spiel letzter Zugang 16 Uhr, an Tagen nach einem Spiel ab ca. 13 Uhr; Führung (Stadion, Umkleideräume, VIP- und Pressebereich) tgl. 11, 13, 15 und 17 Uhr; Architekturführung Fr 16 Uhr; Geschichtstour So 11 Uhr; Hertha BSC-Tour Do 13.30; öffentliches Training Do ab 15.30 Uhr; www.olympiastadion.de

Glockenturm, Langemarckhalle. 1. April–31. Okt. tgl. 9–18 Uhr, Nov. 10–16 Uhr

Zum Lesen »Böse Orte«, Stephan Porombka und Hilmar Schmundt, Berlin 2005. Zeitkritische Betrachtungen der Stätten nationalsozialistischer Selbstdarstellung, darunter auch des Olympiastadions.

ESSEN & TRINKEN

Am Olympiagelände können Sie einen Imbiss und Erfrischungen erwarten. Restaurants in der Nähe:

Café K Am Kolbemuseum. Im ehemaligen Wohnhaus des Bildhauers Georg Kolbe oder mitten im Skulpturengarten am Brunnen sitzen Anwohner und Museumsbesucher bis in den Abend. Die Mittagsgerichte sind günstig. Sensburger Allee 26; S-Bahn: Heerstr., Bus 149; Tel. 030/30 81 22 75; Di–So 10–20, Sommer Sa und So bis 22 Uhr, Mittagstisch 13–18 Uhr •

Theodor Zwei U-Bahn-Stationen vom Stadion und wenige Schritte vom Funkturm entfernt werden deutsche und österreichische Speisen zubereitet. Zum Lunch (Mo–Sa 12–16 Uhr) darf man mit Königsberger Klopsen rechnen. Theodor-Heuss-Platz 10; U-Bahn: Theodor-Heuss-Platz; Tel. 030/302 57 70; Mo–Sa 9–24, So 10–24 Uhr ••

Untergang einer »Welthauptstadt«

An die Machtzentren der Nazis und ihren Größenwahn erinnert nur noch wenig.

Eine »Welthauptstadt« in Schutt und Asche: der Reichstag nach dem Krieg.

Charakteristik des Spaziergangs Am 3. Februar 1945 heulten die Sirenen, es war der 288. Fliegeralarm für die Reichshauptstadt Berlin. Nachdem die US Air Force die Stadt bombardiert hatte, waren die Regierungsbauten der Nazis in der Wilhelmstraße zerstört. Es gab keine Bahnhöfe mehr, keine Altstadt, und Unter den Linden rauchten die Trümmer. Die Rote Armee stand 60 km vor der Stadt. Der Krieg, der in Berlin geplant worden war, war in die Stadt zurückgekehrt. Am 30. April nahm sich Hitler das Leben. Das »Tausendjährige Reich« mit seiner geplanten »Welthauptstadt Germania« versank nach zwölf Jahren in Schutt und Asche. Die Machtmeile Wilhelmstraße ist als solche heute nicht mehr zu erkennen.

SERVICE

Beginn des Spaziergangs: S-Bahnhof Anhalter Bahnhof
Ende: Holocaust-Mahnmal, S-Bahn: Unter den Linden
Dauer: 2,5 Stunden

Wenn Sie am Anhalter Bahnhof aus der S-Bahn steigen, scheinen Sie schneller im Gestern angekommen zu sein, als Sie vielleicht ahnten. Sie lesen den Namen auf dem Schild in Fraktur, einer kaum noch benutzten Schrift. Folgen Sie dem Ausgang Stresemannstraße. Am **Askanischen Platz** sehen Sie nur das Fragment eines Portals, den letzten Rest des 1880 eröffneten pompösen **Anhalter Bahnhofs**. Nur notdürftig wurde die nach Bombenangriffen fast völlig zerstörte Halle nach dem Krieg hergerichtet, aber 1959 doch gesprengt.

Folgen Sie nun der **Stresemannstraße**, die Anhalter Ruine im Rücken, in nördlicher Richtung. Links an der Schöneberger Straße ragt ein Hochbunker aus den Büschen, der bis zu 12 000 Menschen Schutz vor Bombenangriffen geben sollte. Heute wirbt hier ein »Gruselkabinett« mit Bunkerflair.

Hinter dem Schild »Bannkreis« auf der östlichen Straßenseite bewegen Sie sich auf Regierungsgelände. Im **Europahaus** ist das Bundesministerium für wirtschaftliche Zusammenarbeit und Entwicklung untergebracht. Gleich dahinter können Sie nach rechts auf das Gelände des **Martin-Gropius-Baus** einbiegen.

Sehen Sie an den Mauern Einschusslöcher und Dellen, die der Krieg hinterließ? Das ehemalige Königliche Kunstgewerbemuseum, 1877 bis 1881 von Martin Gropius im Neorenaissancestil errichtet, sollte das preußische Handwerk mit schönen Waren aus aller Welt zum Nacheifern anspornen, entsprechend auch der Fassadenschmuck mit Bildern von Eisenschmieden, Glasbläsern und Korbflechtern. Das Gebäude wurde im Krieg schwer beschädigt, wieder aufgebaut und dann noch einmal bis 1999 für Großausstellungen mit repräsentativem Lichthof restauriert. Als Berlin geteilt war – Sie sehen auf der Fahrbahn vor dem Museum einen Kupferstreifen, der den Mauerverlauf markiert –, befand sich der Haupteingang auf der Rückseite. Jetzt ist er wieder dem Gebäude des ehemaligen **Preußischen Landtags** auf der anderen Straßenseite zugewandt. Dort gründeten im Januar 1919 Rosa Luxemburg und Karl Liebknecht die KPD und tagen seit 1993 die Mitglieder des Berliner Abgeordnetenhauses.

Anhalter Bahnhof

Das »Wochenblatt für Architekten und Ingenieure« schwärmte von der Eingangshalle, die mit mehr als 60 m breiter war als die Straße Unter den Linden und mit 34,25 m die »höchste Halle der Welt« aus Glas und Stahl. Der komplette Markusplatz von Venedig hätte hineingepasst.

Ende eines Gnadenlosen

Beim Bombardement am 3. Februar 1945 starb auch der für seine Schauprozesse berüchtigte Präsident des Volksgerichtshofs, Roland Freisler. Nur einen Tag zuvor wurden auf seinen Befehl noch der Jesuitenpater Alfred Delp und der frühere Leipziger Oberbürgermeister Karl Friedrich Goerdeler hingerichtet.

Topographie des Terrors

Mit dem Gelände neben dem Gropiusbau erreichen Sie an der **Niederkirchnerstraße**, benannt nach der 1944 hingerichteten Widerstandskämpferin Käthe Nieder-

Gedenkstätte
1986 legte eine Bürgerbewegung die Fundamente des Gestapo-Gefängnisses frei. 1987 wurde eine provisorische Ausstellung eingerichtet und zehn Jahre später die jetzige Open-Air-Dokumentation eröffnet.

kirchner, hinter einem der wenigen originalen Mauerstücke der Stadt, Berlins wichtigstes Dokumentationszentrum der Nazizeit, die **Topographie des Terrors**. Die Straße, damals Prinz-Albrecht-Straße, begrenzte von 1933 bis 1945 mit der Wilhelmstraße und der Anhalter Straße das Prinz-Albrecht-Gelände, auf dem die Kommandozentrale des nationalsozialistischen Verfolgungs- und Terrorapparates lag. Nach jahrzehntelanger erfolgreicher Verdrängung wurde im Dezember 1997 in den Ausgrabungen dieser Täter-Orte eine Open-Air-Ausstellung zur Verfolgung und Ermordung von Menschen in ganz Europa eröffnet.

Gestapo-Zentrale

Vor den Tafeln der Ausstellung mit Fotos, Dokumenten und Erläuterungen stehen Sie auf dem Kellerboden der Kunstgewerbeschule, später Museum für Vor- und Frühgeschichte, wo Innenminister Hermann Göring im April 1933 das Geheime Staatspolizeiamt eingerichtet hatte. Unter Leitung von Heinrich Himmler und Reinhard Heydrich sollten hunderte Beamte dafür sorgen, »alle staatsgefährlichen Bestrebungen im gesamten Staatsgebiet zu erforschen und zu bekämpfen«. Dazu wurden im Keller, so in den Bildhauerwerkstätten, Gefängniszellen eingerichtet, in denen Verhöre unter Anwendung besonders brutaler Foltermethoden durchgeführt wurden. Die meisten Gefangenen verließen die Prinz-Albrecht-Straße 8 auf dem Weg ins Gefängnis oder ins Konzentrationslager, viele auf den Friedhof.

Die Opfer der Gestapo waren in den ersten Jahren vor allem Kommunisten, Sozialdemokraten und Gewerkschafter, Mitglieder von Widerstandsorganisationen, Zeugen Jehovas und Kirchenvertreter. Von 1938 an übernahm die Geheime Staatspolizei die judenfeindlichen Kampagnen, für die bis dahin staatliche und Parteidienststellen verantwortlich waren.

Beginn der Judenverfolgung
Am 1. April 1933 gab es die ersten Befehle zum Boykott jüdischer Geschäfte, als erste öffentliche Maßregelung der Juden. Am 7. April wurden per Gesetz, »nichtarische« Beamte entlassen. Im Juli befahl das Reichskulturkammergesetz die »Ausschaltung der jüdischen Künstler und der im Kulturbereich Tätigen«, ab Oktober durften jüdische Redakteure nicht mehr arbeiten.

Lebensraum für »Reinrassige«

Das Hotel Prinz Albrecht nebenan wurde 1934 zum Dienstsitz Heinrich Himmlers als Reichsführer der SS. Seine Aufgabe war die Vorbereitung eines »reinrassigen« Deutschlands und der Eroberung neuen Lebensraumes, die er in Erlassen regelte: »Deutsche Frauen und Mädchen, die mit Kriegsgefangenen in einer Weise Umgang pflegen, die das gesunde Volksempfinden gröblich verletzt, sind bis auf weiteres in Schutzhaft zu nehmen und für mindestens ein Jahr einem Konzentrationslager zuzuführen.« Das »Volksempfinden« war schnell verletzt, schon bei gemeinsamen Festen und Tänzen. Neben dem Hotel Prinz Albrecht, schon in der

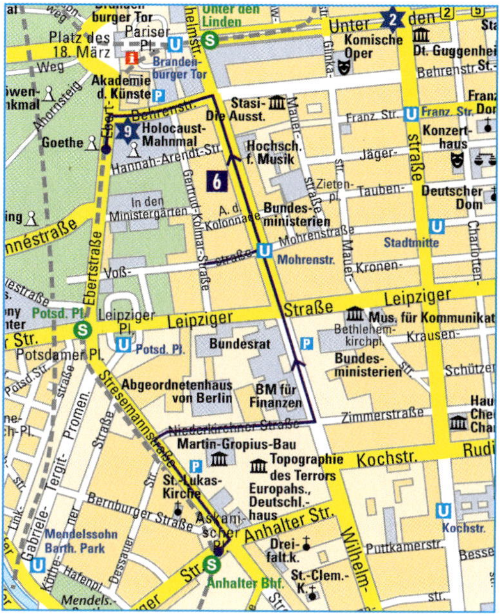

Wilhelmstraße, beherbergte das Reichssicherheitshauptamt fast alle Exekutivorgane. Hier stand auch das »Angriff-Haus«, in dem das von Goebbels 1927 gegründete Propagandablatt »Der Angriff« herausgegeben wurde, das Hetzartikel gegen Gegner des Nationalsozialismus veröffentlichte. Goebbles war schon 1926 Gauleiter der NSDAP gewesen.

Gebaute Gewalt

Biegen Sie am Ende der Niederkirchnerstraße links in die **Wilhelmstraße** ein. Zwei Jahre lang, bis 1936, wurde das **Reichsluftfahrtministerium** nach Entwürfen von Ernst Sagebiel gebaut, dann war es mit 2000 Zimmern das größte Regierungsgebäude Berlins. Treppengeländer bestanden aus Flugzeugaluminium, und Leuchten wie Flakscheinwerfer warfen Licht auf die Leipziger Straße. In DDR-Zeiten war das Riesengebäude Haus der Ministerien, nach dem Mauerfall wickelte die Treuhand hier bis 1995 DDR-Betriebe ab. Heute ist es **Bundesministerium der Finanzen,** und kein Buchsbaumbeet im Hof kann seine Monumentalität mildern. An der Leipziger Straße ist es seit 1952 mit einem großen Wandbild von Max Lingner mit froher sozialistischer Jugend auf Meißner Fliesen geschmückt; es ersetzte ein Soldatenrelief.

Herr Meyer

Hermann Göring, der die deutsche Luftwaffe befehligte, hatte versprochen: »Ich will nicht Hermann Göring, sondern Hermann Meyer heißen, wenn jemals ein feindliches Flugzeug die deutsche Reichsgrenze überfliegt.« Es gab bald reichlich Gelegenheit zu Meyer-Witzen, die den Erzähler schnell den Kopf kosten konnten.

Vom Anhalter Bahnhof (→ S. 71) mit seiner riesigen Halle blieb nur ein Fragment des Portals, als Denkmal erhalten und saniert.

Belastungstest
Um zu testen, ob der Berliner Boden so massive Bauten, wie für »Germania« geplant, auch tragen würde, wurde 1941 ein 40 000 t schwerer sogenannter Großbelastungskörper aus Beton gegossen, der zwischen Kleingärten und einer Wohnsiedlung an der General-Pape-Straße steht. Er soll seither 20 cm in den märkischen Sand eingesunken sein.

Das riesige Luftfahrtministerium gibt heute eine – wenn auch bescheidene – Vorstellung davon, wie Hitler seine größenwahnsinnige Idee von einer **Welthauptstadt Germania** des »Großgermanischen Reiches« plante, die ihm sein Lieblingsarchitekt Albert Speer entwarf. Mit 29 Jahren war Speer »Architekt des Führers« geworden, drei Jahre später hatte Hitler ihn zum Generalbauinspekteur für die Reichshauptstadt ernannt, 1942 wurde er Rüstungsminister. Bei den Nürnberger Prozessen wurde er zu 20 Jahren Zuchthaus verurteilt, 1966 entlassen. Er starb 1981.

Autobahnringe und nationalsozialistische Repräsentationsbauten waren im Bezirk Tiergarten vorgesehen. Die »Große Halle«, ein 320 m hoher Dom (zum Vergleich: der Fernsehturm am Alexanderplatz misst 368 m) für bis zu 180 000 Menschen sollte an einem Ende einer 120 m breiten Nord-Süd-Achse, südlich des Brandenburger Tores, stehen und ein gewaltiger Triumphbogen – 50-mal größer als der in Paris – in 5 km Entfernung am anderen Ende in Höhe der Kolonnenbrücke in Schöneberg. Nach antikem Vorbild sollten die Monumentalbauten aus unzerstörbaren Granitblöcken entstehen, damit sie auch nach tausend Jahren noch die große Vergangenheit des Landes bezeugen könnten. Ganze Stadtviertel wurden dafür abgerissen, wie das um die Matthäuskirche am Kulturforum, 70 000 Berliner Juden »entmietet«. KZ-Häftlinge schufteten in Steinbrüchen an der »Zukunft«. 1938 begann die Umgestaltung im Diplo-

Die »Topographie des Terrors« (→ S. 72) dokumentiert auf historischem Gelände die Verfolgung von Millionen Menschen.

matenviertel am Tiergarten an der Ecke Thomas-Dehler-Straße mit der neuen italienischen und einer riesigen spanischen Botschaft. Bei Kriegsbeginn waren die ersten acht Botschaftsgebäude fertig. Beim Spaziergang an der Tiergartenstraße sehen Sie einige neben Neubauten.

Einst die »Meile der Macht«

So groß die Pläne waren, so öde erleben Sie heute die Wilhelmstraße. Sie gehen an zugenagelten Höfen vorbei, an Baustellen und DDR-Plattenbauten und, von Wochenenden abgesehen, am Dauer-Verkehrsstau. Als die Wilhelmstraße in der Weimarer Republik noch die repräsentative **Meile der Macht** war, wurde sie mit der Londoner Downing Street verglichen und mit dem Pariser Quai d'Orsay. Im Bombenhagel des Zweiten Weltkriegs wurde sie in Schutt und Asche gelegt und ist seitdem in Bedeutungslosigkeit versunken.

Biegen Sie links in die **Voßstraße** ein. Hier baute Speer in nur zwölf Monaten bis Anfang 1939 die Neue Reichskanzlei, die mit 421 m Länge die gesamte Nordseite der Straße einnahm und an einer Hermann-Göring-Straße endete. Gäste des Hauses mussten den 300 m langen »Diplomatenweg« mit einer 146 m langen Marmorgalerie zurücklegen, eine Strecke, die einschüchtern und Respekt vor dem »Führer« hervorrufen sollte. Dessen 400 qm großes Arbeitszimmer, 10 m hoch und mit Marmor verkleidet, sollte Würde ausstrahlen. Auf sow-

Deutsch-Russisches Museum Berlin-Karlshorst

Wo die Alliierten in der Nacht vom 8. auf den 9. Mai 1945 die bedingungslose Kapitulation der Oberbefehlshaber der Wehrmacht entgegen nahmen, eröffnete die Sowjetische Militäradministration 1967 das »Museum der bedingungslosen Kapitulation«. (Zwieseler Straße 4/ Ecke Rheinstraße; S-Bahnhof Karlshorst Bus 396)

Schatten spielen mit 2711 grauen Stelen. Peter Eisenman schuf das begehbare, im Mai 2005 eröffnete Holocaust-Mahnmal.

jetischen Befehl wurden 1948 alle Gebäudereste der Voßstraße abgeräumt. Den Marmor aus Hitlers Neuer Reichskanzlei finden Sie allerdings im U-Bahnhof Mohrenstraße und den Granit beim sowjetischen Ehrenmal im Treptower Park wieder.

Gras über dem Führerbunker

Im Garten, der sowohl an die Rückseite der Neuen Reichskanzlei in der Voßstraße als auch an die Alte Reichskanzlei in der Wilhelmstr. 77 (das Radziwillsche Palais, das bereits Otto von Bismarck als Reichskanzler genutzt hatte) grenzte, lag der **Führerbunker**, der schon 1935 angelegt wurde. Heute gibt es hier nichts mehr zu sehen. Eine Informationstafel gibt Auskunft über den Ort, an dem sich Adolf Hitler und seine Frau Eva Braun am 30. April 1945 das Leben nahmen, um nicht »in Moskau als Trophäe ausgestellt« zu werden.

Gehen Sie zurück in die **Wilhelmstraße**. Am Wilhelmplatz auf der Ostseite der Straße, wo im Palais des Prinzen Karl die Presseabteilung des Auswärtigen Amtes der Weimarer Republik gearbeitet hatte, übernahm 1933 das Reichsministerium für Volksaufklärung und Propaganda unter Joseph Goebbels in der **Reichskulturkammer** die Kontrolle über Literatur, Kunst, Film, Theater und Musik. Wer in irgendeiner Form von den staatlich festgesetzten Richtlinien abwich, musste mit Sanktionen rechnen, die vom Ausschluss aus der Kammer bis zur Einweisung in Konzentrationslager reichten.

Lili Marleen

Auch Lale Andersen, die mit »Lili Marleen« mitten im Zweiten Weltkrieg berühmt geworden war, wurde im Oktober 1942 festgenommen und mit Ausreisesperre und Auftrittverbot belegt, offiziell wegen ihrer »Beziehung zu Juden«.

Die Wilhelmstr. 63/64, das ehemalige **Büro des preußischen Ministerpräsidenten**, bezog 1935 Rudolf Heß mit seinem »Stab des Stellvertreters des Führers«. Der Informationstafel am Ort ist zu entnehmen, dass der Präsident des Preußischen Staatsrates, der Kölner Oberbürgermeister Konrad Adenauer, die Räume 1932 eine Weile genutzt hatte. Auf der anderen Straßenseite, Wilhelmstr. 72, befand sich seit 1920 das **Kriegsernährungsamt**, in das im Januar 1933 Alfred Hugenberg als Minister für Ernährung und Landwirtschaft und Reichswirtschaftsminister zog. Nach seinem Rücktritt übernahm Richard Walter Darré, vorher schon »Reichsbauernführer«, das Amt. Die Formel »Blut und Boden« stammt von Darré, eine rassistische Utopie, die zu einer neuen »Herrenrasse« führen sollte. Dazu gehörte die Eroberung von »Lebensraum« und die Vernichtung »rassisch Minderwertiger«. Darré wurde passend Leiter des Rasse- und Siedlungshauptamtes.

An der Ecke Behrenstraße biegen Sie links ab und gelangen zum **Holocaust-Mahnmal** an der Ebertstraße, das am 10. Mai 2005 nach dem 60. Jahrestag der Befreiung vom NS-Regime eröffnet wurde und an die Ermordung von sechs Millionen Juden Europas erinnert. Auf dem 19 000 qm großen Gelände der einstigen Ministergärten stehen nach einem Entwurf des amerikanischen Architekten Peter Eisenman 2711 verschiedene, bis 5 m hohe Betonstelen, die, von oben gesehen, das Bild eines vom Wind bewegten Meeres ergeben. Im Raum der Information wird die Geschichte von 15 jüdischen Familien erzählt, und Namen und Kurzbiografien von 720 ermordeten Menschen sind zu hören. Ein Videoarchiv enthält Berichte von überlebenden Juden in zehn Sprachen. 9

Goebbels-Bunker
Bei Baubeginn des Holocaust-Mahnmals 1997 stießen Arbeiter auf eine Betonschicht – sie lag über dem Privatbunker von Joseph Goebbels, dessen Stadtvilla einst hier gestanden hatte.

ADRESSEN & SERVICE

Topographie des Terrors Niederkirchnerstr. 8; U-Bahn: Mohrenstraße; Mai–Sept. 10–20 Uhr, Okt.–April 10 Uhr bis Einbruch der Dunkelheit, spätestens 18 Uhr; Führungen nach Vereinbarung; Tel. 030/25 48 67 03

Holocaust-Mahnmal Ebertstraße; Bus 100; Stelenfeld tgl. 24 Std., Ort der Information April–Sept. Di–So 10–20, Okt.–März 10–19 Uhr; Audioführungen und öffentliche Führungen auf Deutsch und Englisch; Tel. 030/26 39 43 36

ESSEN & TRINKEN

Café im Martin-Gropius-Bau Schöner Ort für die Kaffeepause, im Sommer unter Bäumen neben dem Haus. Niederkirchnerstr. 7; Mi–Mo 10–20 Uhr •

Samadhi Vegetarisches Restaurant, mittags auch günstige Tagesgerichte. Wilhelmstr. 77; Tel. 030/22 48 88 50; Di–Sa 12–15 und 18–23 Uhr, So 12–23 Uhr ••

Viale di Tigli Hausgemachte Pasta, gelungene Desserts und wechselnde Mittagskarte (11.30–16 Uhr). Wilhelmstr. 75; Tel. 030/229 74 05; tgl. 11.30–0.30 Uhr ••

Auferstanden aus Ruinen

Das lebendige Denkmal der einstigen Stalinallee ist auch der Ort des Aufstands vom 17. Juni 1953.

Zwei Hochhäuser bilden ein Tor zum Strausberger Platz mit dem »Schwebenden Ring«.

Charakteristik des Spaziergangs An »Zuckerbäckerstil« und »Sowjetprospekt« denkt man, wenn es um die 2,3 Kilometer lange Karl-Marx-Allee, einst Stalinallee, in Ost-Berlin geht. Natürlich sollte bei ihrem Bau die Überlegenheit des Sozialismus gegenüber dem Kapitalismus des Westens bewiesen werden. Es wurde jedoch auch um Sinn und Form des Straßenbildes gerungen. Obwohl das gebaute Pathos der »Wohnpaläste für Arbeiter« an der überschätzten Wirtschaftskraft der DDR scheiterte und die Straße längst in marktgerechte Einheiten aufgeteilt wurde, so ist sie doch ein imposantes Stück Zeitgeschichte. Dazu gehört auch, dass hier der Arbeiteraufstand des 17. Juni 1953 begann.

SERVICE

Beginn des Spaziergangs: U-Bahnhof Strausberger Platz
Ende: U-Bahnhof Frankfurter Tor
Dauer: 1,5 Stunden

Um den Brunnen am **Strausberger Platz** brausen mehrspurig Autos, biegen aus dem Kreis in vier Richtungen und nehmen an manchen Tagen den Fußgängern geradezu die Luft zum Atmen. Zwei Hochhäuser bilden ein Tor in Richtung Alexanderplatz, neben ihnen geben niedrigere konkave Bauten ein Rund vor und verleihen dem Platz Geschlossenheit.

Das Torhaus auf der südlichen Straßenseite wurde am fünften Gründungstag der DDR, am 7. Oktober 1954, als **Haus des Kindes** eröffnet. Links neben der Tür erinnert noch ein buntes Medaillon daran, rechts in Augenhöhe lesen Sie auf einer Gedenktafel, dass Wilhelm Pieck, der erste Präsident der DDR, das Ereignis mit seiner Anwesenheit beehrte. Für Generationen von Kindern und Eltern war dieses Hochhaus das schönste am Berlinbesuch. Die Räume waren mit Mosaiken und Stuck geschmückt. Im zweiten und dritten Stock gab es das Kaufhaus mit Kinderkonfektion, Spielwaren und Schulbedarf, im ersten eine Kindertagesstätte und im Keller ein Puppentheater. Vom Kindercafé in der 13. Etage – »Erwachsene nur in Begleitung von Kindern« – konnte man über fast ganz Berlin gucken. Das Kinderkaufhaus gibt es seit 1990 nicht mehr.

Henselmann-Tower
nennen die Galeristen, die sich um den Strausberger Platz etablieren wollen, das ehemalige Haus des Kindes. Es gibt keine Laufkundschaft, das macht die Lage exklusiv – bei günstigen Mieten.

Einst die Große Frankfurter

Der Architekt dieses Ensembles war Hermann Henselmann, der vermutlich bekannteste DDR-Planer der Nachkriegszeit, der den Wiederaufbau vieler DDR-Städte mit geprägt hat. Der einstige Bauhäusler legte der Parteiführung zunächst Pläne zum Neuaufbau der DDR-Hauptstadt vor, von denen es aber hieß, sie entsprächen nicht dem Empfinden der Arbeiterklasse. Da bewies Henselmann, dass er auch anders konnte, und galt von da an vielen als Wendehals. Sie werden bei diesem Spaziergang erkennen, wie seine Handschrift das Bild der Straße gezeichnet hat.

Das **Haus Berlin** gegenüber dem Haus des Kindes – einst mit Gaststätte im Erdgeschoss, Tanzcafé darüber und Weinrestaurant im 12. Stock – lockte die Erwachsenen an. Sie waren hier zu Beginn der 1950er-Jahre Zeugen einer Revolution im Städtebau. Links und rechts der nach Osten führenden Großen Frankfurter Straße, wie die Ausfallstraße hinter dem Strausberger Platz hieß, und ihrer Fortsetzung, der Frankfurter Allee, lebten vorwiegend ärmere Leute in engen Mietskasernen mit dunklen Höfen. Über die Große Frankfurter war die

Nachbarn
Alfred Döblin in seinem Roman »Berlin Alexanderplatz« von 1923: »Das rebelliert, konspiriert, brütet rechts, brütet links, demonstriert. Mieter, Hausbesitzer, Juden, Antisemiten, Arme, Proletarier, Klassenkämpfer, Schieber, abgerissene Intellektuelle, kleine Mädchen, Demimonde, Oberlehrer, Elternbeiräte, Gewerkschaften, zehntausend Zeitungen, zwanzigtausend Berichte, fünf Wahrheiten.«

Rote Armee mit ihren Panzern ins zerstörte Berlin gerollt. Aber da war die Straße kaum mehr als ein Trümmerhaufen. Am 21. Dezember 1949 weihten die deutschen Genossen ihre kaputt geschossene Straße dem Diktator der Sowjetunion Josef Stalin zum 70. Geburtstag und tauften sie **Stalinallee**. Dieser Name sollte zu etwas Großartigem verpflichten ...

Moderner Beginn

Hans Scharoun

Hans Scharoun war nach 1945 Organisator der ersten Wiederaufbauplanungen in Berlin, Professor an der TU-Berlin, Mitbegründer und bis 1968 Präsident der Akademie der Künste (West). 1963 baute er die Berliner Philharmonie und 1967 die Staatsbibliothek Berlin.

Wilhelm Pieck hatte noch den Grundstein für die 1949/50 errichtete »**Wohnzelle Friedrichshain**« (Karl-Marx-Allee 102/104, 126/128) gelegt. Damit sollte das Modell einer aufgelockerten Stadtlandschaft realisiert werden, etwa so, wie Hans Scharoun es entworfen hatte: nestartig angeordnete Häusertypen und Laubenganghäuser im Stil des Neuen Bauens der 20er-Jahre, die gemeinschaftsfördernd wirken sollten. Doch war der Beginn gleichzeitig auch das Ende aller bisherigen Planungen, denn zur selben Zeit wurden Funktionäre und Architekten in Moskau auf einen neuen Städtebau nach sowjetischem Vorbild eingeschworen. Im Osten sollte sichtbar das bessere, das menschenfreundlichere Deutschland aufgebaut werden. Über den Weg dorthin gab es Meinungsverschiedenheiten.

Im April 1950 wurden Baufunktionäre und Architekten zu einer Reise in die Sowjetunion geschickt, wo sie das sozialistische Bauen studieren sollten. Die großräumig komponierte Stadt, hierarchisch strukturiert und zentral organisiert, war zum Leitbild des Wiederaufbaus geworden.

Großräumig komponiert

Die enorme Breite der **Karl-Marx-Allee** von 90 m war weniger für den Verkehr als für die vorgesehenen Aufmärsche und Paraden geplant. Der grüne Mittelstreifen ist ganz offensichtlich nicht für Spaziergänger angelegt. Am Strausberger Platz im Westen und am Frankfurter Tor im Osten flankieren Hochhaustürme die Straße wie gewaltige Tore. Auch wenn die Nordseite der Straße die schönere ist, sollten Sie zunächst auf der Südseite bleiben. Die Straße ist nicht chronologisch, also von Westen nach Osten oder umgekehrt, bebaut worden. Sie werden Brüche im architektonischen Konzept bemerken, die auch nicht immer mit der Bauzeit zusammenhängen.

Den Wettbewerb zur Bebauung dieses Abschnitts bis zur Andreasstraße hatte Egon Hartmann gewonnen. Wie in anderen »Aufbaustädten« sollten bei der architektonischen Gestaltung der Magistralen und Plätze Bauformen eines sowjetisch geprägten Neuklassizismus durch regionale Bauelemente ergänzt werden. War

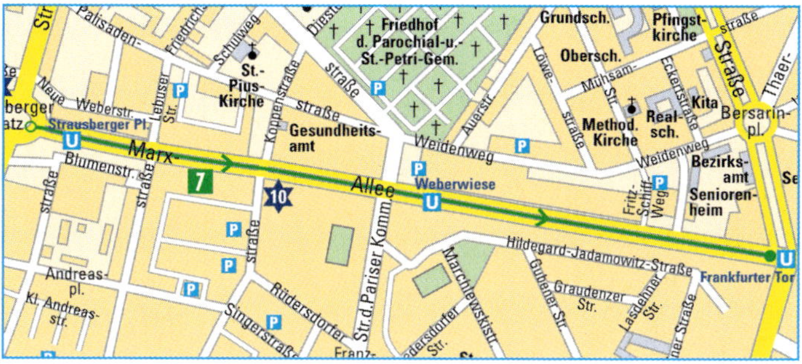

das in Rostock die nordische Backsteingotik, so war es in Berlin der Klassizismus Schinkels. Die Häuser, gewaltige Blocks von 200 bis 300 m Länge, sind mit Säulen, Gesimsen, Balustraden dekoriert, vor den französischen Balkonen sind schmiedeeiserne Gitter angebracht, die Fassaden mit Meißner Kacheln verblendet. Schauen Sie hinüber auf die Nordseite. Der Häuserblock ist bis zum Dezember 2000 saniert worden. Die Fassaden sind, wie im weiteren Straßenverlauf, mit hellen Kacheln bedeckt, einige mit Mustern geschmückt. Die Dachgärten gibt es seit der Sanierung nicht mehr.

Die Straße sollte mit repräsentativen Geschäften mit großem Sortiment, Cafés und Gaststätten reichlich ausgestattet werden. »Mit der U-Bahn-Linie E zu den Läden der Allee« hieß der Werbeslogan für die Geschäfte der Stalinallee. Tatsächlich gab es hier Waren, die man sonst kaum fand: Riesling aus Rumänien, Rotwein aus Ungarn, Zigaretten aus Bulgarien und Kaffee aus Brasilien, und die Restaurants der Straße trugen klangvolle Namen wie »Warschau«, »Bukarest« und »Budapest«. Was man nicht sah: Schon nach der Fertigstellung hatten sich die Läden als Problem erwiesen, sie waren zu klein oder zu niedrig, es mangelte an Lager- oder Kühlräumen, und es rächte sich, dass es kein sinnvolles Konzept gab. Die Bauzeiten wurden nicht eingehalten, und im März 1953 bemängelte das »Neue Deutschland«: »Waren es im vergangenen Jahr die fehlenden Fliesenleger, das Wetter und die Mauerfeuchtigkeit, so sind es in diesem Jahr die Kabelgräben oder Travertinplatten.«

Gegenentwurf Hansaviertel

Dem »Zuckerbäckerstil des Arbeiterboulevards« im Osten setzte der Westen sein Bekenntnis zu »Freiheit und Moderne« entgegen. Im Hansaviertel des Tiergartens verwirklichten namhafte Architekten wie Alvar Aalto, Walter Gropius, Egon Eiermann, Le Corbusier und Max Taut ab 1957 ihre Ideen bei der Internationalen Bauausstellung.

Platte als Lückenfüller

Gleich hinter der ersten Querstraße überraschen schlichte Plattenbauten, wenn auch renoviert. Verschwunden ist die Deutsche Sporthalle, 1951 in nur 148 Tagen für die »III. Weltfestspiele der Jugend und Studenten« nach den Plänen des Architekten Richard Paulick in monumentalem Stil errichtet. Aber wie: Das

Schmuck sollten die Gebäude an der Stalinallee werden, und so wurde auch ein Eingang zu etwas Besonderem wie hier in Nr. 107.

Stahlskelett einer ausgebrannten Schlachthalle kam vom Zentralviehhof und wurde umgebaut, die Travertinverkleidung stammte aus Lagerbeständen, zur künstlerischen Gestaltung ließ man Betonabgüsse der Figuren vom Schlüterportal des Schlosses machen. Als Sporthalle genutzt wurde das Bauwerk nie. 1968 wurde es aus baupolizeilichen Gründen gesperrt und 1972 schließlich abgerissen.

Gegenüber, auf der Nordseite, sollte eigentlich das »Haus des deutschen Sports« entstehen. Es wurde nie gebaut, aber im August 1951 wurde hier ein Bronzestandbild Stalins, ein Geschenk der Sowjetunion, aufgestellt, das erst zehn Jahre später so sang- und klanglos verschwand wie die Straßenschilder. Auf der Nord- wie auf der Südseite wurden nun schlichtere Plattenbauten, die Sie heute sehen, errichtet. Sie entstanden schon auf der **Karl-Marx-Allee**, wie die Stalinallee ab dem Jahr 1961 hieß.

Stalin im Tierpark

Acht Jahre nach dem Tod des Diktators wurde 1961 das Bronzestandbild abtransportiert und zu einer Figur für den Tierpark umgeschmolzen.

Zwischen Koppenstraße und Straße der Pariser Kommune stehen Sie nun vor einem der imposantesten Blöcke, wieder nach Plänen Paulicks entstanden und von 1995 bis 1997 samt seinem Rosettenschmuck saniert. 10 Im **Café Sibylle**, einst »Milchtrinkhalle« auf der Nordseite, können Sie sich über die Geschichte der Straße informieren. Die Karl-Marx-Buchhandlung packte nach 55 Jahren die Bücher ein, zog in kleinere Räume und machte Hamburger Werbefilmern Platz. Achten Sie auf die Tafel neben dem Säuleneingang, die vom Rose-

Fassaden wurden mit Keramikplatten verschönt, bis sich zeigte, dass die Meißner Werkstätten mit der Menge überfordert waren.

Theater berichtet, das hier 1906 »für die kleinen Leute« eingerichtet worden war und im Sommer mit einem Biergarten im Hof lockte. »Schmalzstullentheater« sagte man zu solchen Einrichtungen, die auf der neuen Magistrale dann keinen Platz mehr hatten.

Wechseln Sie die Straßenseite, im Norden ist der Häuserblock etwa 30 m zurückversetzt, ein Grünstreifen neben einem ungepflasterten Weg vermittelt das Gefühl eines geräumigen Boulevards. Wo heute Küchen angeboten werden, standen vor 25 Jahren in der »Jugendmode« nicht nur junge Leute nach West-Jeans an.

Filmkulisse
In der Karl-Marx-Buchhandlung, in der früher die Klassiker des Marxismus-Leninismus verkauft wurden, spielt die Schlussszene des Oscar prämierten Films »Das Leben der Anderen«.

Ein weißer Schwan

Bleiben Sie auf der Nordseite mit den offensichtlich klassizistischen Anklängen der Gebäude des Architekten Kurt W. Leucht. Dort steht das **Hochhaus an der Weberwiese**, mit Säulen dekoriert und verglastem Dachaufbau, gegenüber dem oben erwähnten Laubenganghaus »Wohnzelle Friedrichshain« – und neben einer kleinen Parkanlage namens Rosengarten von 1954.

Das Hochhaus, in dem im Mai 1952 nach acht Monaten Bauzeit schon 33 Wohnungen bezogen wurden und das sein Architekt Henselmann den »weißen Schwan, der aufsteigt aus den Trümmern Berlins« beschrieb, hatte den Durchbruch zu einer an der nationalen Tradition orientierten Baukunst und den Bruch mit dem Funktionalismus der Moderne markiert.

Zu viel Kino
Das Kino Kosmos auf der Nordseite ist erst 1961 in einer Grünanlage errichtet worden und war mit 1001 Plätzen das größte in Ost-Berlin. Es war das erste Lichtspieltheater, das die Ufa 1998 in ein Multiplex-Kino mit zehn Sälen verwandelte. 2005 wurde es geschlossen und dann in einen Veranstaltungsort umgebaut.

Der Bau der neuen Stalinallee war im Februar 1952 mit dem südöstlich gelegenen »Block E-Süd« auf der anderen Straßenseite systematisch vorangetrieben worden. Gehen Sie hinüber. Im Torbogen können Sie nachlesen, dass Otto Grotewohl den Grundstein dort legte, wo einst ein Tietz-Warenhaus stand.

Bauen an einer Utopie

Im November 1951 hatte das Zentralkomitee ein »**Nationales Aufbauprogramm**« verkündet. Grundlage war die Idee, trotz knapper Mittel in kürzester Zeit den geplanten Aufbau zu realisieren. Eine Aufbaulotterie, mit der man sich zumindest die Aussicht auf eine der neuen Wohnungen erwerben konnte, sollte das fehlende Geld bringen. Für viele stellte die Straße ein Projekt der Hoffnung dar. Sie halfen mit, und selbst an den bitterkalten Tagen des Januar 1952 kamen nach Feierabend Tausende, um bei der Enttrümmerung zu helfen. 4000 Scheinwerfer leuchteten von 325 Masten. Es waren vor allem Frauen, die bei den Klängen von Aufbauliedern Ziegel putzten und Steine häuften, und die besten wurden bei festlichen Veranstaltungen als Aktivisten geehrt. 45 000 Freiwillige beteiligten sich beim Aufbau. Zum Ärger der Bewohner anderer Städte wurden aus der gesamten Republik Arbeitskräfte, Baumaschinen und Baumaterial in Berlin konzentriert.

Im »Café Sibylle« (→ S. 82) gibt es wieder Schwedeneisbecher und eine sehenswerte Ausstellung zur Geschichte der Stalinallee.

Am 8. April 1952 war auf einer Pressekonferenz verkündet worden, dass bis zum Geburtstag Stalins im Dezember 2139 Wohnungen und 105 »geschmackvolle Läden« bezugsfertig sein würden. Aber dann wurden es nur 1148. Mit den Rohbauten lag man wohl im Plan, aber das Fernheizwerk, das die Wohnungen mit Wärme versorgen sollte, war nicht fertig. Der Innenausbau verzögerte sich, zahllose Missgeschicke behinderten das Vorankommen. Die Parteiführung hatte aber den Termin vorgegeben, er musste um jeden Preis eingehalten werden. Ständig besuchten Funktionäre die Baustelle, Berichte von höchster Stelle wurden eingefordert, Funktionäre entlassen, Sonderschichten gefahren.

Die feierliche Vergabe der ersten tausend Wohnungen fand trotzdem planmäßig statt. Bei einem Fest in der Staatsoper wurden am 21. Dezember 1952 die Schlüssel an »677 Arbeiter, 322 Angestellte und 149 Angehörige der Intelligenz« übergeben, so sollte eine soziale Mischung gewährleistet sein. Noch wichtiger aber war, dass zu den ersten Bewohnern der Stalinallee 442 »Verdiente Aktivisten«, 474 Bestarbeiter, 97 Brigadiere, ein Nationalpreisträger – er hieß Richard Paulick –, ein »Held der Arbeit« und zwei »Verdiente Lehrer des Volkes« gehörten. Einziehen aber konnten alle noch nicht. Erst Mitte Januar 1953 waren alle Blöcke des ersten Bauabschnitts an die Fernwärme angeschlossen.

Und im Januar 1953 fand das große Ereignis statt: Am Strausberger Platz war eine Ehrenpforte aufgestellt. Der Stellvertreter des Oberbürgermeisters durchschnitt ein weißes Band, und dann rollte der Tross der mit Girlanden und Transparenten geschmückten Umzugswagen der ersten 70 Mieter vom Alexanderplatz heran. Bauarbeiter, Ost- und West-Berliner säumten die Straße, und mancher half beim Abladen.

Gralshüter

Im »Neuen Deutschland« war zu lesen, was von den Bewohnern der Stalinallee erwartet wurde: » Sie werden nicht zulassen, dass die Erfolge unserer friedlichen Aufbauarbeit durch einen neuen imperialistischen Krieg zerstört werden. Sie werden im Kampf für den Frieden und die nationale Wiedervereinigung Deutschlands und unserer Hauptstadt an der Spitze stehen.«

Modell für ein gerechtes Leben

Die neuen Wohnungen waren hell und geräumig und mit besonders in dieser Gegend ungewohntem Komfort ausgestattet. Sie hatten neben Fernheizung und Warmwasserversorgung Einbauschränke, geflieste Bäder, Parkettfußböden, Müllschlucker und manche Telefonanschluss – was es in späteren Bauphasen der DDR so nicht wieder gegeben hat. Die Häuser der Stalinallee sollten ein Modell für ein gerechtes Leben im Sozialismus sein und waren eine gebaute Utopie. Sie verhießen nach den Kriegsjahren einen lohnenden Neubeginn.

Dazu trug sicher bei, dass die Stalinallee keine »rote Adresse« der Partei- und Staatsprominenz war, wie man munkelte. Mehr als drei Viertel der Wohnungen wurden tatsächlich an Trümmerfrauen und Aufbauhelfer, an Verfolgte des Naziregimes, aber auch an Künstler vergeben.

Am 17. Juni 1953 protestierten Arbeiter gegen Normerhöhungen. Ihr Aufstand wurde von sowjetischen Panzern niedergeschlagen.

Bröckelnde Fassade
Die Kacheln an den Fassaden fielen nach kurzer Zeit massenweise ab und mussten neu angeklebt werden. Die Berliner spotteten über die sozialistische Prachtstraße »Rue de Duosan« (nach dem DDR-Alleskleber).

Hier wohnten beispielsweise der Maler Mucchi, der Dichter Fühmann und die Schauspieler Minetti und Klering. Bei späteren Mieterwechseln zogen in diese exklusiven Wohnungen aber meistens Funktionäre. Zum Zeitpunkt der Wiedervereinigung waren ca. 20 Prozent der Bewohner noch Erstbezieher.

Zerfallende Träume und der 17. Juni

Inzwischen hatten sich die wirtschaftliche Situation und die Lebensbedingungen verschlechtert, der Flüchtlingsstrom aus der DDR nach Westen wuchs unaufhörlich. Politischer, moralischer und ideologischer Druck hatte die Stimmung im Land verändert. Als der Ministerrat der DDR die Erhöhung der Arbeitsnorm um zehn Prozent ab 30. Juni 1953 ankündigte, begannen die Arbeiter zu meutern. Täglich hatten sie mit Materialmangel, uneffektiven Maschinen und fehlenden Ersatzteilen zu kämpfen – sie wollten für die Unzulänglichkeiten nicht bezahlen. Um die Rücknahme der neuen Verordnung zu erreichen, legten am 15. Juni auch die Arbeiter an der Stalinallee die Arbeit nieder. Die Regierung reagierte nicht, da zogen die streikenden Arbeiter, auch die von der nahen Baustelle des Krankenhauses Friedrichshain, zum Haus der Ministerien (heute Finanzministerium) und forderten freie Wahlen. Der amerikanische Sender RIAS veröffentlichte ihre Forderungen.

Für den **17. Juni 1953** wurde zum Generalstreik aufgerufen, und nicht nur in Ost-Berlin, sondern auch in anderen Orten der DDR streikten die Arbeiter verschiedener Betriebe. Um 7 Uhr schon hatten sich Tausende am Strausberger Platz versammelt, zu den Arbeitern gesellten sich Schaulustige und Jugendliche. Erst wurde die Polizeiwache gestürmt, dann in Brand gesetzt, um 14 Uhr wehten auf dem Brandenburger Tor die Berliner und die schwarz-rot-goldene Fahne, obwohl über den sowjetischen Sektor gerade der Ausnahmezustand verhängt worden war. Sowjetische Panzer fuhren auf, räumten brutal Straßen und Plätze. 55 Tote waren zu beklagen, darunter die »Rädelsführer«, die zum Tode verurteilt und hingerichtet wurden. Zahllose Menschen wurden zu hohen Zuchthausstrafen verurteilt. Die Normerhöhungen wurden zurückgenommen.

Ende der Träume

Irgendwie war die Allee nun aus dem öffentlichen Bewusstsein verschwunden, und 1958 wurde das Bauen in diesem Stil bis zum Alexanderplatz aufgegeben. Hermann Henselmann errichtete 1956 bis 1960 noch seine Turmhochhäuser am **Frankfurter Tor** als Pendant zum Strausberger Platz. Mit den barock-klassizistischen Türmen erinnern sie an Gontards Kuppeln der Kirchen auf dem Gendarmenmarkt. In einem von ihnen richtete der Architekt sein Büro ein. Heute hat im nördlichen Turm die Denkmalpflege ihren Sitz, im südlichen kann man sich für ein kleines Event mit bis zu 20 Personen einmieten. Die westliche Karl-Marx-Allee bis zum Alex wurde mit Scheibenhäusern bebaut. Die waren billiger und lange nicht so aufwendig. Sie können nun am Frankfurter Tor in die U-Bahn steigen.

Neue Szene

Sie kommen aus München, Hamburg und New York und schwärmen von ihrer original Berliner Location, all die Architekten und Designer, Galerien und Werbefirmen, die sich in jüngster Zeit in der Karl-Marx-Allee eingerichtet haben. Sichtbar belebt haben die jungen Kreativen die neulich noch totgesagte Meile jedoch noch nicht.

ADRESSEN & SERVICE

ESSEN & TRINKEN

Café Sibylle Eine gelungene Melange aus Gastronomie und Kultur mit einer Ausstellung zur Geschichte der Stalinallee mit ihren »Wohnpalästen für Werktätige«, abends oft Veranstaltungen. Karl-Marx-Allee 72; Tel. 030/29 35 22 03; Mo–Fr 10–20, Sa, So 13–20 Uhr •

CSA Die Friedrichshainer Abendgesellschaft trifft sich um den Boxhagener Platz, da liegt die sowjetische Prachtmeile nicht unbedingt in Laufrichtung. Die Bar im Büro der ehemaligen tschechoslowakischen Fluglinie lässt aber nicht nur Architektenaugen glänzen. Karl-Marx-Allee 96; Tel. 030/29 04 47 41; So–Do 19–2, Fr, Sa 19–5 Uhr.

Maremoto heißt Seebeben. Es in 15 kleinen Gängen zu erleben kostet 129 € und etwas Mut, denn der exzentrische Venezianer Cristiano Rienzner gilt als Wegbereiter der Molekularküche in Deutschland. Dabei werden Lebensmittel mit neuen Technologien verändert – unter flüssigem Stickstoff gefroren oder dehydriert, bis sich die gewohnten Aggregatzustände verflüchten, die Aromen konzentrieren und die Geschmacksnerven jubeln. Da hat man kaum noch ein Auge für das luxuriöse Ambiente. Strausberger Platz 2; Tel. 030/40 05 42 30; Di–Sa 18–21 Uhr. 11

Auf der Suche nach der Mauer

Als Schneise zwischen Ost und West führt die Bernauer Straße zur Mauergedenkstätte.

Denkmalgeschützt ist die bunt bemalte Hinterlandmauer im Mauerpark (→ S. 90).

Charakteristik des Spaziergangs Dass die Berliner Mauer einst die Welt geteilt hat, kann man sich kaum noch vorstellen. Das mit ihr verbundene Gefühl der alltäglichen Gewalt ist verloren. Auch wenn die Mauer nach der Wiedervereinigung schnell abgeräumt wurde, gibt es noch Orte, wo die Teilung der Stadt zu erleben ist. In der Nacht zum 13. August 1961 bauten DDR-Grenztruppen den »antifaschistischen Schutzwall«. Eine 155 km lange Betonmauer, ein immer taghell ausgeleuchteter »Todesstreifen«, 293 Beobachtungstürme, Hundelaufanlagen und Patrouillenwege, Selbstschussanlagen und Panzersperren, die Hinterlandmauer im Osten und eine 100 m breite Sperrzone waren allgegenwärtig und fast unüberwindbar.

SERVICE

Beginn des Spaziergangs: S-Bahnhof Bornholmer Straße
Ende: S-Bahn Nordbahnhof
Dauer: etwa 2 Stunden.

Am **Grenzübergang Bornholmer Straße**, wo die Bösebrücke über die Bahngleise führt, geschah in der Nacht des 9. November 1989 gegen 22.30 Uhr das Unfassbare: Die Schranke wurde geöffnet, und damit begann der Mauerfall. Hunderte drängten von Prenzlauer Berg im Osten nach Wedding im Westen, wo ein Schild auf den Beginn des französischen Sektors der Stadt hinwies. Freudentränen flossen, Sektkorken knallten, fremde Menschen umarmten sich. Massen drängten an die Grenzübergangsstelle, und die verunsicherten Grenzposten ließen die Leute einzeln passieren. Viele hatten die nächtliche Maueröffnung verschlafen, und am Vormittag des 10. November setzte der Ansturm auf die anderen Grenzübergänge ein. Der Fall der Berliner Mauer wurde zum Ereignis der Weltgeschichte.

Wie die Mauer geöffnet wurde ...

Als das Politbüro-Mitglied Günter Schabowski auf einer Pressekonferenz am 9. November 1989 um 18.57 Uhr eine neue Reiseregelung verkündete, verstand man sofort: »Die Mauer ist offen!« Und Tausende aus Ost und West machten sich auf den Weg ...

Von der Böse- zur grünen Brücke

Sie sehen auf der **Bösebrücke** eine **Gedenktafel**: »An der Brücke Bornholmer Straße öffnete sich in der Nacht vom 9. auf den 10. November erstmals seit dem 13. August 1961 die Mauer. Die Berliner kamen wieder zusammen. – Willy Brandt: Berlin wird leben und die Mauer wird fallen.«

Im August 1990 wurde die Sanierung des Ostteils der Bösebrücke begonnen, der Westteil war schon zwischen 1983 und 1985 in Stand gesetzt worden, und am 14. Oktober 1995 rollte nach 42 Jahren wieder eine **Straßenbahn** über die Stahlbrücke nach Westen. Bereits 1953 war das grenzüberschreitende Straßenbahnnetz geteilt worden: Im Osten steuerten auch Frauen Straßenbahnen, im Westen war das nicht erlaubt. Nach dem Mauerbau boykottierten viele West-Berliner die von der DDR betriebene S-Bahn, denn, so hieß es, »wer S-Bahn fährt, hilft Ulbricht«.

Wenn Sie von der Bösebrücke nach Süden und hinunter auf die Norwegerstraße sehen, erkennen Sie ein Stück Mauer, das gleichzeitig die **Hinterlandmauer** war, an den Bahnanlagen. Im Norden reicht das erhaltene Mauerstück fast bis zur Björnsenstraße. Steigen Sie die Treppe zur Norwegerstraße hinunter und gehen Sie an Mauer und Bahngleisen entlang. Die Strecke ist, wie Sie jetzt öfter sehen werden, als **Mauer-Weg** gekennzeichnet.

Die Norwegerstraße liegt im Gebiet Prenzlauer Berg, seit der Bezirksreform 2001 zum Bezirk Pankow gehörig. Nicht nur hier ist der ehemalige Grenzstreifen als Mauer-Weg markiert. Im Zentrum werden Sie den Mauerverlauf teils an einem gepflasterten Streifen im

Mauer-Radweg

Ein ausgeschilderter Berliner Mauer-Radweg führt in 14 Etappen vom Potsdamer Platz durch die Stadt und um sie herum.

Asphalt, teils als Kupferband erkennen. Allerdings verliert er sich immer wieder, da die Mauer nicht überall genau an den Sektorengrenzen verlief. Grenzgrundstücke wurden zwischen Ost und West ausgetauscht, und manches Grundstück ist längst überbaut.

In Höhe Behmstraße gehen Sie nach rechts und dann links über den **Schwedter Steg**, das ist die Brücke, die über die Bahngleise führt. Hier auf dem Nordkreuz könnten Sie sich auch heute noch verlassen wie zwischen den Welten fühlen. Am Falkplatz erreichen Sie den

Mauerpark
Der »Wandel vom Grenzraum zum Freiraum« ist nur möglich gewesen, weil das Gelände auch vor der Mauerzeit nie bebaut war. Hier lag einst ein Exerzierplatz, der zu einem der wichtigsten Kampfplätze der Märzrevolution 1848 wurde. Nach 1914 entstanden hier eine Barackensiedlung, Kleingärten und Sportanlagen.

12 **Mauerpark**, dessen erster Teil im November 1994 eingeweiht werden konnte. Rechts vor Ihnen kraxeln vielleicht zünftige Bergsteiger an der Schwedter Nordwand, einer künstlichen Kletterwand. Nur hier ist der Mauerstreifen als grüne Brücke zwischen Ost und West geplant worden. Nach Entwürfen des Landschaftsarchitekten Gustav Lange sollte der Mauerpark bis 2010 eigentlich insgesamt zehn Hektar umfassen.

Sie gehen nun bergauf. Hinter dem **Kinderbauernhof** rechts sehen Sie links die **Max-Schmeling-Halle**, für den Basketballverein Alba Berlin gebaut, als Berlin sich für die Olympischen Spiele 2000 beworben hatte. In der Mitte des Parkgeländes gehen Sie auf einem mit Kopfsteinen gepflasterten Weg. Er markiert den Verlauf der Schwedter Straße. Während der Bauarbeiten fand man sie unter dem Kies und hat sie so belassen. Noch 1988 ist die Mauer bei einem Gebietsaustausch hier um 50 m nach Westen verschoben worden. Im Osten ragen Flutlichtmasten über den **Friedrich-Ludwig-Jahn-Sportpark**. Die Hinterlandmauer auf der Dammkrone steht unter Denkmalschutz. Sie wurde zum Bemalen und Besprühen freigegeben. Auch Bäume, Bänke und Müllbehälter halten für Graffitikunst her. Dem Hügel mit der **Mauerwand**, bestanden mit Eichen, Wildapfelbäumen, Pyramidenpappeln und sehr beliebten Schaukeln, liegen eine weite Wiesenfläche und ein Birkenhain gegenüber. Ein **Amphitheater** fügt sich in eine Anhöhe, wo man auf Granitblöcken sitzen oder sich in Holzliegestühlen sonnen kann. An schönen Tagen und in lauen Nächten ist der Park ein lebendiger bunter Treffpunkt.

Marthashof
Ein »urban village« entsteht an der Schwedter Straße gegenüber dem Mauerpark und soll in Prenzlauer Berg das Beste aus Stadt- und Landleben vereinen. Auch sonst sind Teile der Mauerbrache schon zu Baustellen, ohne klangvolle Namen, geworden.

Bernauer Straße

Der Mauerpark endet rechts an der Bernauer Straße, die 28 Jahre lang von der Eberswalder Straße im Osten abgeschnitten war. Auf der Bernauer Straße, die Sie jetzt überqueren sollten, stand ein Beobachtungspodest, von dem man von Westen über die Mauer nach Osten schauen konnte. Denken Sie jetzt nicht, dass die südliche Seite der **Bernauer Straße** so weit vom Fußgängerweg entfernt bebaut war. Die Brachfläche vor den Häusern ist der einstige **Mauerstreifen**. Die Mauer stand hin-

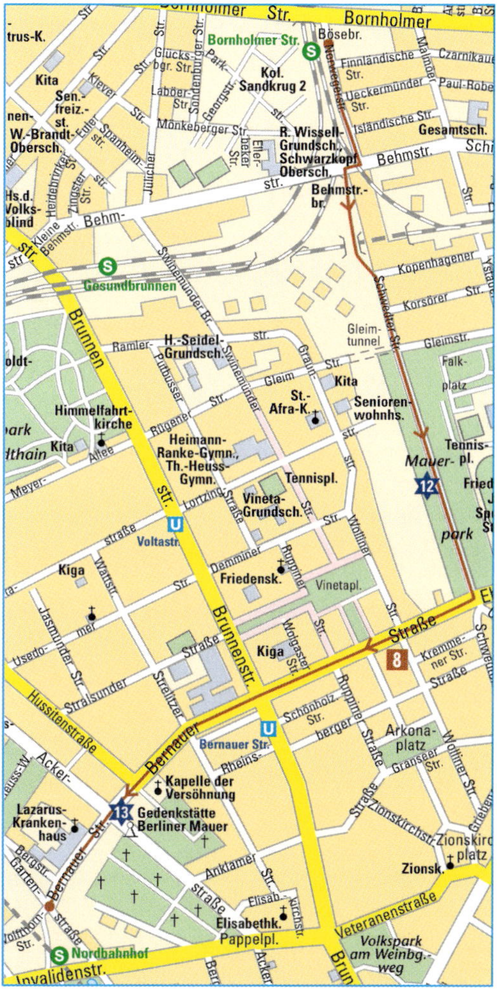

ter den nun wild wachsenden Bäumen, und was Ihnen als Fußweg erscheint, war der **Kolonnenweg** für die Grenzposten, die hier den Todesstreifen genannten Raum zwischen den Begrenzungen nach Osten und Westen überwachten. Die Bernauer Straße wurde zur Schicksalsmeile der Stadt. Nirgends gab es mehr gescheiterte und gelungene Fluchten als hier.

Die Häuser, die hier standen, gibt es nicht mehr. Am 13. August 1961 wurden zuerst die Fenster in den unteren Stockwerken zugemauert. Da sahen die Bewohner

Mauertote

Die ersten tödlichen Schüsse fielen am 24. August 1961 und trafen den 24 Jahre alten Günter Litfin; 1966 wurden zwei Kinder, 10 und 13 Jahre alt, durch 40 Schüsse im Grenzstreifen getötet. Chris Gueffroy verblutete als letzter Mauertoter am 6. Februar 1989 an der Grenzlinie.

Sprung in die Freiheit: Mit diesem Foto wurden der Volkspolizist Conrad Schumann und der Fotograf Peter Leibing weltberühmt.

Grenz-Ansichten

»Die Grenze zwischen dem Sowjetsektor und den Westsektoren von Berlin ist keine Staatsgrenze. Die Regierung der Vereinigten Staaten betrachtet daher die von den ostdeutschen Behörden verfügten Maßnahmen des 13. August als illegal.« (Note der US-Regierung vom 13. August 1961)

oben noch aus dem Fenster und scherzten, so weit ihnen nach Witzen zumute war: »Mit dem Kopf im Westen, mit dem Hintern im Osten«.

Gefährliche Fluchten

Hier spielten sich dramatische Fluchtszenen ab. An der Ecke Ruppiner Straße sprang der Volkspolizist Conrad Schumann am 15. August 1961 als erster Flüchtling über eine Stacheldrahtrolle in den Westen. Jetzt soll ihn eine Skulptur verewigen.

Bewohner aus den oberen Stockwerken seilten sich im Sinne des Wortes in den Westen ab. Am 22. August sprang die 58-jährige Ida Siekmann aus dem Fenster ihrer Wohnung im dritten Stock der Bernauer Straße 48 in den Westbezirk Wedding und in den Tod. Im September versuchten DDR-Volkspolizisten, die 77-jährige Frieda Schulze, die aus ihrem Fenster fliehen wollte, an ihren Händen zurückzuzerren. Beherzte West-Berliner zogen sie an den Beinen in das Sprungtuch der Feuerwehr. Anfang Oktober verfehlte ein Flüchtling beim Sprung von der Dachrinne eines vierstöckigen Hauses das ausgebreitete Sprungtuch der Feuerwehr und blieb leblos auf dem Bürgersteig liegen. Ein Volkspolizist hatte ihn auf dem Dach verfolgt, die West-Berliner Polizei hatte ihm noch Feuerschutz gegeben. Zwei Frauen, zwei Männer und ein 15-jähriger Junge sprangen am 16. Oktober aus dem ersten Stock eines Grenzhauses in einen West-Ber-

11. November 1989: An der Bornholmer Brücke macht sich der Osten auf, den Westen zu testen, zu Fuß und mit dem Auto.

liner Lastwagen, der mit Sand beladen war, nachdem sie zuvor den Fahrer herangewunken hatten.

Am 17. Oktober 1961 begannen Zwangsräumungen an der Bernauer Straße und weiteten sich im Laufe des Tages zu Massenevakuierungen aus. »Wieder kamen Zehn« meldete die Zeitung »Telegraf« am 18. Oktober. Zwei Tage später schrieb die »Welt«: »Ein Hagel von Tränengasbomben ging auf eine Gruppe von Kameraleuten des SFB an der Bernauer Straße Ecke Ackerstraße nieder. Die Kameraleute filmten die Zwangsevakuierung der letzten Wohnungen in diesem Grenzbereich.« Mit bloßen Händen fingen ein West-Berliner Polizist und ein Zollbeamter einen Volkspolizisten auf, der aus dem ersten Stock eines zwangsgeräumten Hauses an der Bernauer Straße in den Bezirk Wedding sprang. Am 20. Dezember 1961 durchstemmten ein 22-Jähriger und seine 21 Jahre alte Ehefrau das vermauerte Fenster eines Grenzhauses und entkamen unbemerkt in den Westen.

Im August 1962 begannen Ost-Berliner Bauarbeiter, von Grenzpolizisten scharf bewacht, die Hinterhäuser in der Bernauer Straße 16 und 31 abzureißen. Im Laufe der Zeit wurden alle Häuser bis auf das untere Stockwerk abgebrochen. So sparte man sich den Mauerbau nach Osten. Währenddessen wurden erste Tunnel gegraben, durch die unzählige Menschen von Ost nach West flohen.

Erst im Herbst 2000 wurde der »**Tunnel 29**« zwischen den Häusern Bernauer Straße 73 im Westen und Schönholzer Straße 7 im Osten wieder entdeckt. 29 Ost-

Fluchtopfer

Der »antifaschistische Schutzwall« sollte die Flucht der Menschen aus dem Ostteil der Stadt mit allen Mitteln verhindern. 237 »Republikflüchtlinge« wurden in den 28 Jahren bis zur Wende mit Schusswaffen, 33 durch Minen getötet.

Schützenstraße
1962 wurde der DDR-Grenzsoldat Reinhold Huhn an der Ecke Jerusalemer/Zimmerstraße von einem Fluchthelfer getötet. Nach ihm benannte die DDR-Führung eine Straße, die nach dem Mauerfall wieder umbenannt wurde in – so makaber es klingt – Schützenstraße. Der Schütze wurde nach der Wiedervereinigung zu einem Jahr auf Bewährunq verurteilt.

berliner waren hier am 14. September 1962 in den Westen geflohen. Der amerikanische Fernsehsender NBC hatte das Unternehmen gefilmt.

Jenseits der Brunnenstraße – und hinter der U-Bahn Bernauer Straße – kommen Sie zur **Kreuzung Strelitzer Straße** und damit zu dem Ort, an dem junge Leute, die meisten aus der DDR geflohene Studenten, seit dem 10. April 1964 den »**Tunnel 57**« gegraben hatten. 12 m tief und 140 m lang war das Bauwerk, das im Hof des Hauses Strelitzer Straße 55 begann und im Keller einer stillgelegten Bäckerei in der Bernauer Straße 97 endete. Am 3. und 4. Oktober stiegen hier 57 Menschen im Westen ans Tageslicht. Die Flucht erregte im Osten wie im Westen Aufsehen.

Fluchthelfer

Am 5. Oktober 1964 kam es in einem Hinterhof der Strelitzer Straße zu einem Schusswechsel, bei dem der 21 Jahre alte Unteroffizier der DDR-Grenztruppen, Egon Schultz, tödlich getroffen wurde. Die DDR-Führung erklärte, die Fluchthelfer hätten Schultz erschossen und machten ihn zum sozialistischen Helden. Die Strelitzer Straße wurde in Egon-Schultz-Straße umbenannt, eine Kaserne erhielt seinen Namen, und sogar ein Kinderbuch erzählte vom Helden. Erst aus den Stasi-Unterlagen ging nach der Wende hervor, dass Schultz nicht von Fluchthelfern, sondern versehentlich von einem eigenen Kollegen erschossen wurde. Allerdings war die Version

Eine Kapelle der Versöhnung entstand dort, wo die Versöhnungskirche 1985 zur »Sicherheit im Mauerbereich« gesprengt wurde.

des Mordes durch »westliche Agenten« für die DDR-Führung besser verwertbar. Für neue Spannungen zwischen Ost und West wurde auch der Chefredakteur des »Stern« mitverantwortlich gemacht, da er das Unternehmen Tunnel mit finanziert und sich die Exklusivrechte für die Berichterstattung gesichert hatte. Der Westberliner Senat reagierte von nun an sehr distanziert auf das Thema Fluchthilfe. Die mutigen Helfer und Abenteurer von gestern wurden auch in der westlichen Öffentlichkeit zunehmend zu kommerziellen Schleusern.

Perfektion der Abschottung

Die Grenzanlagen wurden zunehmend »verbessert«, und erst 1980 wurde auch die Mauer in der Bernauer Straße vervollständigt. Die Hinterlandmauer war im Endausbaustadium etwa 3,60 m hoch und wurde mit einer Betonrolle versehen, die beim Überklettern keinen Halt bieten sollte. Signalanlagen am Boden lösten bei Berührung Alarm aus. Übermannshohe Kontaktzäune aus Streckmetall wurden mit Stachel- und Signaldraht bespannt. Bis 1984 liefen scharfe Schäferhunde an Führungsdrähten. Kreuzweise verschweißte Eisenbahnschienen wurden zu so genannten Spanischen Reitern, dann aber im »Gegengeschäft« für bundesdeutsche Milliardenkredite abgebaut. Auf nachts beleuchteten Kolonnenwegen lösten sich Grenzposten ab. Wachtürme waren mit Suchscheinwerfern ausgestattet und erlaubten den Posten tagsüber »Sichtkontakt«. Kontrollstreifen und die Todesstreifen waren immer frisch geharkt, zur Spurensicherung, und durften auch von Grenzsoldaten nicht grundlos betreten werden.

Mauer
29 000 Mauerelemente standen innerhalb der Stadt, 16 000 davon im Außenring, jedes von ihnen 1,20 m breit – insgesamt 45 000 Elemente für 38,5 Millionen Mark, nur in der Herstellung.

Kirchensprengung

Sie sehen westlich der Strelitzer Straße zwei bräunliche Baukörper. Hier hat die **Evangelische Versöhnungskirche** gestanden. Nach 1961 lag sie im toten Streifen zwischen dem Elisabethfriedhof mit Hinterlandmauer im Osten und der Bernauer Straße mit der Vorderlandmauer im Westen. Am 28. Januar 1985 wurde sie gesprengt, »zur Erhöhung von Sicherheit und Sauberkeit« im Grenzstreifen. Das Konsistorium der Evangelischen Kirche in der DDR hatte sein Einverständnis gegeben. Hinter einem Zaun sehen Sie drei Glocken der Versöhnungskirche im flachen Lamellengestühl hängen. Auf dem Boden können Sie dem Grundriss von Schiff und Turm der Kirche nachgehen, und auch die Betonbahn des Postens ist noch erhalten. Mit dem 9 m hohen und 18,50 m breiten Gebäude dahinter wurde Lehm auf die Narben der Teilung gelegt – eine **Kapelle der Versöhnung** ist entstanden, ein ovaler Lehmbau, von Rudolf

Die Geschichte des Mauerbaus und der Überwindung der Mauer wird in der Gedenkstätte an der Bernauer Straße dokumentiert.

Reitermann und Peter Sassenroth entworfen, mit Unterstützung des Tiroler Lehmbaumeisters Martin Rauch realisiert. Es riecht warm und erdig, selbst im Winter, und die Innenausstattung ist karg. Bebaut wurde nur der Bereich des alten Chorraumes. Ein Bodenfenster lässt den Blick auf einen Teil des Kellers der alten Kirche frei. Über der freigelegten Kellertreppe mit Resten der 1961 zugemauerten Tür ist die Nische für das erhalten gebliebene Altarbild errichtet. Auf den Tag genau zehn Jahre nach dem Mauerfall wurde Richtfest gefeiert. Am 9. November 2000, dem elften Jahrestag des Mauerfalls, wurde die Kapelle der Versöhnung eingeweiht. Zwischen Wand und Lamellenumgang finden Sie eine entschärfte Bombe aus dem Zweiten Weltkrieg.

An der nächsten Kreuzung, jenseits der Ackerstraße, erblicken Sie eine riesige rostige Stahlwand. Sie ist 7 m hoch und begrenzt als **Mauergedenkstätte** einen Grenzstreifen, ebenso wie das gleich hohe Pendant am anderen Ende des 70 m langen Streifens. Innen spiegeln die Wände die Sandfläche ins Unendliche, wie Sie feststellen werden, wenn Sie durch die 2 cm breiten Schlitze in der Betonwand der Hinterlandmauer lugen. Gegenüber sehen Sie die Vorderlandmauer, dazwischen nichts, nur Postenweg und Todesstreifen.

Denkmal

Der Grenzstreifen zwischen Acker- und Bergstraße wurde am 2. Oktober 1990 unter Denkmalschutz gestellt. Willy Brandt hatte vorgeschlagen, hier die authentische Grenze zu erhalten, was viele ablehnten.

Auf der westlichen Seite der Bernauer Straße, Nr. 111, der Gedenkstätte gegenüber, steht das Gebäude, in dem die Evangelische Versöhnungsgemeinde ihren Sitz hat. In ihren Räumen erinnert das **Dokumentationszentrum Berliner Mauer** an die Teilung der Stadt. Bis zum 20. Jahrestag des Mauerfalls am 9. November 2009 soll sie in einem Pavillon an der Ecke Bernauer Straße/ Gartenstraße untergebracht sein. Rostige Stahlstangen und Mauersegmente werden den Verlauf der Mauer bis dorthin markieren. Blättern Sie in den Erdgeschossräumen in den Papieren zur Sprengung der Versöhnungskirche. Und steigen Sie den Turm hinauf, von dem aus Sie einen Teil Ihres Weges und die immer noch leblose Straße überblicken können.

Am 9. November 2004, genau 15 Jahre nach dem Mauerfall, ging in Berlin der letzte Mauerschützenprozess zu Ende. Vor Gericht standen vier Männer, die eine Selbstschussanlage entworfen bzw. in Stand gehalten hatten. Das war ein System, bei dem durch 80 kubische Metallsplitter getötet wurde, wer dem »antifaschistischen Schutzwall« zu nahe kam. Fünf Männer, 17 bis 29 Jahre alt, hatten davon nicht gewusst oder sich nicht abschrecken lassen. Sie versuchten zu fliehen. Vier von ihnen starben, einer erreichte schwer verletzt den Westen. Die Richterin sprach die Angeklagten schuldig, verhängte jedoch keine Strafen.

Mauerschützen
Die im Laufe der Jahre angeklagten Mauerschützen waren zum größten Teil Angehörige der NVA (Nationale Volksarmee) oder der DDR-Grenztruppen. Insgesamt 35 Angeklagte wurden freigesprochen, 44 wurden zu Bewährungsstrafen und elf Angeklagte zu Haftstrafen verurteilt.

Die **Bernauer Straße** endet an der Gartenstraße, über die die Mauer lief. Achten Sie auf die doppelte Kopfsteinpflasterung zu Ihren Füßen. Hier war der nördliche Zugang zum S-Bahnhof zugemauert. Heute können Sie von hier aus ins Stadtzentrum fahren oder auch nach links in die Gartenstraße einbiegen und immer geradeaus bis zur Spandauer Vorstadt gehen. Wenn Sie dem Mauerverlauf entlang der Gartenstraße nach Nordwesten folgen, kommen Sie an der Ecke Liesenstraße zum **Dorotheenstädtischen Friedhof II** und zum katholischen **Friedhof St. Hedwig.**

ADRESSEN & SERVICE

Gedenkstätte Berliner Mauer Dokumentationszentrum Bernauer Str. 111; S-Bahn: Nordbahnhof; April–Okt. Di–So 10–18 Uhr, Nov.–März 10–17 Uhr

East Side Gallery Zwischen Oberbaumbrücke und Schillingbrücke (Kreuzberg-Friedrichshain) ist ein 1,3 km langes Stück Hinterlandmauer entlang der Spree komplett erhalten, das im Januar 1990 von 118 Künstlern aus 22 Ländern bemalt wurde. Als Freiluftgalerie und Relikt der Grenzanlagen steht es seit 1992 unter Denkmalschutz.

ESSEN & TRINKEN

Mauersegler Ein Kaffeehäuschen, ein Biergarten, ein Grillstand und eine kleine Bühne begrenzen den Mauerpark zur Bernauer Straße hin. Richtig voll ist es nur sonntags, wenn an der Mauergrenze Flohmarkt ist. Bernauer Str. 63; tgl. ab 10 Uhr.

Walden Nach einem Roman von Thoreau benannt, in dem es um die Suche nach dem wirklichen Leben mit einem alternativen Lebensstil geht. Ganz einfach gibt es sich hier hinter dem Knöterich – man könnte eine Kneipe vermuten, die Speisen sind aber schmackhaft zubereitet, was auch die Politiker am Nebentisch schätzen. Choriner Str. 35; Tel. 030/4 49 00 25; Mo–Sa ab 17, So ab 10 Uhr

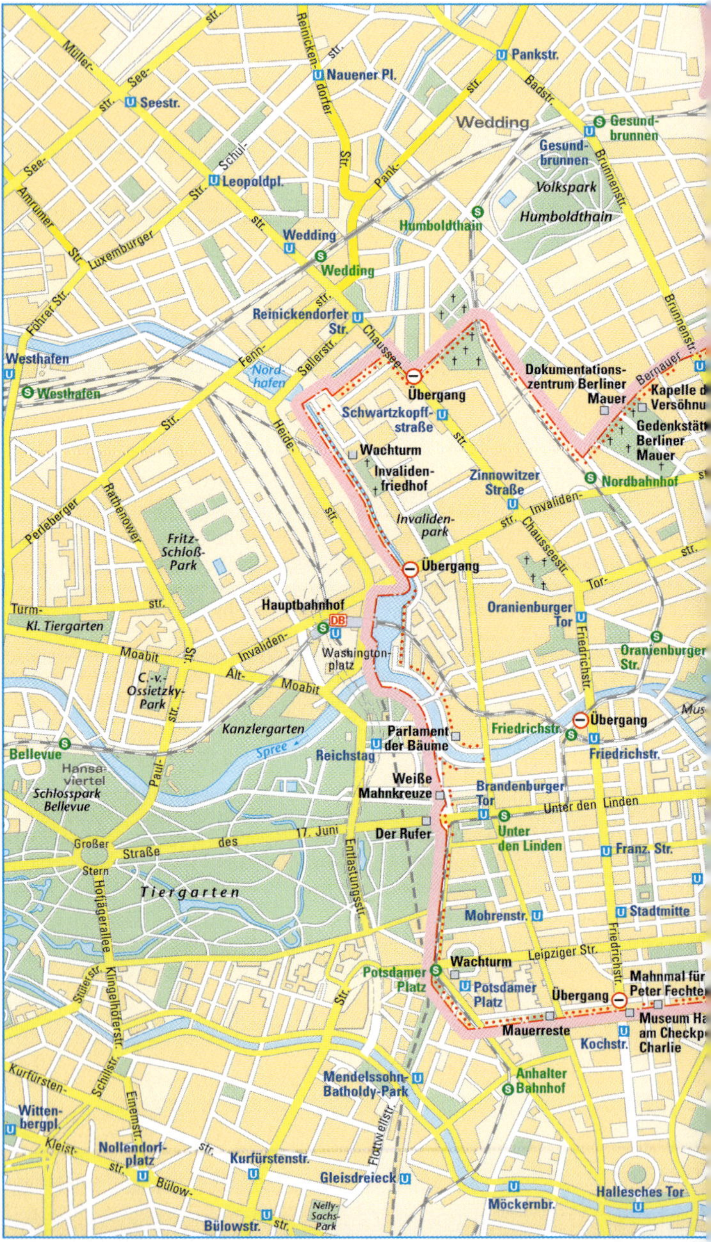
Müller-
str.
See-
str.
Seestr.
Reinicken-
dorfer
Str.
Nauener Pl.
Pankstr.
Badstr.
Wedding
Gesund-
brunnen
Volkspark
Humboldthain
Brunnenstr.
Schul-
str.
Leopoldpl.
See-
Amruner
Str.
Luxemburger
Str.
Wedding
Wedding
Pank-
str.
Humboldthain
Föhrer Str.
Reinickendorfer
Str.
Chaussee-
str.
Westhafen
Westhafen
Fenn-
str.
Nord-
hafen
Sellerstr.
Übergang
Schwartzkopff-
straße
Dokumentations-
zentrum Berliner
Mauer
Bernauer
Kapelle d
Versöhnu
Gedenkstätt
Berliner
Mauer
Heide-
str.
Wachturm
Invaliden-
friedhof
Zinnowitzer
Straße
Nordbahnhof
Perleberger
Str.
Rathenower
Fritz-
Schloß-
Park
Invaliden-
park
Invaliden-
str.
Chausseestr.
Übergang
Tor-
str.
Turm-
str.
Kl. Tiergarten
Hauptbahnhof
DB
Oranienburger
Tor
Friedrichstr.
Oranienburger
Str.
Moabit
Alt-
Moabit
Invaliden-
Washington-
platz
C.-v.-
Ossietzky-
Park
Paul-
str.
Kanzlergarten
Spree
Reichstag
Parlament
der Bäume
Friedrichstr.
Übergang
Friedrichstr.
Bellevue
Hansa-
viertel
Schlosspark
Bellevue
Weiße
Mahnkreuze
Brandenburger
Tor
Unter den Linden
Unter
den Linden
Der Rufer
Großer
Stern
Straße
des
17. Juni
Entlastungsstr.
Franz. Str.
Tiergarten
Hofjägerallee
Mohrenstr.
Stadtmitte
Wachturm
Leipziger Str.
Potsdamer
Platz
Potsdamer
Platz
Übergang
Mahnmal für
Peter Fechte
Stülerstr.
Klingelhöferstr.
Str.
Mauerreste
Kochstr.
Museum Ha
am Checkp
Charlie
Kurfürsten-
Schillstr.
Einemstr.
Mendelssohn-
Batholdy-Park
Anhalter
Bahnhof
Witten-
bergpl.
Kleist-
str.
Nollendorf-
platz
Kurfürstenstr.
Flottwellstr.
Bülow-
str.
Gleisdreieck
Möckernbr.
Hallesches Tor
Bülowstr.
Nelly-
Sachs-
Park

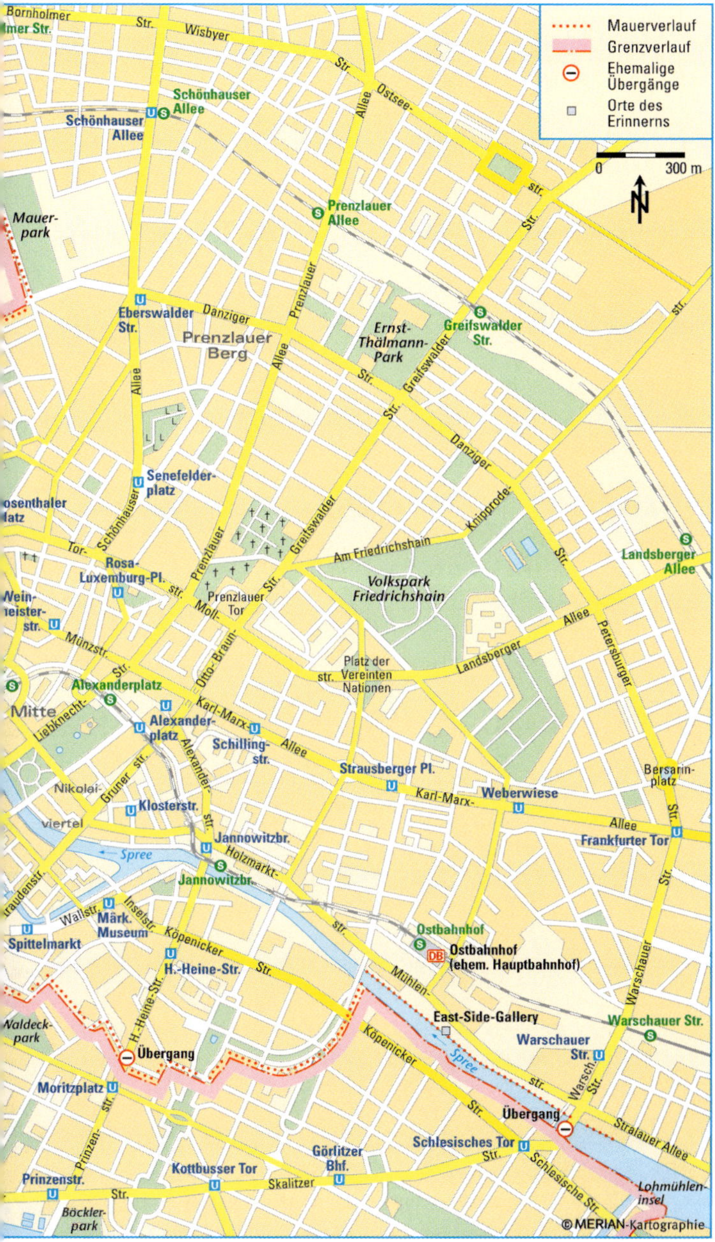
Mauerverlauf
Grenzverlauf
Ehemalige Übergänge
Orte des Erinnerns
0
300 m
N
Mauerpark
Schönhauser Allee
Prenzlauer Allee
Greifswalder Str.
Eberswalder Str.
Prenzlauer Berg
Ernst-Thälmann-Park
Danziger Str.
Senefelderplatz
Rosenthaler Platz
Rosa-Luxemburg-Pl.
Prenzlauer Tor
Am Friedrichshain
Volkspark Friedrichshain
Landsberger Allee
Platz der Vereinten Nationen
Alexanderplatz
Mitte
Karl-Marx-Allee
Schillingstr.
Strausberger Pl.
Weberwiese
Frankfurter Tor
Bersarinplatz
Petersburger Str.
Nikolaiviertel
Klosterstr.
Jannowitzbr.
Spree
Märk. Museum
Spittelmarkt
Köpenicker Str.
H.-Heine-Str.
Ostbahnhof
Ostbahnhof (ehem. Hauptbahnhof)
Mühlenstr.
East-Side-Gallery
Warschauer Str.
Übergang
Moritzplatz
Schlesisches Tor
Stralauer Allee
Görlitzer Bhf.
Kottbusser Tor
Skalitzer Str.
Prinzenstr.
Böcklerpark
Waldeckpark
Lohmühleninsel
© MERIAN-Kartographie

Immer noch Liebling Kreuzberg

Das alternative Leben am Landwehrkanal ist beschaulich geworden und bunt geblieben.

Gemüse, Kleider, Bücher – die Kreuzberger bekommen im Viertel alles fürs tägliche Leben.

Charakteristik des Spaziergangs Am 1. Mai 1987 wurde Kreuzberg berühmt. Das war der Tag, an dem »Bolle« brannte, ein Supermarkt. Das Viertel wurde zum Inbegriff von Revolte, Anarchie und randalierenden Langhaarigen. Wer so von Kreuzberg sprach, meinte den nördlichen Teil des Bezirks, der als SO 36 (nach dem kaiserzeitlichen Postbezirk benannt) berüchtigt wurde. Der südliche Teil galt immer als integriert. Um den »Freilandversuch der Alternativen im Schatten der Mauer«, der es ohne eigenes Zutun von der Endstation West-Berlins zur Durchgangsstation gebracht hat, ist es ruhig geworden. Wer Berlins armes Alternativ- und Türkenviertel sucht, findet es hier – bunt und ohne jegliche Tristesse.

SERVICE

Beginn des Spaziergangs: U-Bahnhof: Kottbusser Tor
Ende: Paul-Lincke-Ufer, U-Bahn: Schönleinstraße
Dauer: 3 Stunden

Verlassen Sie den U-Bahnhof in Richtung Admiralstraße. Oben stehen Sie am Kotti, am **Kottbusser Tor**, das kein Tor ist, vielmehr ein Platz, vom Verkehr und Lärm umbraust. Viel Beton gibt es hier, einen ganzen Riegel über die Straße, der heißt NKZ, **Neues Kreuzberger Zentrum**. Neu war der Koloss vor 30 Jahren und da schon ein Inbegriff der Trostlosigkeit. Viele Türken leben in den 295 öffentlich geförderten Wohnungen, pflanzen Blumen auf Balkonen, stellen Satellitenschüsseln auf und sagen »Bizim«, unser Haus.

Für diesen Teil Kreuzbergs, der zur Luisenstadt östlich der Friedrichstraße gehörte, waren Ende der 1960er-Jahre gewaltige Veränderungen vorgesehen, Stadterneuerung oder Flächensanierung genannt. »Kahlschlag und Neubau« sagten die Bewohner dazu. Schon in den Fünfzigern war eine Autobahn, die sogenannte Osttangente, geplant, die den Oranienplatz in ein gewaltiges Straßenkreuz verwandeln sollte. Man überließ die Häuser dem Verfall, und die einfachen leer stehenden und billigen Wohnungen wurden für Gastarbeiter interessant, die aus der Türkei kamen. Sie wollten ja nicht lange bleiben. Aber ihre Zahl stieg schon von 1960 bis 1970 von 225 auf mehr als 39 000. Geblieben waren auch Arbeiter, hinzu kamen Bundeswehr-Flüchtlinge aus dem Bundesgebiet und Aussteiger jeder Art. Wer nach SO 36 kam, wollte preußischer Piefigkeit entgehen und fand hier, auf der Insel der Insel, im Norden und Osten von der Mauer, im Süden vom Landwehrkanal begrenzt, sein Idyll. So entstand eine Bevölkerungsmischung, die sich bis heute nicht wesentlich verändert hat und deren unterschiedliche Gruppen – teils zähneknirschend – tolerant nebeneinander leben. Eine gewisse Autonomie und Wehrhaftigkeit hat sich die Bevölkerung dieses Quartiers bis heute bewahrt. Der neue Gegner heißt Immobilienhändler.

West-Berlin-Vorteile

Wer in der Zeit von der deutschen Teilung bis zur Maueröffnung in Berlin lebte, musste keinen Wehrdienst leisten. Mit der Berlinzulage sollte nach dem Mauerbau die Abwanderung aus West-Berlin in die Bundesrepublik gestoppt werden.

Durch Hausbesetzung gerettet

Sie lassen das Kottbusser Tor hinter sich und wenden sich der **Admiralstraße** zu. Sie war eine Straße mit Mietskasernen wie viele andere, aber hier sind die Absichten einer Kahlschlagsanierung sozusagen steckengeblieben. Etliche Neubauten waren schon entstanden, aber manches konnte noch menschenfreundlicher umgeplant werden, sodass am Nordende auf einer 1976 abgeräumten Fläche ein Haus mit einer hofähnlichen Anlage entstanden ist, und hinter der Kreuzung Kohlfurter Straße, am leicht erhöhten Fußweg, kommen Sie an ei-

Sanierung
Im Sanierungsgebiet um das Kottbusser Tor wurden in den Jahren 1964 bis 2002 6350 Wohnungen abgerissen, 4550 modernisiert und 5000 neu gebaut.

nem backsteinroten Komplex mit Schule und Kindergarten und Behindertenzentrum vorbei. Dass auf der Ostseite die Altbauten erhalten sind, ist der Besetzung der schon entmieteten Häuser zu verdanken und ihrer Legalisierung als Selbsthilfeprojekte.

Am Ende der Straße stehen Sie vor dem **Landwehrkanal**. Von der Admiralbrücke, der ältesten 1881 gebauten Brücke über den Kanal, blicken Sie auf die schönen Fassaden am östlich gegenüber liegenden Planufer und westlich auf den **Urbanhafen** mit seinen Restaurantschiffen. Der Hafen ist 1891 angelegt worden, wurde aber schon bald funktionslos und sollte in den 1930er-Jahren zugeschüttet werden. Die Hafenanlagen sind längst verschwunden, das Gelände wurde begrünt und gehört zu den beliebtesten Freizeitflächen des Viertels. Das große graue Gebäude am anderen Ufer ist das Urban-Krankenhaus.

Kiez-Idylle Landwehrkanal

Sie gehen von der Brücke zurück und biegen links in das **Fraenkelufer** mit seiner variationsreichen Bebauung ein. Manche Häuser sind einfach langweilig, andere schön und alt (Nr.30) und oft sanierungsbedürftig. Bei den Hausnummern 38 und 44 fallen Ihnen geschwungene Balkone und vorspringende Wintergärten auf. Auch die Passagiere der Dampferfahrten über den Landwehrkanal sind begeistert, wenn sie an den lustigen Häusern vorbeigleiten. Es sind Renommierobjekte des sozialen Wohnungsbaus, zur Internationalen Bauausstellung (IBA) von 1982 bis 1984 entstanden in einer Mischung aus Jugendstil und Expressionismus, garniert mit anthroposophischen Zutaten, die allen Bauten des Architektenehepaares Inken und Hinrich Baller im Berliner Westen eigen sind. Folgen Sie nun der Biegung nach rechts in den **Erkelenzdamm**.

Hinterhöfe
Hinter jeder Mietshausfassade reihte sich vor gerade hundert Jahren – und oft bis vor 20 Jahren – Hof an Hof, und jeder musste nur so groß sein, dass sich die Feuerwehrspritze im Brandfall drehen konnte, »17 Fuß im Quadrat« laut Polizeiverordnung.

Am schön sanierten **Elisabeth-Hof**, einem der vielen Gewerbehöfe aus dem 19. Jh., kommen Sie vorbei an Wohnwagenplatz und irischer Kneipe und biegen rechts in die Kohlfurter Straße, dann wieder links in die Admiralstraße und stehen an der Skalitzer Straße an der Ampel. Sie erreichen, wenn Sie die Straße überqueren, direkt die Dresdener Straße. Sehen Sie links Möbel-Olfe? Sessel hängen links oben hinter dem Schaufenster der Szene-Kneipe, die so ihre Vergangenheit als Laden inszeniert.

Die **Dresdener Straße** wird Ihnen vielleicht nicht gefallen. Sie ist schmuddelig, zwischen türkischen Teestuben und Internetcafés gibt es ein Grünes Stadtteilbüro rechts und das kleine Programmkino Babylon links. Der von Knöterich überwucherte »Gorgonzola Club« mit Garten im Hinterhof rühmte sich jahrelang der besten Pizzen im Westen, an der Ecke links könnten Sie Süß-

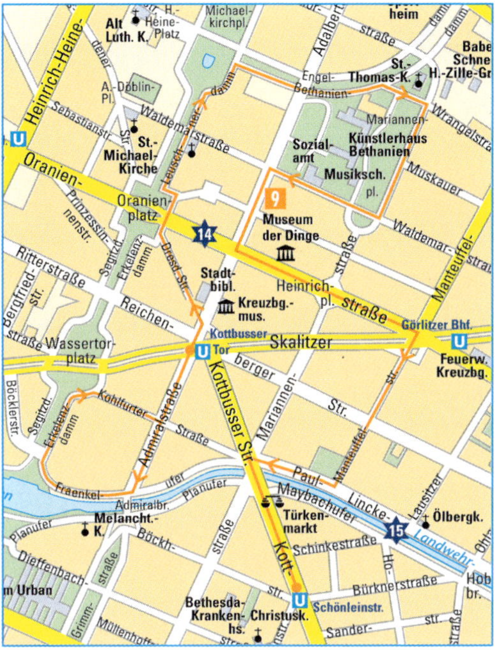

kartoffeln und afrikanischen Haarschmuck kaufen und im Milchladen rechts Naturkost.

Überqueren Sie rechts die **Oranienstraße** und gehen am Oranienplatz entlang und direkt auf »Kuchen-Kaiser«, eine örtliche Institution, zu. Wenn Sie eine Pause brauchen, sind Sie hier richtig. Sonst oder danach biegen Sie rechts in den **Leuschnerdamm** ein und gehen auf dem Grünstreifen in der Mitte weiter.

Ein Kreuzberger Taj-Mahal

Jenseits der **Waldemarstraße** bewegen Sie sich auf dem Mauerstreifen, das Grün weitet sich zu einem kleinen Park, ein offensichtlich indischer Brunnen steht wie hingezaubert auf der Wiese, Bänke im Schatten grüner Rankengewächse umstehen einen See. Würde sich hier die **Michaelkirche** im Hintergrund, die erste katholische Garnisonkirche Berlins (1853–1856), noch im Wasser spiegeln, wäre ein Kreuzberger Taj-Mahal perfekt. Sie stehen hier im 1926 trocken gelegten Luisenstädtischen Kanal vor dem **Engelbecken**. Der meditierende Buddha aus Bronze wurde 1942 eingeschmolzen, jetzt sitzt er wieder, originalgetreu rekonstruiert, an seinem alther-

Der Landwehrkanal (→ S. 109) ist eine Oase der Erholung. Statt Lastkähnen ziehen heute Ausflugsdampfer vorbei.

gebrachten Platz im Rosengarten, der zu Beginn des vorigen Jahrhunderts Indischer Garten hieß.

Luisenstädtischer Kanal

1848, als der Luisenstädtische Kanal entstand, plante Lenné ihn als Achse der Luisenstadt. 1852 wurde er der Schifffahrt übergeben. Backsteine aus märkischen Ziegelbrennereien wurden auf dem Kanal transportiert, die Luisenstadt wuchs, und am Kanal promenierten die Bewohner.

Der **Luisenstädtische Kanal** war ein Arbeits- und Transportweg für die Luisenstadt und zu Beginn des 20. Jh. längst überflüssig geworden. Nur noch wenige Kähne passierten die träge Wasserstraße. Gurkenverkäufer kamen bis hierher aus dem Spreewald. Offensichtlich hatte der Erbauer, der berühmte Gartenarchitekt Peter Joseph Lenné, das Gefälle zum Landwehrkanal falsch angelegt. Gartenbaudirektor Erwin Barth wollte 1926 noch unbedingt verhindern, dass der Kanal zugeschüttet würde, und ihn in eine Parkanlage einbeziehen. Doch seine Pläne scheiterten, zuletzt auch mit der Inflation. Später wurden die ehemaligen Gräben mit dem Bauaushub für die neue U-Bahn-Linie nach Neukölln aufgeschüttet. Nur das Engelbecken blieb. Dann war Krieg, danach war hier Platz für Trümmerschutt. Und dann wurde die Mauer gebaut.

Eine Burg für die Kunst

Sie folgen jetzt dem **Bethaniendamm** nach rechts, sehen Tauben und Ziegen auf dem **Kinderbauernhof**, der in der Hausbesetzerära entstanden ist, und biegen bei der ersten Möglichkeit rechts in eine Grünfläche ein und finden sich hinter der **Diakonissenanstalt Bethanien**, 1845 bis 1847 im Stil der Schinkelschule errichtet. Friedrich Wilhelm IV. hatte eine sozusagen architektonische Staats-

»Das Bethanien ist besetzt« sang Rio Reiser 1971, und das stimmt noch. Die Diakonissenanstalt ist heute Künstlerhaus.

vision, als er Diakonissenanstalt und Krankenhaus von Friedrich Ludwig Persius, Friedrich August Stüler und Theodor Stein planen ließ: eine Fusion von Monarchie, Religion und Gesellschaft. Bethanien wurde eine wehrhafte Burg mit zwei lanzenförmigen Türmen. Wenn Sie das Gebäude umrunden, kommen Sie an einem Schild vorbei, das darauf hinweist, dass im Sommer Freilichtkino angeboten wird. Man sitzt bei der Vorführung entspannt im Liegestuhl. Die Grünanlage rund um Bethanien schuf Lenné. Auch vor dem Haupteingang sehen Sie sein Werk, den **Mariannenplatz**, als gärtnerische Anlage, die um 1980 restauriert wurde.

Fontane
Im Revolutionsjahr 1848 war Theodor Fontane Apotheker in Bethanien.

Die gelbe Burg, deren Eingang geradezu sakral wirkt, ist seit fast drei Jahrzehnten das **Künstlerhaus Bethanien** mit 25 Ateliers, drei Ausstellungsstudios und Medienlabor. 1970 hatte der letzte Patient das Krankenhaus verlassen. Bethanien sollte abgerissen werden, ebenso das Schwesternwohnheim. Am 4. Dezember 1971 war bei einer Fahndung nach RAF-Mitgliedern der 24-jährige Georg von Rauch erschossen worden. Nach einem Konzert der Rockband Ton Steine Scherben drei Tage danach wurde das Schwesternwohnheim als erstes Haus in Berlin besetzt und zum »Rauch-Haus« erklärt. Nach fast zwei Jahre währenden Verhandlungen wurden dem Senat Nutzungsverträge abgerungen und neue Nutzungskonzepte entwickelt. So wurde in dem riesigen Komplex nicht nur Platz für das Künstlerhaus Bethanien geschaffen; auch das Kunstamt Kreuzberg,

»König von Deutschland«
Wo Rio Reiser mit der Rockband Ton Steine Scherben in der Bundesrepublik auftrat, schliefen Stadtväter schlecht. Denn danach wurden Häuser besetzt oder Zelte brannten …

»Unser Haus«

Im Juni 2005 besetzten ca. 100 Leute einen Flügel von Bethanien. Wenige Tage zuvor war das bis dahin letzte besetzte Haus Berlins nach 17 Jahren geräumt worden. Jetzt droht das Künstlerhaus mit Auszug – zu viel Chaos!

das Sozialamt, eine Musikschule, eine türkische Bibliothek und eine Druckwerkstatt zogen ein. Es war zudem noch genug Raum für Ateliers vorhanden.

Immer wieder Blaulicht

Hausbesetzungen als Antwort auf Wohnungsnot, verfehlte Sanierungspolitik und kalkulierten Leerstand gehörten schnell zum Kreuzberger Alltag. Über die Hälfte von fast 300 besetzten Berliner Wohnungen in den 1980er-Jahren standen in Kreuzberg. Zum Umgang mit Besetzern wurde die »Berliner Linie« beschlossen. Dabei sollten mit den Nutzern bereits besetzter Häuser Verträge abgeschlossen, neu besetzte Häuser aber binnen 48 Stunden geräumt werden. Die Räumung von acht besetzten Häusern, bei denen im September 1981 der 18-jährige Klaus Rattay auf der Flucht vor der Polizei unter den Reifen eines Busses starb, geriet fast zum Bürgerkrieg.

Das flackernde Blaulicht der Polizei ist für Jahrzehnte zum Markenzeichen des Mariannenplatzes geworden sowie die Straßenkämpfe und Hausbesetzungen für das ganze Viertel. Der »Kampf gegen das Establishment« in jeder Form zog immer Sympathisanten wie Neugierige an. In wirklich jeder Form. Als die ersten teureren Restaurants sich in den später 1980er-Jahren in Kreuzberg niederließen, reagierte eine neue Gruppe »Klasse gegen Klasse« mit Provokationen und Anschlägen.

Friedlich sprüht Wasser aus dem Feuerwehrbrunnen am Mariannenplatz. Schlagzeilen machen am 1. Mai Polizei-Wasserwerfer.

Kunst und Kultur an der O-Straße

Sie überqueren den **Mariannenplatz** bis zu seiner Schmalseite mit dem Feuerwehrbrunnen von Kurt Mühlenhaupt und biegen rechts in die Waldemarstraße ein und links in die Adalbertstraße.

Sie gehen wieder links in die **Oranienstraße**, die hier nur O-Straße heißt. Als »Kudamm der Armen« belächelt, ist sie doch die Geschäftsstraße des Viertels und war vor dem Krieg mit Warenhäusern und als Zentrum jüdischen Lebens sogar der »Kurfürstendamm des Ostens«. Hier entfaltet sich ein buntes, quirliges Leben mit allen erdenklichen Läden, Cafés und Imbissstuben. Es duftet nach frisch gebackenem Brot, rund um die Uhr können Sie bei Melek Pastanesi Schrippen (für Nicht-Berliner: Brötchen) und orientalische Süßigkeiten kaufen, Tee und Kaffee trinken, es gibt ein Antiquariat davor und ein modernes Antiquariat dahinter, Fahrräder, einen günstigen Friseur und Knofi, der viel mehr Obst und Gemüse als Knoblauch verkauft, bei Verrutschi gibt es Mode usw., usw.

14 **Nacht der Bücher**

Jedes Jahr im Frühsommer gibt es eine »Lange Buchnacht« mit Lesungen und Verkäufen an mehr als 30 Orten um die Oranienstraße.

Über Nummer 26 steht DIM, **Die Imaginäre Manufaktur**, Verkaufsraum der Blindenanstalt von Berlin, die hier vor mehr als 100 Jahren Schule und Beschäftigungsort einrichtete. Im Schaufenster sehen Sie, dass nicht nur Besen, Bürsten und Korbwaren hergestellt werden, sondern ein neues Design mit bekanntem Material entwickelt wird. NGBK nebenan heißt **Neue Gesellschaft für Bildende Kunst**, deren Mitglieder ihre Projekte in Teams mit Veranstaltungen, Vorträgen, Aktionen und Filmreihen realisieren. So ist die O-Straße für viele reicher, vor allem lebendiger als der Kurfürstendamm, wo es nicht einmal mehr eine Buchhandlung gibt.

Museum der Dinge

Das Werkbundarchiv, das die Geschichte der Alltagskultur erforscht und dokumentiert, ist in die Oranienstraße 25 gezogen und zeigt seine Schätze Fr–Mo von 12–19 Uhr.

Kunst gehörte hier immer zum Leben, auch wenn viele der Künstler, die in den 1960er-Jahren zur Kreuzberger Bohème gehörten, wie Kurt Mühlenhaupt und Friedrich Schröder-Sonnenstern, ihre Montmartre-Träume mehr im südlich gelegenen Kreuzberg pflegten. Aber im längst abgerissenen Hinterhaus in der Nr. 27 hatten die Bildhauer Günter Anlauf, der Grafiker und Schriftsteller Günter Bruno Fuchs und Robert Wolfgang Schnell eine Galerie gegründet. Ihre Absicht, Menschen zu vermitteln, dass Kunst zum alltäglichen Leben gehört, galt als vermessen, ihre Ausstellungen provozierten. Sie waren wohl die Ersten, die Kreuzberg über Berlin hinaus bekannt machten, ebenso wie die Kneipen, etwa die »Jägerklause« gegenüber, die heute »Bierhimmel« heißt, von deren schrillen Aktionen und Gelagen man erzählte.

SO 36, Oranienstraße 187, als SubOpus gegründet, entzog sich als Verein dem Image des Konzertsaals in der Grauzone von Legalität und Illegalität, in den schon in den 1980er-Jahren Straßenkämpfer vor den Wasserwerfern der Polizei flüchteten. Im legendären Treff der Punksze-

Innen groß und außen sonnig, so ist »Kuchen-Kaiser« *(→ S. 103)* *am Oranienplatz Legende, vielen auch zweites Wohnzimmer.*

ne wurden Iggy Pop und David Bowie gesehen, heute gibt es abwechselnd Bingo, Karaoke, Lesungen, Shows, Tanztee (»Café Fatal«), schwullesbische Abende (»Hungrige Herzen«) und dasselbe Programm auf türkisch.

Revolte aus der »Roten Harfe«

Mit dem **Heinrichplatz** erreichen Sie den Ort, der immer als Zentrum des gefährlichen Kreuzberg galt. Im »Elefanten« sowie in der »Roten Harfe« wurden in den 1970er-Jahren Gegenstrategien zu den Senatsplänen für Hausabrisse und Neugestaltungen ausgeheckt und die Revolte gegen die Staatsmacht geplant. Kiez-Fremde waren hier nicht erwünscht. Heute kann man in der »Roten Harfe« bis 16 Uhr frühstücken, und im ersten Stock lockt die »Oriental Lounge« mit Separees und Wasserpfeifen, den Blick auf den Platz gibt es gratis.

Und dann sind Sie schon am östlichen Ende der Straße, die hier zur **Wiener Straße** wird, wo »Bolle« stand und am 1. Mai 1987 in Flammen auf- und somit unterging. Der 1. Mai blieb in Kreuzberg ein Feuertag. Die Polizei plant jährlich neue Strategien, ebenso wie die Bewohner ihr »Myfest«. Aber ganz ohne gigantische Polizeiaufgebote und Kämpfe ist es vor 2005 eigentlich nie gegangen.

Sie biegen nach rechts in die Manteuffelstraße ein und stehen gleich darauf vor der **Skalitzer Straße**, die an der Spree auch an der Mauer endete. Über Ihnen fährt die U-Bahn als Hochbahn auf der Strecke, die in der rasanten 1980er-Jahre-Revue »Linie 1« vom Grips-Theater Weltkarriere gemacht hat.

»Linie 1«
Die Revue von Volker Ludwig wurde in 40 Ländern in 36 Sprachen aufgeführt. In Berlin lief die Revue 2001 zum 1000. Mal und wurde 2005 wieder ins Programm des Grips-Theaters genommen.

Sie überqueren die Skalitzer und folgen der Manteuffelstraße über die Reichenberger Straße bis zum **Paul-Lincke-Ufer**. »Das ist die Berliner Luft, Luft, Luft ...« klingt seine bekannte Melodie auch heute noch aus manchem Leierkasten dort, wo die Flaneure und Touristen sind wie Unter den Linden. Aber wer kennt noch »Frau Luna«, einst die bekannteste seiner Operetten?

Zwischen Ober- und Unterspree

Gehen Sie rechts an den Cafés und Restaurants mit den Terrassen am Landwehrkanal entlang. Sie sind nicht weit vom Fraenkelufer entfernt, wo Sie schon zu Beginn auf den **Landwehrkanal** getroffen sind. Begonnen wurde der Kanal schon 1830, um die viel befahrene Spree zu entlasten, aber erst 1845 bis 1850 wurde er unter Leitung Lennés beendet. Auf 10,3 km Länge verbindet er die Oberspree von der Schlesischen Straße mit der Unterspree in Charlottenburg. Wenn Dienstag oder Freitag ist, sehen Sie am gegenüberliegenden **Maybachufer** den **Türkenmarkt**, zwar schon in Neukölln, aber mit eindeutigem Kreuzberger Flair. Wenden Sie sich an der Kottbusser Brücke nach links, und Sie erreichen in wenigen Minuten die U-Bahn Schönleinstraße, nicht viel weiter geht es rechts zur U-Bahn Kottbusser Tor.

Kreuzkölln
Nord-Neukölln am Landwehrkanal entwickelt sich mit neuen Kneipen und Galerien und wird als beliebter Wohnort mit Kreuzberger Flair mittlerweile Kreuzkölln genannt.

ADRESSEN & SERVICE

Künstlerhaus Bethanien Ausstellungen Mi–So 14–19 Uhr

Grips-Theater Berühmtes Kinder- und Jugendtheater mit immer neuen Produktionen zu aktuellen Themen. Altonaer Str. 22; U-Bahn: Hansaplatz; Tel. 030/39 74 74 77; www.grips-theater.de

Türkenmarkt Di und Fr, 12–18 Uhr, Maybachufer

Schiffsfahrten An der Kottbusser Brücke am Maybachufer kann man von April bis Oktober zu einer City-Rundfahrt über Spree und Landwehrkanal (ca. 3 Stunden) starten. Abfahrten 10.45 und 14.45 Uhr; www.reederei-riedel.de 15

ESSEN & TRINKEN

Hasir Hier liegt die Keimzelle einer bemerkenswerten türkischen Familien-Restaurantkette mit Imbiss und schickem Spezialitätenrestaurant. Man isst günstig bei gleichbleibend guter Qualität und das rund um die Uhr. Auch wer nur auf ein Glas Tee kommt, ist gern gesehen. Adalbertstr. 10; Tel. 030/6 14 23 73 •

Iskele Ägäisches Fischrestaurant auf dem Landwehrkanal. Gegenüber Planufer 82; Tel. 030/69 50 72 65; Mai–Sept. Mo–Sa ab 12, Okt.–April ab 17, So und Feiertage ab 10 Uhr •

Jolesch Österreichische Küche, abends Menüs, aus der Karte frei kombinierbar. Muskauer Str. 1; Tel. 030/6 12 35 81; tgl. 10–1 Uhr ••

Das Lebensgefühl Prenzlberg

Das Arbeiterviertel wurde zum Mythos und nach der Wende zum Trendbezirk.

Als Hochbahn überspannt die U-Bahn die Schönhauser Allee und fährt bis Pankow.

Charakteristik des Spaziergangs Noch bröckeln hier und da altersgraue Fassaden, aber schmuck renovierte Häuser überwiegen längst rund um den Kollwitzplatz, der als intellektuelles Herz des Viertels gilt. Nirgends ist Berlin so auffallend schön, so jung und anziehend wie hier und noch mit morbidem Charme und Schmutz hinter der nächsten Ecke vereint. Der größte Teil der Bevölkerung in Prenzlauer Berg ist neu zugezogen, und wer nicht zur Schickeria gehören will, zieht dahin, wo es noch »schön ostig« ist. Aber auch da, wie in der Schönhauser Allee, am Arnswalder Platz, am Helmholtzplatz und anderswo, verändert sich das Bild von Tag zu Tag. Das Arbeiter- und Intellektuellenviertel ist eigentlich schon Vergangenheit.

SERVICE

Beginn und Ende des Spaziergangs: U-Bahnhof Senefelderplatz
Dauer: 2 Stunden

Der **Senefelderplatz** liegt auf einer Anhöhe, dem einstigen Pfefferberg. Scheinbar endlos und gerade zieht sich hier die **Schönhauser Allee** nach Norden. Vor 150 Jahren führte sie noch als Ausfallstraße vor die Tore der Stadt durch Wiesen, Weiden und Felder. Erst mit der Reichsgründung 1871 setzten Bauboom und Industrialisierung ein. Bereits 50 Jahre später platzte der nach Groß-Berlin eingemeindete Bezirk aus allen Nähten. Auf 10 qkm lebten 325 000 Menschen, mehr als sonst wo in der Stadt. Sie wohnten in meist fünfstöckigen Mietskasernen mit vielen eng umbauten und daher dunklen Höfen, oft in Einzimmerwohnungen mit Wohnküche und Außentoilette.

Stadtplanung
Baurat James Hobrecht plante den Prenzlauer Berg wie Haussmann Paris mit einem strengen Straßennetz – regelmäßig unterbrochen durch Plätze.

Das **Denkmal für Alois Senefelder** (1771–1834), vor dem Sie stehen, war bis 1945 das einzige im Bezirk. Der Bildhauer Rudolf Pohle meißelte den Erfinder der Lithografie 1892 für die späte Ehrung in Marmor. Wie beim Steindruck, den Senefelder erfand, steht sein Name in Spiegelschrift am Sockel. 1896 wurde der Thusneldaplatz nach ihm umbenannt.

Wenn Sie nach rechts in die **Metzer Straße** einbiegen, bewegen Sie sich schon auf ein Gelände zu, das **Windmühlenberg** hieß. Hier auf dem Barnim-Plateau, das die letzte Eiszeit schuf, zwischen Metzer und Saarbrücker Straße, wurden zu Beginn des 19. Jh. in mehr als 30 Windmühlen Getreide und Branntweinschrot gemahlen. Die Erfindung der Dampfmühle 1826 brachte ernsthafte Konkurrenz, aber bis Ende des Jahrhunderts noch keine wirkliche Gefahr für den Betrieb. Die kam erst mit der Bebauung, jedoch einer früheren als die, die Sie heute noch sehen. Ein mit Bomben beladenes Flugzeug stürzte 1943 westlich des Senefelderplatzes ab und zerstörte den ganzen Block zwischen Kollwitzstraße, Metzer-, Straßburger- und Belforter Straße.

Folgen Sie der **Kollwitzstraße** ein Stück nach links. Gleich hinter dem Abenteuerspielplatz weisen stuckverzierte Fassaden auf herrschaftliche Häuser hin. Die Wohnungen in den Vorderhäusern waren vergleichsweise großzügig gestaltet und Beamten und anderen Repräsentanten der besseren Gesellschaft vorbehalten. In den Kellerwohnungen und Souterrainläden, wie sie in dieser Straße zu sehen sind, lebten und arbeiteten Handwerker. Biegen Sie gleich rechts in die **Belforter Straße** ein. An deren Ende liegt das **bat** oder auch Berliner Arbeiter- und Studententheater. Die Schauspielschüler der Hochschule Ernst Busch zeigen hier bemerkenswerte Aufführungen.

bat
Wolf Biermann fand die Räume im ehemaligen Hinterhofkino Roxy 1960, als er einen Raum für ein eigenes Theater suchte. Brecht-Schüler wollten hier die Werktätigen auf neue Art für das Volkstheater begeistern.

Rund um den Weinberg

Sie wenden sich aber nun nach links in die **Kolmarer Straße** und erklimmen am Wasserturm einen Berg, von dem aus Sie die nähere Umgebung überblicken können. Als Platz mit Büschen und Bänken gestaltet, wird der überragende Ort an lauen Sommerabenden zum Treffpunkt meist junger, Musik liebender Menschen. Im Frühjahr 2005 wurden am Hang Reben angepflanzt.

1855/56 hatte eine englische Firma hier ein **Wasserwerk** mit schlankem, minarettartigem Steigrohrturm, offenem Tiefbecken und massivem Wasserturm errichtet. 1877 nahm das Wasserwerk den Betrieb auf, wurde aber bereits 1915 stillgelegt und zu einem Wohnhaus ausgebaut. Ein dunkles Kapitel hat auch dieser Ort: Während des Naziregimes war auf dem Gelände ein Konzentrationslager eingerichtet, der Keller des Wasserturms war eine berüchtigte Folterstätte.

Wenn Sie den Blick über die Häuser am nahen Kollwitzplatz streifen lassen, stellen Sie fest, dass mit dem Ausbau von Dachgeschossen viel neuer Wohnraum entstanden ist. Er gehört zu den teuren der Stadt.

Verlassen Sie den Berg, liegt vor Ihnen die **Rykestraße** und gleich links, im Hof des Hauses Nr. 53, mit 2000 Plätzen Berlins größte **Synagoge**, die die Nazis wegen der angrenzenden Häuser nicht zerstörten. Sie wurde entweiht und zum Magazin und Pferdestall, 1953 aber in Stand gesetzt und wieder geweiht. Mit Jazz und Gospelrhythmen feierte die Gemeinde 2004 das hundertjährige Bestehen des neoromanischen Gotteshauses, das in Form einer dreischiffigen Basilika angelegt ist. Sie können es nicht besichtigen, aber einen Blick durch das schmiedeeiserne Tor mit den Davidsternen werfen. Links, hinter der Backsteinfassade des Vorderhauses, lag die jüdische Volksschule.

Schmuck ist die Rykestraße geworden. Stuck, frischer Putz und neue Farben verbergen die wilhelminische Einheitsarchitektur vom Beginn des vorigen Jahrhunderts nicht, und selbst das letzte graue Haus in der Straße – falls es so eins noch gibt, wenn Sie kommen – verrät die einstige Arbeitersiedlung. Noch in den 1970er-Jahren spielte der OstBerliner Magistrat mit dem Gedanken, die Häuserzeilen komplett abzureißen und durch Plattenbauten zu ersetzen, setzte sie dann aber ersatzweise dem allmählichen Verfall aus.

»Prenzlberg«
Die heute übliche Verniedlichung »Prenzlberg« hat sich aus der amtlichen Abkürzung Prenzl. Berg abgleitet und wird mittlerweile von Alt- wie Neubewohnern als Anbiederung abgelehnt.

Zufluchtsort von gestern

Der Verfall machte den Bezirk Prenzlauer Berg – der heute zum Bezirk Pankow gehört – für unangepasste Ostler zur Zuflucht und für ebensolche Westler zum Mythos, der bis heute gepflegt wird. Wer nach Berlin wollte, in

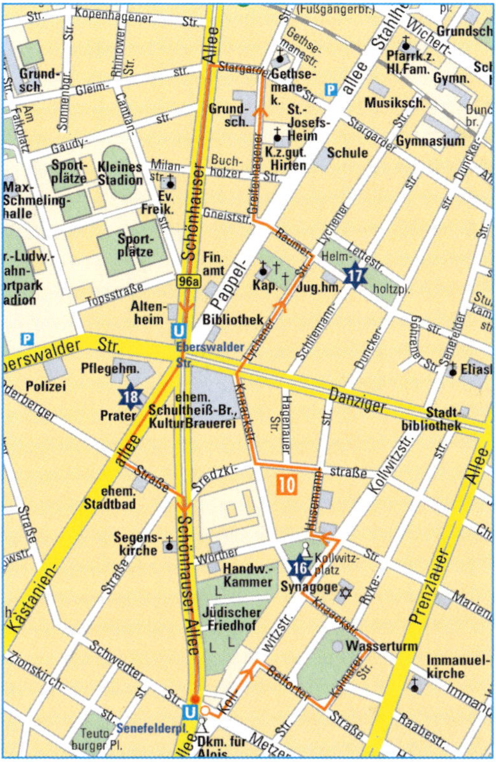

die Anonymität der Großstadt – und das wollten viele –, besetzte eine verlassene Wohnung in Seitenflügel oder Hinterhaus, ging nach einigen Monaten zum Wohnungsamt und bekam einen Mietvertrag. Im schlechtesten Fall wurde ein Bußgeld fällig. Oder man ging eben nicht zum Wohnungsamt. So lebten hier Schriftsteller neben Malerinnen, Fotografen und Filmemacherinnen neben Arbeitern und älteren Leuten, die den Wechsel in die »bessere Gesellschaft« – auch – nicht geschafft hatten. Veränderungen waren nicht zu erwarten, Handwerker mieden die Gegend. West-Berliner missverstanden den Weg der Hausbesetzung aufgrund eigener anderer Erfahrung schon als politischen Protest.

Gehen Sie von der Synagoge nach rechts in die Knaackstraße und zum **Kollwitzplatz**, der bis 1947 16
Wörther Platz hieß. Wollten Sie in jedes Café, jedes Restaurant, in jede Kneipe einkehren, der Spaziergang würde sich unabsehbar verlängern. Das Kneipenzeitalter hat erst nach dem Mauerfall begonnen. Früher traf

Spießer-frei

erleben die Bewohner um den Kollwitzplatz ihre Nachbarschaft. Das hat eine Sozialstudie am Ende der 131 Millionen teuren Sanierung (60 Hektar von 1993 bis 2007) ermittelt. Sie sind gebildet und zahlen hohe Mieten, zwei Drittel sind zwischen 18 und 45 Jahre alt, und nur 17,3 Prozent wohnten schon vor der Sanierung im Gebiet.

Entzückend Überflüssiges oder modisch Notwendiges, Lampen oder Möbel kauft, wer will, in der Rykestraße (→ S. 112).

IM
Sascha Anderson wurde als Szenepapst, als Dichter und Philanthrop gefeiert und auch im Westen berühmt. 1986 war er der exilierten Ost-Bohème-Szene nach West-Berlin gefolgt. Rekonstruierte Stasi-Akten bewiesen, dass er seit 1971 als Inoffizieller Mitarbeiter (IM) für die Staatssicherheit gearbeitet hatte. Wolf Biermann hatte in seiner Büchner-Preisrede schon 1991 von Sascha »Arschloch« Anderson gesprochen.

man sich privat, redete, trank etwas, zog zum nächsten … Im Februar 1989 allerdings besetzten einige junge Leute die ehemalige **Likörfabrik Westphal** am Kollwitzplatz und eröffneten ein Café, das zu einem der bekanntesten Treffpunkte der Alternativszene wurde.

Was Westler am Prenzlauer Berg faszinierte, war das Heimliche, Subversive. Auch wer im Osten an den heimlichen Treffen verschiedener Gruppierungen teilnahm, sah den Beginn der Kulturrevolte, die den Bezirk zum Mythos machte. 1985 war in der Bundesrepublik die Anthologie »Berührung ist nur eine Randerscheinung« erschienen, in der viele vertreten waren, die zu der Zeit in der Literaturszene im Prenzlauer Berg Rang und Namen hatten. Die Herausgeber hießen Elke Erb und Sascha Anderson. Das Buch wurde zum Geheimtipp der Literaturfreunde, die eine neue Sprache aus einer anderen Welt bewunderten.

Erinnerung an ein Armenviertel

Am Spielplatz in der Mitte des Kollwitzplatzes klettern Kinder auf einer sichtlich müden **Käthe Kollwitz**, dem Bronzedenkmal, das Gustav Seitz 1958 schuf. Mehr als 50 Jahre hat die Bildhauerin und Grafikerin mit ihrem Mann, dem Armenarzt Karl Kollwitz, in der Weißenburger Straße 25, der heutigen Kollwitzstraße, gelebt.

Das »Restaurant 1900« an der Ecke **Husemannstraße**, in die Sie jetzt einbiegen, gab es schon zu DDR-

Über Berlin hinaus ist der Imbiss Konnopke (→ S. 119) unter der Hochbahntrasse der U2 als Currywurst-Instanz bekannt.

Zeiten. Die Straße wurde für das 750-jährige Bestehen der Stadt Berlin 1987 originalgetreu saniert, das heißt Parterre und Souterrain und auch nur bis zur Kreuzung mit der **Sredzkistraße**. Eigentlich sind die Häuser hier Vorläufer der Plattenbauweise, denn der Deutsch-Holländische Actienverein, der sie Ende des 19. Jh. gebaut hatte, nutzte genormte Fassadenelemente, Deckenbalken und Balkonbrüstungen. Das ging schnell, war billig, und die Ziegel wurden in der Nähe, in einer Ziegelei am Helmholtzplatz, gebrannt. Gusseiserne Laternen gab es, Zunftzeichen und historische Straßenschilder – Museen bewahrten die Vergangenheit. Die Museen sind längst wechselnden Läden und Restaurants gewichen, die hellen Wände sind mit Graffiti besprüht.

Käthe Kollwitz

Das Haus an der Ecke Knaackstraße, in dem Käthe Kollwitz wohnte, wurde 1943 zerbombt. Die Künstlerin, die viele ihrer Modelle vor der Haustür fand, hatten die Nazis aus der Akademie der Künste ausgeschlossen und sie mit Ausstellungsverbot belegt. Schon Kaiser Wilhelm II. schmähte ihre Werke in aller Öffentlichkeit.

Vergnügungsort auf Werksgelände

Sie biegen links in die Sredzkistraße, gehen an Läden und Restaurants vorbei, bis Sie der **KulturBrauerei,** auf der rechten Straßenseite, gegenüberstehen. Was wie eine große gelbe Ziegelburg aussieht, ist 1890 bis 1910 nach Plänen des Architekten Franz Schwechten für Jobst Schultheiß gebaut worden. Der hatte das Gelände gekauft, auf dem seit 1842 schon der Chemiker und Apotheker Heinrich Prell seine Norddeutsche Lagerbierbrauerei betrieben hatte. Schultheiß hatte das Geschäft nach Prells Tod fortgesetzt. Brauerei und Bier trugen nun also den Namen Schultheiß, und die Brauerei war

Brauereien
Im 19. Jh. war das Barnim-Plateau zum Brauereizentrum Berlins geworden. Der bayrische Bierbrauer Pfeffer hatte 1841 an der Schönhauser Allee eine Brauerei mit Biergarten eröffnet. Die Bötzow- und die Königsstadtbrauerei standen in der Saarbrücker Straße, Groterjan braute an der Milastraße. Heute wird in Prenzlauer Berg kein Tropfen Bier mehr gebraut.

bald die größte in ganz Deutschland. Erst 1967 wurde der Betrieb in Prenzlauer Berg eingestellt.

Gehen Sie neben dem Kino hinein. Links hasten Leute zum Supermarkt, rechts wird an Biergartentischen geschwatzt und getrunken, und Sie fühlen sich schnell wie in einer Stadt in der Stadt. »Pferdestall«, »Kesselhaus« und »Alte Kantine« lesen Sie in großen schwarz glänzenden Lettern. Das war gestern und ist nur gefällig restauriert, und die Arbeitsorte von früher sind heute Veranstaltungsorte. Man kommt ins Theater, zur Lesung oder zum Tanzen – rundum Kultur eben.

Eine Kommerzialisierung befürchteten Anwohner und Vereine, die das Gelände für sich nutzen wollten, als 1997 die Umnutzung der denkmalgeschützten Trutzburg zur Debatte stand. Das stimmt, und es funktioniert. Das Theater Sonnenuhr, bei dem Behinderte mit Nichtbehinderten auftreten, hat hier seinen Platz wie das Multiplex-Kino. Im Zweiten Weltkrieg schufteten ukrainische Zwangsarbeiterinnen in den bombensicheren Tiefkellereien der Brauerei bei der Rüstungsproduktion. In den letzten Kriegstagen verschanzten sich 1000 Soldaten auf dem Gelände. Deserteure und Anwohner, die die weiße Fahne gehisst hatten, wurden standrechtlich erschossen.

Kunst und Kommerz haben auf dem großen Gelände der Kultur-Brauerei sowohl ihr Publikum als auch ihr Auskommen gefunden.

Um den Helmholtzplatz

An der Knaack-/Ecke Danziger verlassen Sie das Gebäude, überqueren die viel befahrene Danziger Straße, die zu DDR-Zeiten Dimitroffstraße (nach dem bulgarischen Kommunistenführer Georgi Dimitroff) hieß, und gehen auf der Lychener Straße weiter. LSD heißt das Gebiet um den Helmholtzplatz im internen Sprachgebrauch, und das hat nichts mit Drogen zu tun, sondern fasst nur die Lychener-, Schliemann- und Dunckerstraße zusammen. Ein Gasthaus neben dem anderen: Hier isst man vietnamesisch, afrikanisch, indisch, spanisch, kubanisch, koreanisch ... Rapide hat nach der Wende der Anteil ausländischer Bevölkerung zugenommen, die Kunde vom Aufbruch im »wilden Osten« war schnell weit über die Landesgrenzen hinausgetragen worden.

An der Ecke Raumerstraße erreichen Sie den **Helmholtzplatz**, 1897 nach dem Arzt Hermann Ludwig Ferdinand von Helmholtz benannt, der den Augenspiegel erfand und so die Untersuchung des Augenhintergrundes ermöglichte. Da war die Ziegelei schon abgeräumt, deren Produkte Sie gerade in der Husemannstraße bewundert haben. 17

Ort der friedlichen Revolution

Biegen Sie nach links in die Raumerstraße, überqueren die Pappelallee zur Gneiststraße und biegen dann nach rechts in die Greifenhagener Straße. An der Ecke Stargarder Straße stehen Sie vor der **Gethsemanekirche**, die im Herbst 1989 mit Mahnwachen und am 7. Oktober, als das 40-jährige Bestehen der Republik gefeiert wurde, auch mit Auseinandersetzungen mit der Staatsmacht und Verhaftungen vor dem Gotteshaus von sich reden machte. Ihre Größe und die innere Form eines Oktogons, aber auch ein toleranter Pfarrer Werner Widrat machten diese Kirche so geeignet für Versammlungen – zuerst des Weißenseer Friedenskreises, der Umwelt-Bibliothek, der Kirche von Unten. Menschen kamen, um nach ihren verhafteten Angehörigen zu fragen, neue Bewegungen verkündeten ihre Gründung, Initiativen veröffentlichten Adressen, die Kirche wurde zur Nachrichtenzentrale. Das Engagement war zu der Zeit für jeden einzelnen eine mutige Tat. Aber hier erfuhr man auch von Hausdurchsuchungen, Schnellgerichtsurteilen, Ausweisungen und Solidaritätsaktionen. Demonstrationen endeten hier, Kerzen flackerten, vor der Kirche wuchs ein Wachsberg.

Geretteter Christus

Aus der Versöhnungskirche, die den Grenzanlagen an der Bernauer Straße weichen musste, wurde die Christusfigur geborgen und in der Gethsemanekirche, in Mauerzeiten ein Hort der DDR-Opposition, aufgestellt.

1890 bis 1893, als die Kirche gebaut wurde, stand sie noch allein. Ihr Architekt August Orth hatte schon die Zionskirche entworfen, die jedoch ganz anders aussieht. Hier hat er dem historistischen Rundbogenstil Schmuckelemente zugefügt, wie sie später üblich wurden.

Wohin am Kollwitzplatz (→ S. 113)? Die Entscheidung fällt schwer. Vielleicht zum »Gugelhof«, wo schon Bill Clinton speiste.

Die Stargarder Straße führt direkt auf die **Schönhauser Allee**. Das **Kino Colosseum** gegenüber an der Ecke Gleimstraße steht dort, wo die Große Berliner Pferde-Eisenbahn AG 1894 eine 77 m lange Wagenhalle mit Schmiede hatte errichten lassen. 360 Pferde trabten zur Jahrhundertwende über den Hof zu ihren Ställen. Als Omnibusse den Pferden die Arbeit wegnahmen, rollten – bis 1918 – Busse ins Depot. 1924 wurde eine Wagenhalle zum Kino für das Arbeiterviertel umgebaut, unterm Parkett lagen die Schienen. Auf 1200 Plätzen genossen hier die Berliner die Stummfilmzeit. Für Begleitmusik sorgte ein Orchester. Bei Massenarbeitslosigkeit und Inflation blieb das Publikum weg. Mit der Ufa, die das Haus 1930 übernahm, begann das Zeitalter des Tonfilms. Im Zweiten Weltkrieg wurde das Haus als Lazarett gebraucht, dann hatten die Sowjets Hausrecht und genehmigten erste Theatervorstellungen für Kinder. 1957 wurde es, wieder umgebaut, zum Premierenkino der Defa und zum ersten Totalvisionskino der DDR. Seit 1997 leuchtet, nach erneutem Umbau, der blaue Originalschriftzug wieder am Nachthimmel.

Pankow

In Pankow hatte sich die erste DDR-Regierung abgeriegelt und eingerichtet. Als Ostdeutschland für Westdeutsche die »Ostzone« war, galt Pankow als Synonym für die Regierung der DDR. Udo Lindenbergs »Sonderzug nach Pankow« machte den Regierungssitz quasi populär.

Protokollstrecke Schönhauser Allee

Die **Schönhauser Allee** als »Protokollstrecke«, über die die Regierungsmitglieder zur Arbeit nach Pankow fuhren, genoss manches Privileg. So wurde sie 1957 zum ersten innerstädtischen Sanierungsgebiet, Häuser wurden modernisiert und Lücken, die der Krieg geschlagen hatte, geschlossen. Auch als die Funktionärselite nach

Wandlitz umgesiedelt worden war, das über die Greifswalder Straße zu erreichen war, blieb die Schönhauser Allee doch der Weg zum Gästehaus der DDR-Regierung im Schloss Schönhausen. Sie war eine beliebte und lebendige Straße, und erst nach dem Mauerfall mit Mietsteigerungen, Ansprüchen von Alteigentümern und vielen Baustellen verödete sie streckenweise. Jetzt belebt sie sich allmählich wieder, es gibt neue Läden, und frische Farben ziehen wieder ein. Gehen Sie die Schönhauser Allee in Richtung Süden hinunter.

An der Ecke Buchholzer Straße sehen Sie einen düsteren dunkelroten Klinkerbau, ähnlich denen in der Gneiststraße und in der Greifenhagener Straße. Alle haben denselben Bauherrn. Hier steht das Wohnblockensemble **Bremer Höhe**. 1853 hatte die Berliner Gemeinnützige Baugesellschaft auf dem Grundstück an der Ecke Schönhauser Allee nach dem Vorbild der englischen Wohnungsreformbewegung Häuser für Arbeiter gebaut, die ihnen nach 30-jähriger Mietzahlung gehören sollten. »Unsittlicher oder liederlicher Lebenswandel« sollte laut Mietvertrag zu Verlust der Wohnung führen, und so wurde die vermeintliche Wohltat wohl nicht zu Unrecht als Disziplinierungsmaßnahme verdächtigt. Die Baugesellschaft, deren Hauptfinanzier ein Senator aus Bremen war, geriet in finanzielle Schwierigkeiten. Um den Verkauf zu verhindern, gründeten 54 Mieter 2000 eine Genossenschaft, kauften und sanierten die Gebäude mit heute 460 Wohnungen und legten die Höfe zusammen. 2007 wurden sie als beste Berliner Nachbarschaft ausgezeichnet.

Bacigalupo
Von 1880 bis 1978 war die Orgelfabrik G. Bacigalupo in der Schönhauser Allee ansässig. Der Italiener Bacigalupo baute Drehorgeln und vermietete sie an Landsleute, die damit von Hof zu Hof zogen und spielten, bis die Leute Geldstücke aus dem Fenster warfen, das Kinder für die Spieler einsammelten.

Auf der anderen Straßenseite sind zu den Weltjugendfestspielen 1951 ein Stadion und Sportplätze, der **Friedrich-Ludwig-Jahn-Sportpark**, entstanden. Das Gebäude, das Sie im Hintergrund sehen, ist die **Max-Schmeling-Halle**, hinter der, von hier aus gesehen, der **Mauerpark** verläuft (→ S. 90).

An der großen Kreuzung, unter dem **U-Bahnhof Eberswalder Straße**, »wo Berlin am berlinischsten ist«, wie Ureinwohner behaupten, steht seit 1930 die legendäre Würstchenbude **Konnopke**, ein Familienunternehmen, das wegen seiner Currywurst nach der Wende zum Geheimtipp wurde und längst über Berlin hinaus bekannt ist.

»Volksbühne« seit 1852

Sie überqueren die Straße und gehen in die Kastanienallee. Staubschwarze Wände sollten Sie nicht erschrecken. Gehen Sie am gelben Haus auf der rechten Straße (Nr. 7–9) in den **Prater-Garten**. 1852 als Ausflugsziel und Vergnügungsstätte vor den Toren der Stadt eingerichtet, bot er Platz für Sommertheater, Hofkonzerte und Operettenabende. Als die Gegend dicht

18

Kastanienallee
Bei den Berlinern heißt die Kastanienallee längst Castingallee – wegen der schönen jungen Menschen, die hier täglich promenieren.

Ganz unauffällig liegt der Jüdische Friedhof an der Schönhauser Allee mit den Gräbern von Max und Martha Liebermann.

Hochbahn

Wer die Schönhauser Allee überquert, unterquert dabei den »Magistratsschirm«, die Hochbahnanlage, unter der man sozusagen auf Kosten des Magistrats auch bei Regen trocken spazieren konnte. Die Hochbahn ist ab 1910 hier entstanden, weil die Baukosten für die U-Bahn bei Spree- und Häuserunterfahrung erheblich teurer geworden wäre.

bebaut war, hatten sich die Bedürfnisse der arbeitenden Bevölkerung geändert, man versammelte sich und traf sich zu Kundgebungen; Rosa Luxemburg, Clara Zetkin und August Bebel hielten flammende Reden, Ernst Busch sang seine Lieder, und Erich Weinert trug seine bissigen Gedichte vor. Manchmal gab es Boxkämpfe zu sehen.

1946 wurde der Prater zum Theater, 1960 erhielt der Garten eine Freilichtbühne, und 1967 richtete sich das Kreiskulturhaus ein und bot Kinderfeste, Tanz in Saal und Garten und Markt mit Kaffee und Kuchen an, und irgendwann stimmte der alte Slogan nicht mehr: »Mutter, Tochter, Sohn und Vater, alle wollen in den Prater«. 1991 war Schluss, bis die Volksbühne entdeckte, dass der Prenzlauer Berg der ideale Ort für eine zweite Spielstätte sein könnte. Im Biergarten ist im Sommer immer Betrieb, im Winter sitzt man angenehm in der Gaststätte, und dann gibt es auch noch den Club »Bastard«.

Wenn Sie der Straße weiter bis zur Oderberger Straße folgen, am In-Lokal »Schwarzsauer«, gegenüber dem schicken »Kani Mani«, vorbei, werfen Sie doch auch einen Blick auf die Fassaden und Sie haben eine Vorstellung davon, wie der größte Teil der Viertels vor dem Mauerfall ausgesehen hat. In der **Oderberger Straße** – Sie sind nach links eingebogen, die rechte Seite endete an der Mauer – fällt Ihnen das riesige, außen wie innen marode **Stadtbad** von 1902 auf der rechten Straßenseite auf. Hier gab es Brause- und Wannenabteilungen und ein Schwimmbecken. Geschwommen wird hier schon lange nicht mehr. Eine Genossenschaft arbeitete lange am Ziel Sanierung und hat nun aufgegeben.

An der Ecke Schönhauser sehen Sie links wieder die KulturBrauerei und an der Ecke »frannz«, dort, wo 1962 das Kreiskulturhaus Erich Franz eröffnete und die FDJ 1970 im Franz-Club attraktive Musik- und Tanzveranstaltungen bot. Renoviert und mit Slow Food-Restaurant öffnete der Club im Jahr 2004 wieder, allerdings mit modernisiertem Namen. Sie biegen rechts in die Schönhauser Allee ein und kommen an der **Segenskirche** (Nr. 161) vorbei, die, 1905 bis 1906 gebaut, wie viele Berliner Kirchen in die Flucht der Straßenfront einbezogen ist. Zwar steht der Turm vorne, aber die Kirche selbst ist über den Hof zu erreichen.

Jetzt gibt es keine Geschäfte mehr in der Schönhauser, aber einen grünen Mittelstreifen, überqueren Sie die Straße und nach wenigen Schritten stehen Sie vor dem **Jüdischen Friedhof** (Nr. 23–25), zwischen den Häusern 1827 eingerichtet, als der Friedhof in der Großen Hamburger Straße geschlossen werden musste. Hier liegen die Gräber des Malers Max Liebermann und seiner Frau Martha, des Komponisten Giacomo Meyerbeer und des Verlegers Leopold Ullstein. In einem Abwasserschacht in der Nordwestecke hatten sich Kriegsgegner 1944 versteckt, wurden von der SS entdeckt und an den Bäumen erhängt. Kurz vor Kriegsende wurden viele Gräber von den Nazis zerstört und die Grabsteine für Panzersperren an der Straße benutzt.

Das Haus Nr. 22, ein gelber Klinkerbau, diente der Jüdischen Gemeinde als Altersheim. 1941 wurden die Bewohner nach Auschwitz deportiert, die Keller von den Nazis als Arrest und für Verhöre genutzt. Die DDR brachte die Volkspolizei-Inspektion Prenzlauer Berg hier unter, und die nutzte die Keller bis 1990 weiter. Hier endet der Spaziergang durch Prenzlauer Berg.

Jüdische Friedhöfe

In Berlin gibt es noch vier jüdische Friedhöfe. In Weißensee liegt der größte Westeuropas und das bedeutendste Kulturdenkmal seiner Art (Herbert-Baum-Str. 45; Tram 2,3).

Judengang

An der Friedhofsmauer zur Metzer Straße lag der Eingang vom Judengang, einem holprigen Feldweg, der auf Wunsch Friedrich Wilhelms III. angelegt werden musste, damit die königlichen Karossen auf dem Weg nach Schönhausen nicht von jüdischen Begräbniszügen gestört würden.

ADRESSEN & SERVICE

Straßenmarkt in Prenzlauer Berg Rund um den Kollwitzplatz gibt es donnerstags den Ökomarkt mit frischen Produkten aus dem Umland. Am Wochenende ist wieder Markt – gesunde Lebensmittel, dazu allerlei Krimskrams wie Mode, Kosmetik, Kunsthandwerk und zwischendurch Stärkung an den verschiedenen Imbissständen. Kollwitzplatz; Do 12–19 Uhr, Sa, So 9–16 Uhr 16

ESSEN & TRINKEN

Blue Bar Brasilianische Bar mit Bambustresen, 80 verschiedene Cocktails, und essen kann man auch. Kollwitzstr. 87; Tel. 01 63/3 17 21 76; tgl. 17–3 Uhr

Pasternak Pelmeni, Wareniki und Borschtsch stehen auf der Speisekarte, und im Winter gibt es manchmal russische Livemusik. Knaackstr. 22–24; Tel. 030/4 41 33 99; tgl. 10–1 Uhr

Prater Klopse oder Gänsebraten – im Prater isst man deutsch. Kastanienallee 7–9; Tel. 030/4 48 56 88; Mo–Sa ab 18, So ab 10 Uhr; im Sommer Biergarten

Wissenswertes über Berlin

Berlin verfügt über ein dichtes Netz öffentlicher Verkehrsmittel. Das ist bequem, und außerdem sind die Innenstadtparkplätze sehr teuer geworden.

Vom Fahrradverleih zum Unterweltbummel, von Schiffsfahrten oder Rundflügen bis Galopprennbahn findet sich hier in Kürze alles, was man wissen sollte.

Nützliche Adressen und Reiseservice

Auf einen Blick

Fläche: 891,67 qkm.
Länge der Stadtgrenze: 234 km, Ost-West-Ausdehnung 45 km, Nord-Süd-Ausdehnung 38 km. Berlin wird von Havel und Spree, die in Spandau in die Havel mündet, durchflossen.
Einwohner: Mit 3,4 Millionen Einwohnern ist Berlin die größte deutsche Stadt. Ca. 470 000 Berliner sind nicht deutscher Herkunft. Sie stammen aus 171 Nationen.
Verwaltungseinheit: Berlin ist Hauptstadt der Bundesrepublik Deutschland und Bundesland. Die Stadt ist in 12 Bezirke mit jeweils ca. 300 000 Einwohnern aufgeteilt.
Sprache: Man spricht Berlinerisch, Schwäbisch, Hessisch, Türkisch, Arabisch, Englisch, Französisch, Russisch, Polnisch ... und Deutsch.
Wirtschaft: Fast ein Drittel aller Erwerbstätigen ist im Dienstleistungsbereich tätig. Größte Arbeitgeber sind Bahn und Banken, 94 % aller Betriebe haben weniger als 200 Beschäftigte. An drei Universitäten studieren ca. 134 000 Menschen aus aller Welt, 30 000 außerdem an 13 Fachhochschulen. Nach Paris und London ist Berlin drittgrößter Büromarkt Europas. 3500 Korrespondenten versorgen die Welt rund um die Uhr mit Nachrichten aus der Hauptstadt. Die Arbeitslosenquote lag (im Oktober 2008) bei 13 Prozent.

Anreise und Ankunft

Mit dem Auto

Direkte Autobahnverbindungen nach Berlin gibt es von Hamburg und Rostock, von Köln/Bonn über Hannover, von Frankfurt/Main über Braunschweig und von München über Leipzig, von Dresden und von Szezcin (Stettin)/Polen. Alle Autobahnen führen auf den Berliner Ring.

Wer es vorzieht, mit dem Auto nach Berlin zu fahren, sollte vorher einen Blick auf das Geflecht der Stadtautobahn werfen. Denn von der richtigen Abfahrt sind alle Stadtteile mühelos zu erreichen. Man muss sie nur kennen.

Innerhalb des S-Bahn-Rings braucht man eine Umweltplakette, die man in Autowerkstätten erhält.

Mit dem Bus

Busverbindungen gibt es zu fast allen Städten Deutschlands und vielen größeren Städten Europas. Von hier aus starten große Busgesellschaften wie Eurolines und Bayern Express. An- und Abfahrt:

Busbahnhof → S. 142, A 13
Masurenallee 4–6, Charlottenburg;
Tel. 030/86 09 62 11;
www.berlinienbus.de;
tgl. 6.30–20 Uhr;
U-Bahn: Kaiserdamm,
S-Bahn: Messe Nord/ICC,
Bus: 149

Mit dem Zug

2006 wurde der neue Hauptbahnhof in Betrieb genommen, eine filigran gestaltete, riesige Glashalle, die noch im urbanen Nichts steht. Mit S-Bahn und Bus fährt weiter, wer nicht den Norden der Stadt über den Bahnhof Gesundbrunnen oder den Süden vom Bahnhof Südkreuz aus erreicht bzw. den Ostbahnhof bei West-Ost-Verbindungen. Vom Bahnhof Zoologischer Garten fahren nur noch Regionalzüge und Fernzüge Richtung Osten. Von den Fernbahnhöfen fahren S- und U-Bahnen sowie Busse in die Berliner City und alle anderen Stadtteile.

ICE-Verbindungen gibt es von Hamburg, Frankfurt/Main, München,

Die beiden der Spree zugewandten Türme wirken wie die Pfeiler einer modernen Burg. Der futuristisch gestaltete Neubau ist seit 1999 Sitz des Innenministeriums.

Düsseldorf, Köln und Braunschweig. IC-Verbindungen von Aachen, Hamburg, Binz, Amsterdam, Frankfurt/Main, Malmö und Dresden. EC-Verbindungen von Prag, Wien und Warschau. Auf den Strecken Berlin – München und Berlin – Bonn und Frankfurt/Main verkehrt der IntercityNight. Autos für München-Ost und Düsseldorf-Hauptbahnhof werden in Berlin-Wannsee verladen.

Deutsche Bahn
Zugauskunft und Reservierung
Tel. 09 00/1 99 05 99; www.bahn. de

Mit dem Flugzeug

Günstige Tarife nach Berlin gibt es von vielen deutschen und europäischen Flughäfen, am besten informiert man sich übers Internet.

Flughafen Tegel (TXL) »Otto Lilienthal«
Infoline Tel. 01 80/5 00 01 86; Verkehrsverbindung: Expressbus X9 bis Kurfürstenstraße/Lützowplatz (ca. 30 Min.), JetExpress-Bus TXL vom Flughafen Tegel über Potsdamer Platz bis Unter den Linden/Friedrichstraße; Bus 109 bis Jakob-Kaiser-Platz und Zoo; 8 km bis zum Zentrum

Flughafen Schönefeld (SXF)
Infoline Tel. 01 80/5 00 01 86; Airport-Express (RB 22) alle 30 Minuten vom Bahnhof Zoo über Alexanderplatz; S45 über Tempelhof bis Messegelände; 20 km bis zum Zentrum

Fluginformationen/-reservierungen
Flughafeninfo: 0180/5 00 01 86
www.berlin-airport.de
Air Berlin 0180/5 73 78 00
Ar France 018/0 5 83 08 30
British Airways 0180/5 26 65 22
Condor 0180/5 76 77 57
easy Jet 0180/5 02 92 92
Germania 0180/5 73 71 00
KLM 01 80/5 21 42 01
LTU 01 80/5 73 78 00
Lufthansa 01 80/58 38 42 67
Qatar Airways 01 80/5 72 82 71
Tuifly 01 80/5 75 75 20

Lufthansa City Center
Friedrichstr. 185–190;
Tel: 030/20 39 19 0
Flughafen Schönefeld, Terminal A;

030/88 75 57 15 17
Flughafen Tegel,
Terminal A; 030/88 75 61 34

AUSKUNFT

Berlin Tourist Information
Hotels, Tickets, Infos:
Telefonisches Service-Center;
Tel. 030/25 00 25;
www.visitberlin.de (in 10 Sprachen)

BERLIN infostores
Alexa Shopping Center → S. 140, C 11
Grunerstr. 20 (Alexanderplatz);
Erdgeschoss; Mo–Sa 10–20 Uhr

– **Berlin Pavillon am Reichstag** → S. 139, F 8
Scheidemannstraße; April–Okt. tgl. 8.30–20, sonst 10–18 Uhr

– **Brandenburger Tor (Mitte)** → S. 139, F 8
Südliches Torhaus; April–Okt. tgl. 9.30–18, sonst 10–18 Uhr

– **Hauptbahnhof (Tiergarten)** → S. 139, E 7
Europaplatz1, Ebene 0/Eingang Nord; tgl. 8–22 Uhr

– **Neues Kranzler Eck (Charlottenburg)** → S. 144, A 17
Kurfürstendamm 21, Passage; Mo–Sa 10–20, So 10–18 Uhr

BANKEN

American Express → S. 140, A 12
Friedrichstr. 173, Mitte;
Tel. 030/2 01 74 00; Mo–Fr 9–18,
Sa 10–13 Uhr

Der Berliner Fernsehturm (hier mit Neptunbrunnen) bietet einen guten Panoramablick über die Stadt. Dabei kann man sogar Kaffee trinken.

Berliner Bank im Flughafen Tegel
Tel. 030/4 17 85 40; Tgl. 8–22 Uhr

Behindertenhilfe

Berliner Behindertenverband
→ S. 140, A 12
Jägerstr. 63 d, Mitte;
Tel. 030/2 04 38 47; www.bbv.de

Fahrdienst für Behinderte
Tel. 030/4 10 21 11 (5–1 Uhr)

Buchtipps

»Berlin – Geschichte einer Stadt« ist ein wunderbares Geschichtsbuch von Julius H. Schoeps, zu dem das Bildarchiv Preußischer Kulturbesitz selten gesehene Fotos beigesteuert hat (be.bra Verlag, 2001).

»Geburtsort Berlin« verbindet alle Texte Monika Marons, die das Lebensgefühl in der schönsten aller grauen Städte vermitteln, und wenige haben Osten wie Westen gleich intensiv erlebt. Mit schönen Fotografien (S. Fischer Verlag, 2003).

In ihrem letzten Buch **»Kommen Sie, Cohn!«** erzählt Carola Stern von der Schriftstellerin Clara Viebig und dem Verleger Friedrich Cohn in einer Zeit, in der Berlin sich nach seiner Ära als wirtschaftliche und kulturelle Metropole mit dem Antisemitismus auseinandersetzten musste (Kiepenheuer&Witsch, 2006).

Zu Berlin gibt es ein **MERIAN-Magazin** (ISBN 978-3-8342-0711-1).

Camping

Campingplatz Am Krossinsee
→ S. 141, östl. E 12
Ganzjährig geöffnet, mit 450 Gästeplätzen der größte und schönste Berliner Campingplatz.
Wernsdorfer Str. 38, Köpenick;
Tel. 030/6 75 86 87

Fahrradverleih

Auf den ersten Blick scheint es kaum ratsam, Berlin mit dem Rad zu erobern, aber ein großer Teil außerhalb der Innenstadt ist gut mit dem Drahtesel zu bewältigen. So entdeckt man neue Seiten der Stadt. Schilder mit Piktogrammen weisen zudem auf Fahrradwege, Sehenswürdigkeiten und Entfernungen hin.

Einige Hotels stellen ihren Gästen Räder zur Verfügung, man kann sie auch z.B. am Bahnhof Zoo (Tel. 030/29 74 93 19) und an anderen Leihstationen mieten.

Fahrrad-Leihstation

- **Bergmannstr. 9,** → S. 146, A 23 **Kreuzberg; Tel. 030/2 15 15 66; U-Bahn: Gneisenaustraße**
- **Bahnhof Friedrichstraße, Mitte; Tel. 030/20 45 45 00; S-Bahn: Friedrichstraße** → S. 140, A 11
- **Leipziger Str. 56, Mitte;** → S. 140, B 11 **Tel 030/66 64 91 80; U-Bahn: Hausvogteiplatz**
- **Auguststraße, Mitte;** → S. 140, A 12 **Tel. 030/22 50 80 70; U-Bahn: Rosenthaler Platz**

1700 Callbikes der Bahn stehen in der Stadt. Sie sind per Anruf (Telefonnummer am Rad) zu mieten. Die Abrechnung erfolgt bargeldlos.

Führungen

Alter Fritz
Dr. Kappelt führt Besucher im Kleid des Preußenkönigs durch die Stadt.
Ostern bis Okt. tgl. 14, 16, 18, 20 Uhr ab Brandenburger Tor;
www.koenig-friedrich.de

art:berlin → S. 140, A 11
Architektur, Stadtplanung, Kunst, jüdische Geschichte, Mode, auch Spandau und Potsdam.
Oranienburger Str. 32, Mitte;
Tel. 030/28 09 63 90

Audiotouren
Mit dem Kopfhörer unterwegs. Nur den CD-Player muss man mitbringen und folgt anschließend der Stimme wie in einem Hörspiel.
MegaeinsVerlag; www.hearwego.de

Berliner Autorenführung
→ S. 140, A 10
Hinterhoftouren, Literatur, Film, Stadt- und Architekturgeschichte.
Oranienburger Str. 27; Tel. 030/2 81 33 76

Berliner Geschichtswerkstatt
→ S. 144, C 19
Stadtrundfahrten auf dem Schiff, Frauengeschichte, Literatur, Rundfahrt »Baustelle Berlin«.
Goltzstr. 49, Schöneberg; Tel. 030/2 15 44 50

Berlin on Bike → S. 140, C 9
21 Touren, auch mit dem Leih-Fahrrad im Szene-Bezirk durch den Berliner Abend.
Schönhauser Allee 4, Fahrraddepot KulturBrauerei, Hof 4, Prenzlauer Berg; Mi, Fr, Sa 20 Uhr; Anmeldung Tel. 030/44 04 83 00

Berlin Walks
Hier werden Englisch sprechende Freunde auf Tour geschickt.
Harbigstr. 26; Tel. 030/3 01 91 94; www.berlinwalks.com

Fahrrad Kultour
Mit dem Fahrrad zu »Sehenswürdigkeiten«, auch in Brandenburg.
Tel. 030/61 70 96 52; www.fahrrad-kultouren.de

Frauentouren → S. 141, östl. F 11
Frauenskulpturen im Stadtbild, Frauen des Mittelalters, Bettina von Arnim, die Salons der Romantik.
Sophienstr. 32; Tel. 030/2 81 03 08

Gangart → S. 142, südl. A 16
Führungen zu den Baustellen der Hauptstadt.
Calandrellistr. 19; Tel. 030/32 70 37 83

Kulturbüro → S. 140, nördl. C 9
»Stadtverführungen« zur Theatergeschichte, Architektur, Kunst, Kiez und Fahrradtouren.
Greifenhagener Str. 62; Tel. 030/ 4 44 09 36; www.stadtverfuehrung.de

StattReisen
→ S. 138/139, nördl. C/D 5
Historisches mit den Schwerpunkten Literatur, Film, Theater, jüdisches Ber-

Bei einer Stadtführung auf der Museumsinsel kommt man unter anderem an der gläsernen Spindel des Architekten Ieoh Ming Pei vorbei, die neues Wahrzeichen des Deutschen Historischen Museums geworden ist.

lin, Mauerspaziergang, Tempelhof, Pankow, Potsdam.
Malplaquetstr. 5, Wedding;
Tel. 030/4 55 30 28; www.stattreisen.berlin.de

Unterwelten → S. 140, nördl. A 9
Im Flakbunker Humboldthain und durch andere dunkle Welten.
Infos unter Tel. 030/49 91 05 18;
www.berliner-unterwelten.de

ZeitReisen → S. 141, E 9
Führungen, Rundfahrten und eine Videobustour ins Gestern und Heute.
Chodowieckistr. 10; Tel. 030/44 02 44 50;
www.zeit-reisen.de

Fundbüro

Zentrales Fundbüro → S. 145, F 20
Platz der Luftbrücke 6, Tempelhof;
Tel. 030/75 60 31 01; U-Bahn: Platz der Luftbrücke

BVG (Berliner Verkehrsbetriebe) Fundbüro → S. 145, D 19
Potsdamer Str. 180, Schöneberg;
Tel. 030/1 94 49; U-Bahn: Kleistpark

Deutsche Bahn (auch S-Bahn) Fundbüro
Tel. 01 80/5 99 05 99

Internet

www.visitberlin.de
Website der Berlin Tourist Information: Hotels, Verkehrsmittel, Tickets, Ausstellungen und vieles mehr.
www.berlin.de
Offizielle Berlin-Site: Verwaltung, Politik, Ämter, aber auch Veranstaltungen, Sport, Stadtplan, Branchen, Informationen für Touristen.
www.berlinonline.de
Viele praktische Informationen: Veranstaltungen, Kino- und Theaterprogramm, Restaurants, auch Apotheken, Telefonbuch, Geldautomaten.

www.art-in-berlin.de
Aktuelle Info über Kunst, Architektur, Literatur und Ausstellungen.

Internetcafés

Netlounge → S. 140, A 11
Auguststr. 89; Tel. 030/24 34 25 97

Surf Inn → S. 140, C 11
Alexanderplatz 9; Tel. 030/24 74 34 06

Web Pearl → S. 146, A 23
Bergmannstr. 97; Tel. 030/81 79 74 42

das Netzwerk → S. 140, C 9
Knaackstr. 86; Tel. 030/48 49 54 30

Kartenvorverkauf

Es ist oft ratsam, Karten für Veranstaltungen im Vorverkauf zu erwerben. Allerdings bezahlt man dann zusätzlich rund zehn Prozent Gebühren.

Abida → S. 143, südl. F 16
Bestellte Karten werden in alle Welt versandt, Kreditkarten akzeptiert.
Detmolder Str. 65, Wilmersdorf,
10715 Berlin; Tel. 030/8 53 20 44

Berliner Festspiele → S. 144, B 17
Budapester Str. 50, Charlottenburg,
10787 Berlin; Tel. 030/25 48 90;
www.berliner-festspiele.de

Berlin Ticket im KaDeWe → S. 144, B 18
Tauentzienstr. 21–24, Schöneberg,
10789 Berlin; Tel. 030/2 17 77 54

Hekticket
Für denselben Abend, oft zum ermäßigten Preis, ab 16 Uhr.
- Kartenkiosk, → S. 140, C 11 Karl-Liebknecht-Str. 12 (am Alexanderplatz), Mitte; Tel. 030/24 31 24 31
- Hardenbergstr. 29 d → S. 143, F 13 (in der Deutschen Bank), Charlottenburg; Tel. 030/2 30 99 30; www.hekticket.de

Medizinische Versorgung

Ärztlicher Bereitschaftsdienst
Tel. 030/31 00 31

Zahnärztlicher Notdienst
Tel. 030/1 30 23 14 37

Privatärztlicher Akut-Dienst
Tel. 030/08 00/7 11 21 12

Call a doc
Tel. 018 04/22 55 23 62 (0,24 €/Anruf)

Apotheken-Bereitschaft
Tel. 030/31 00 31

Pannenhilfe

ACE Tel. 0 18 02/34 35 36

ADAC Tel. 0 18 02/22 22 22

ADFC
Hilfe für Radfahrer; Tel. 030/4 48 47 24

Post

Ämter mit längeren Öffnungszeiten:

Friedrichstraße ⇢ S. 140, A 11
Neben dem Bahnhof; Mo–So bis 22 Uhr

Flughafen Tegel
Tgl. 6.30–21 Uhr

Reisewetter

Berlin ist eine Sommerstadt, auch wenn die manchmal geradezu sibirischen Winter mit zugefrorenen Flüssen und Seen schön sein können. Ab Mai werden die winter-ruppigen Berliner mit den ersten Sonnenstrahlen auffallend freundlich, und man genießt in Straßencafés oder am Stadt-Strand die Sonne.

Schiffsrundfahrten

Reederei Riedel GmbH
⇢ S. 146, C 23
Täglich Cityrundfahrten mit Stadterklärung und Sonderveranstaltungen. Wichtigste Anlegestellen:
Hansabrücke, Haus der Kulturen der Welt, Märkisches Ufer/Jannowitzbrücke, Alte Börse, Potsdamer Brücke; Tel. 030/6 93 46 46; www.reederei-riedel.de

Reederei Bruno Winkler
⇢ S. 136, C 3
City-Tour durch das historische und moderne Berlin.
Tel. 3 49 95 95; tgl. 11.10 und 15.10 Uhr; ab Schlossbrücke Charlottenburger Ufer (neben Schloss Charlottenburg); Dauer: 3 Std.

Stern und Kreisschifffahrt GmbH
25 Linien in und um Berlin.
Wichtigste Anlegestellen:
Schlossbrücke, Charlottenburg; Friedrichstraße, Bahnhof, Mitte; Nikolaiviertel, Mitte; Schlesisches Tor, Kreuzberg; Hafen Treptow; Tel. 030/53 63 60-0

Sport

Inline-Skating
⇢ S. 142, südwestl. A 16
Nur Fußgänger und Jogger, kein Auto kreuzt die Bahn: fast 4 km auf dem **Kronprinzessinnenweg, Zehlendorf.**
S-Bahn: Nikolassee

Klettern
Magic Mountain Climbing Center
⇢ S. 139, nördl. F 5
»Europas größte Kletterarena« bietet isgesamt 200 unterschiedlich schwere Routen oder 60 Top-Ropes und magische Berge. Erschöpfte finden einen Wellnessbereich mit Sauna und Dampfbad im Basecamp. Außerdem: Internetcafé, Klettershop und Fitness-Areal.
Böttgerstr. 20–26; S-Bahn: Gesundbrunnen

Pferderennen
Galopprennbahn Hoppegarten
⇢ S. 141, östl. F 10
Eine der schönsten Galopprennbahnen des Landes, seit 1868 in Betrieb. Stehplatzkarte 6 €, Familienkarte 10 €, Logenplatz 15 €, reservierter Platz auf der Haupttribüne 10 €.
Regelmäßige Renntage von Juni–Okt.; S-Bahn: Hoppegarten; Auto: B1/B5 Richtung Biesdorf/Kaulsdorf, Abfahrt Dahlwitz-Hoppegarten, 800 m links

Schwimmen
Neben Dutzenden von Freibädern genießen Berliner im Sommer das kostenlose Bad in Seen in und um

die Stadt wie z. B. Schlachtensee, Krumme Lanke und Grunewaldsee oder in der Havel.

Badeschiff
Schwimmen auf, aber nicht in der Spree, im Pool auf dem Schiff.
Eichenstr. 4, Treptow; U-Bahn: Oberbaumbrücke, Bus 265; der Pool ist im Sommer von 8–24 Uhr geöffnet, die Bar daneben länger (www.badeschiff.de).

Türkisches Bad Hammam ⇢ S. 147, D 22
Männerfreie Zone in orientalischem Ambiente. Massage, Bäder und rosenduftender Tee.
Mariannenstr. 6, Kreuzberg; U-Bahn: Kottbusser Tor; Mo 15–22, Di–So 12–22 Uhr

Thermen im Europa-Center ⇢ S. 144, B 17
Schwimmen über den Dächern von Berlin. Dazu drei Dampfbäder, Massagen und Solarium.
Nürnberger Str. 7, Wilmersdorf; U-/S-Bahn: Zoologischer Garten; Mo–Sa 10–24, So 10–21 Uhr

Stadtrundfahrten

Die meisten der klassischen, alternativen, themenorientierten Rundfahrten starten am Kurfürstendamm zwischen Zoo (Rankestraße) und Uhlandstraße, manche auch im Nikolaiviertel am Alexanderplatz (Forum Hotel). Die Touren kosten 15–20 € und dauern ca. 2–3 Stunden. Tipp: Auch auf der Buslinie 100 oder 200 vom Bahnhof Zoo bis zum Alexanderplatz (Prenzlauer Berg) sieht man die wichtigsten Sehenswürdigkeiten.

Übernachten

Reservierung und Auskunft Berlin Tourist Information
Tel. 0 30/25 00 25; www.visitberlin.de
Bei Buchung eines Partnerhotels der Berlin Tourismus Marketing GmbH werden auf Wunsch auch Veranstaltungskarten reserviert.

Hotels ●●●●

Adlon ⇢ S. 139, F 8
Für viele in den legendären Zwanzigerjahren war es das schönste Hotel der Welt – und für die damalige Zeit atemberaubend modern –, mit Gästen, die Charlie Chaplin, John Rockefeller und Thomas Mann hießen. Man blickt wieder aus den Speisezimmern auf das Brandenburger Tor – und drinnen gelegentlich auf Neu-Berliner wie Udo Lindenberg. Wintergarten, Smoker's Lounge und Lifestyle Shop.
Unter den Linden 77; Tel. 030/22 61-0; www.hotel-adlon.de; S-Bahn: Unter den Linden; 382 Zimmer ●●●●

Bleibtreu ⇢ S. 143, F 14
Zwischen Blumenladen und Espressobar auf der ruhigen Seite des Kurfürstendamms könnte man den Eingang zum schön gestalteten Hinterhof fast übersehen. Die italienischen Möbel des charmanten Hotels sind nicht chemisch behandelt. Wer möchte, kann sich per TV wecken lassen, und wer kann, über Bildschirmdisplay das Frühstück ans Bett bestellen.
Bleibtreustr. 31; Tel. 030/88 47 40; www.bleibtreu.com; U-Bahn: Uhlandstraße; 60 Zimmer ●●●●

Concorde ⇢ S. 144, A 18
Silbergrauer Muschelkalk staffelt sich über 17 Geschosse an der runden Ecke in Kurfürstendammnähe und lässt an New York denken. Innen warmes braunes Nussbaumholz in Halle, Bar und Brasserie »Le Faubourg«, große Zimmer, Wellness- und Fitness-Einrichtungen.
Augsburger Str. 41; Tel. 030/8 00 99 90; www.concorde-hotels.com; U-Bahn: Kurfüstendamm; 311 Zimmer ●●●● ♿

Grand Hyatt Berlin ⇢ S. 145, E 17
Auf den ersten Blick sehr kühl wirkt, was der spanische Architekt José Rafael Moneo entworfen und der Schweizer Designer Hannes Wettstein im Inneren gestaltet hat. Edle Materialien, klare Farben, sehr guter Service sor-

gen schnell dafür, dass man sich wie in einer Oase im Großstadtdschungel fühlt. Highspeed-Internetzugang und Playstation, Spa und Fitnessbereich locken, und Schwimmer lugen über die Dächer der Stadt. Müde vom Bummeln ist man in der Jazzclub-Atmosphäre der »Vox Bar« gut aufgehoben.
Marlene-Dietrich-Platz 2; Tel. 030/25 53 12 34; www.berlin.grand.hyatt.com; U-Bahn: Potsdamer Platz; 342 Zimmer ●●●● ♿

The Regent ⇢ S. 140, A 12
Der reinste Luxus am Gendarmenmarkt – und eine Oase der Ruhe.
Charlottenstr. 49; Tel. 030/3 02 03 38; www.regenthotels.com; U-Bahn: Französische Straße; 204 Zimmer ●●●● ♿ 🐕

The Ritz-Carlton ⇢ S. 145, E 17
Mit historischem Charme lockt das neue Grandhotel am Potsdamer Platz, mit einem Bade-Butler, der das Wasser in die Wanne einlässt und parfümiert, mit Tea-Lounge, Antiquitäten und einer Brasserie, deren Möbel einst im französischen Städtchen Mâcon standen.
Potsdamer Platz 3; Tel. 030/33 77 77; www.ritzcarlton.com; U-Bahn: Potsdamer Platz; 302 Zimmer ●●●● ♿ 🐕

Hotels ●●●

Albrechtshof ⇢ S. 139, F 7
Ideale Unterkunft für Musenfreunde, die in der Nähe der Theater Unter den Linden und Friedrichstraße wohnen möchten. Haus des Verbandes christlicher Hotels mit schönem Innenhof und Kapelle – eine Oase der Ruhe in der Millionenmetropole.
Albrechtstr. 8; Tel. 030/30 88 60; www.hotel-albrechtshof.de; U-/S-Bahn: Friedrichstraße; 100 Zimmer ●●● 🐕

Hackescher Markt ⇢ S. 140, B 11
Ganz nah tobt das Leben, auch das Nachtleben, ganz nah wartet die Straßenbahn, die Fenster schlucken den Schall, woher er auch kommt. Man wohnt mittendrin im Geschehen, dazu zwischen englischen Stoffen und mit luxuriösem Bad mit Fußbodenheizung. In der Bar liegt französisches Flair in der Luft.
Große Präsidentenstr. 8; Tel. 030/28 00 30; www.hotel-hackescher-markt.de; S-Bahn: Hackescher Markt; 31 Zimmer ●●● CREDIT 🐕

Meliá ⇢ S. 140, A 11
Restaurantgäste im ersten deutschen Hotel der Sol-Meliá-Kette sehen alles: Spree und Berliner Ensemble, Weidendammbrücke und hinten die Reichstagskuppel, Schiffsanleger und Bahnhof Friedrichstraße, und zur Oranienburger Straße sind es wenige Schritte. Wenn man von der Tapas-Bar absieht, ist es innen nur ganz dezent spanisch, die Zimmer sind modern, hell und klassisch.
Friedrichstr. 103; Tel. 030/20 60 79 00; www.solmelia.com; U-/S-Bahn: Friedrichstraße; 364 Zimmer ●●● ♿

Residenz ⇢ S. 144, A 18
Charmantes Jugendstilhotel, wenige Meter vom Kurfürstendamm, das mancher schon als historische Filmkulisse bewundert hat.
Meinekestr. 9; Tel. 030/88 44 30; www.hotel-residenz.com; U-Bahn: Kurfürstendamm; 81 Zimmer ●●● 🐕

Hotels ●●

Accor Suitehotels ⇢ S. 145, F 17
»Form follows function« könnte das Motto dieses im Oktober 2004 eröffneten und modern eingerichteten Hotels sein. Die Zimmer sind mit Kühlschrank, Wasserkocher und Mikrowelle ausgestattet – kurz, das Suitehotel präsentiert sich flexibel und individuell. Fernsehen kann man von der Badewanne aus, und es gibt einen kostenlosen Fitnessraum.
Anhalter Str. 2; Tel. 030/20 05 60; www.suite-hotel.com; S-Bahn: Anhalter Bahnhof; 229 Zimmer ●● ♿ 🐕

Arte Luise Kunsthotel

→ S. 139, F 7

Über die »Fülle des leeren Raumes« spekuliert ein Philosoph im Treppenhaus des einzigartigen Hotels am Regierungsviertel. Die Gäste erleben Räume wie Träume oder 49 Zimmer als Kunstwerke, immerhin jedes von einem anderen Künstler aus Berlin, New York oder Usbekistan gestaltet. Schlafen wie ein armer Poet oder neben riesigen Frauenfiguren, einfach oder luxuriös? Egal, man sponsert die Kunst. Ein Neubau vor der Bahntrasse mildert Geräusche und schafft einen hübschen Innenhof, unter den Füßen liegt Bambusparkett, und bis zum Brandenburger Tor sind es nur wenige Minuten.

Luisenstr. 19; Tel. 030/28 44 80; www.luise-berlin.com; U-Bahn: Friedrichstraße; 49 Zimmer ●●

Bogota → S. 143, E 14

In diesem feudalen Berliner Wohnhaus der vorigen Jahrhundertwende haben der junge Benny Goodman in den Zwanzigerjahren musiziert und Helmut Newton seine Fotolehre absolviert. Man geht nach dem Stadtbummel wie nach Hause im alten Westen, wird freundlich empfangen und fühlt sich stets wie ein gern gesehener Besuch.

Schlüterstr. 45; Tel. 030/8 83 50 01, Fax 8 83 58 87; www.hotelbogota.de; U-Bahn: Adenauerplatz; 123 Zimmer ●●

Frauenhotel Artemisia

→ S. 143, D 15

In dem alten Berliner Mietshaus in der Nähe vom Ku'damm dürfen Männer nur bis ins Foyer hereinkommen. Kinder in Begleitung übernachten kostenlos. Porträts von Frauen aus der Berliner Geschichte schmücken Zimmer und Aufenthaltsräume.

Brandenburgische Str. 18; Tel. 030/8 73 89 05; www.frauenhotel-berlin.de; U-Bahn: Konstanzer Straße; 12 Zimmer ●●

Honigmond Garden → S. 139, F 6

In Nr. 122 findet man ein Paradies in der Großstadt: Vögel zwitschern, Frösche quaken, Goldfische leuchten, ein Brunnen plätschert, uralter Efeu klettert und verzaubert das Anwesen. Im Garten lässt es sich wunderbar träumen. Das Haus wurde 1845 gebaut, Stuck und Holzfußböden sind sorgsam saniert, schöne Bilder und antike Möbel stehen hier wie selbstverständlich. Aus Geräteschuppen wurden heimelige Gartenzimmer. Zur Friedrichstraße und zur Museumsinsel geht man eine Viertelstunde.

Invalidenstr. 122; Tel. 030/28 44 55 77; www.honigmond-berlin.de; U-Bahn: Zinnowitzer Straße; 20 Zimmer ●●

Stadtrundflüge

Air Service Berlin

Mit der DC-3 (»Rosinenbomber«, 179 €) oder mit dem Helikopter (146 €) die Hauptstadt aus der Luft entdecken.

Anmeldung 14 Tage vorher am Flughafen Schönefeld, Terminal C; Tel. 030/53 21 53 21, 01 80 53 21 53 21; www.air-service-berlin.de

Hi-Flyer → S. 146 A 21

In der Gondel am Heliumballon über Berlin schweben, über ein Stahlseil mit der Erde verbunden.

Wilhelm-/Ecke Zimmerstraße (am Checkpoint Charlie); Sommer So–Do 10–22, Fr, Sa 10–0.30 Uhr, Winter So–Do 11–18, Fr, Sa 11–19 Uhr; 19 € (Kinder bis 6 Jahre 3 €)

Verkehrsverbindungen

Auto

Die Größe Berlins – fast 50 km von West nach Ost und 38 km von Nord nach Süd – verführt dazu, sich per Auto durch die Stadt zu bewegen – bis man sich, vor allem in den Zentren und auf den Ausfallstraßen, im Stau befindet. Auf Stadtpläne ist kaum noch Verlass, da Baumaßnahmen immer neue Straßensperrungen und

Umleitungen – die man dann auch noch mit zahlreichen Baufahrzeugen teilt – erforderlich machen.

Wer sein Auto irgendwo im weiten Umkreis von Ku'damm und Unter den Linden oder in den Zentren anderer Stadtbezirke abstellen will, muss viele Münzen für Parkscheinautomaten in den Zeitparkzonen mitbringen und mit regelmäßiger Kontrolle rechnen.

Öffentliche Verkehrsmittel

Berlin hat ein dichtes U-Bahnnetz, ergänzt durch Tram und Bus, und ab ca. 0.30 Uhr Nachtbuslinien. Alle U-Bahnlinien (außer U 4) verkehren am Wochenende und vor Feiertagen nachts im 15-Minuten-Takt. Es gibt drei Tarifzonen A, B und C. Preise am 1. April 2008: Ein Einzelfahrschein für zwei Zonen (AB), zwei Stunden gültig (aber ohne Rückfahrt!), kostet 2,10 € (Kinder und große Hunde 1,40 €), für die Zone BC 2,50 € (erm. 1,70 €), für alle Zonen ABC 2,80 € (erm. 2 €), für Kurzstrecken (drei Stationen mit U-, S- oder Ringbahn oder sechs Stationen mit Bus oder Tram) 1,30 € (erm. 1 €). Eine Tageskarte kostet in der Zone AB 6,10 € (erm. 4,40 €), in der Zone BC 6,30 € (erm. 4,60 €), für ABC 6,50 € (erm. 4,80 €). Kleingruppenkarten gibt es für AB 15,40 €, BC 15,90 € und ABC 16,10 €. Die 4-Fahrten-Karte AB kostet 8 € (erm. 5,30 €).
www.bvg.de

WelcomeCard

Eine WelcomeCard, an den Kartenverkaufsstellen, bei den Touristen-Informationen und in Hotels erhältlich, gilt zwei oder drei Tage in Berlin und Potsdam und kostet für einen Erwachsenen mit drei Kindern bis einschließlich 14 Jahre 18 € (2 Tage) und 24,50 € (3 Tage). Sie gewährt neben uneingeschränkter Fahrt mit öffentlichen Verkehrsmitteln auch viele Vergünstigungen, zum Beispiel bei Stadtrundfahrten, Führungen und Schifffahrten in beiden Städten.

Taxis

Der Kurzstreckentarif bis zu 2 km oder fünf Minuten nach Heranwinken kostet 3,50 €, sonst zahlt man einen Kilometerpreis von 1,20 €, für Strecken unter 7 km 1,58 €. Tel. 21 01 01, 44 33 22, 96 20 52, 6 90 22. Alle Taxizentralen sind kostenlos unter einer Telefonnummer erreichbar: 08 00/222 22 55.

Velo-Taxis

Nein, es sind keine Klapperkisten, mit Bildern der Sehnsucht nach einer besseren Welt bemalt, wie viele 2 sie aus der so genannten Dritten Welt kennen. Sie sind gelb, orangerot oder grün, heißen – als Zeichen eines neuen, umweltfreundlichen Selbstbewusstseins – Velo-Taxis und sind Hightech-Dreiräder, die auf Busspuren, Fahrradwegen und durch Parks mit ihren Fahrgästen durch die Hauptstadt rollen. 150 Chauffeure waren im Frühjahr 1997 die Ersten im Land, die in einen neuen Dienstleistungsberuf radelten. Eine erste Probephase hatte Fahrgäste, die von Passanten gelegentlich schon mal als Ausbeuter beschimpft wurden, einige Nerven gekostet. Aber dann ging es los. Wer mitfahren will, winkt oder wählen den Veloruf Tel. 030/44 31 94 28.

Zeitungen

In Berlin gibt es neun Tageszeitungen, und drei erscheinen auch sonntags. Aktuelle Wochenübersichten über kulturelle Veranstaltungen gibt es z. B. in *Tagesspiegel* und *Berliner Zeitung* am Donnerstag. Alle 14 Tage erscheinen alternierend *Zitty* und *Tip* mit vollständigem Veranstaltungskalender, Freizeit-, Restauranttipps, Theater-, Film- und Veranstaltungsrezensionen, einmal im Monat erscheint das Stadtmagazin PRINZ mit Freizeit-, Lifestyle- und Gastro-Tipps. Das MERIAN-Magazin Berlin beinhaltet exklusive Tipps, detailliertes Kartenmaterial und einen umfangreichen Reiseservice.

Kartenatlas

Orientierung leicht gemacht: mit Planquadraten und allen Orten und Sehenswürdigkeiten.

Legende

Sehenswürdigkeiten

- MERIAN-Tipp
- Sehenswürdigkeit, öffentl. Gebäude
- Sehenswürdigkeit Kultur
- Sehenswürdigkeit Natur
- Kirche; Kloster
- Schloss, Burg; Ruine
- Moschee
- Synagoge
- Museum
- Denkmal
- Höhle

Verkehr

- Autobahn
- Autobahnähnliche Straße
- Fernverkehrsstraße
- Hauptstraße
- Nebenstraße
- Unbefestigte Straße, Weg
- Fußgängerzone
- Parkmöglichkeit
- Busbahnhof; Bushaltestelle
- U-Bahn
- S-Bahn
- Bahnhof
- Flughafen; Flugplatz

Sonstiges

- Information
- Theater
- Markt
- Zoo
- Botschaft, Konsulat
- Aussichtspunkt
- Friedhof
- Muslimischer Friedhof
- Jüdischer Friedhof
- National-, Naturpark
- Nationalpark

A B C

Flughaf.
Spandau
Olympiagelände
8
1
2
3
4
St.-Joseph-K.
Goebel-
straße
Goebel-pl.
Toepler-
str.
Geißlerpfad
Schweiggerw.
M.-Bürger-Zentr.
weg
Sühne-Christi-K.
Heckerdamm
Weltlinger-br.
Heilmannring
Hof-ackerz.
Popitz-
weg
Schneppen-horstw.
Haeftenz.
Halemweg
Jakob-Kaiser-Pl.
Klausing-ring
Siemensdamm
Charlottenburg-
Nord
Hatem-
Dahren-dorfz.
Siemens-
damm
Letter-hausweg
Wernewerk
Jakob-Kaiser-Platz
Nikol.-Groß-Weg
FW Charlottenburg-Nord
Nonnendamm
Mörschbr.
Nonnen-
damm
Charlottenburger Schleuse
Stichk.
Tegeler
Rudolf-Wissell-Brücke
Fürstenbrunner Br.
Fürstenbrunner
Weg
Spree
Belvedere
Schloss-
garten
Karpfen-
teich
Puls-Stiftung
Pulsstraße
Mausoleum
Sophie-
Charlotten-
Straße
DRK-Klinik Max-Bürger-Zentrum
Heubnerweg
Kaiserin-Augusta-Viktoria-Krankenhaus
Friedhof d. Kaiser-Wilhelm-Gedächnis-gemeinde
100
Friedhof der Luisengemeinde
Güterbf. Charl.
Mollwitzstr.
Desinfektionsanstalt Schlosspark-Klinik
Schloss Charlottenburg
DRK-Kliniken Westend
Institut f. Tropen-medizin
Universitäts-klinikum
Mus. für Vor- u. Frühgeschichte
Ernst-Bumm-W.
Gartenbau-amt
Rudolf-Virchow Standort Charlottenbg.
Spandauer
Damm
Spandauer Dammbr.
Spandauer Damm
Sammlung Berggruen
Bröhan-Mus.
Stallstr.
Akazien-
allee
Nußbaumallee
Klausener-platz
Am Bf. Westend
Gardes-du-Corps-Str.
Danckelmann-
Neufertstr.
Schloß-
straße
Ulmen-
allee
Ahornpl.
Soorstraße
Königin-
Elisabeth-
Straße
Lerschpfad
Westend
St.-Kamillus-K.
Christ-
straße
Westend
Branitzer Platz
Eichenallee
Ahornallee
Senats-verw.
Nehring-
straße
Seeling-
straße
Eberesche-
allee
Linden-
allee
Arbeits-amt II
Rüstern-
allee
BfA
Haeselerstraße
Epiphan.-weg
Platanenallee
Ev. Hospital
LVA
Knobelsdorffstraße
Knobelsdorffbr.
Knobelsdorffstraße
Zill
Saldernstr.
Horstweg
Sophie-Charlott Pl.
Wundt-
BVG
OSZ
Sophie-Charlotte-Pl.
Hölderlin-
straße
Fredericia-
straße
Kaiserdamm-brücke
damm
Th.-Heuss-Pl.
Kaiserdamm
Kaiser-
Senats-verw.
SFB
Bredtschneider-
Hs. des
Bundesger.hof
Witz-leben-platz
Lietzen-
Lietzen-
142

A B C

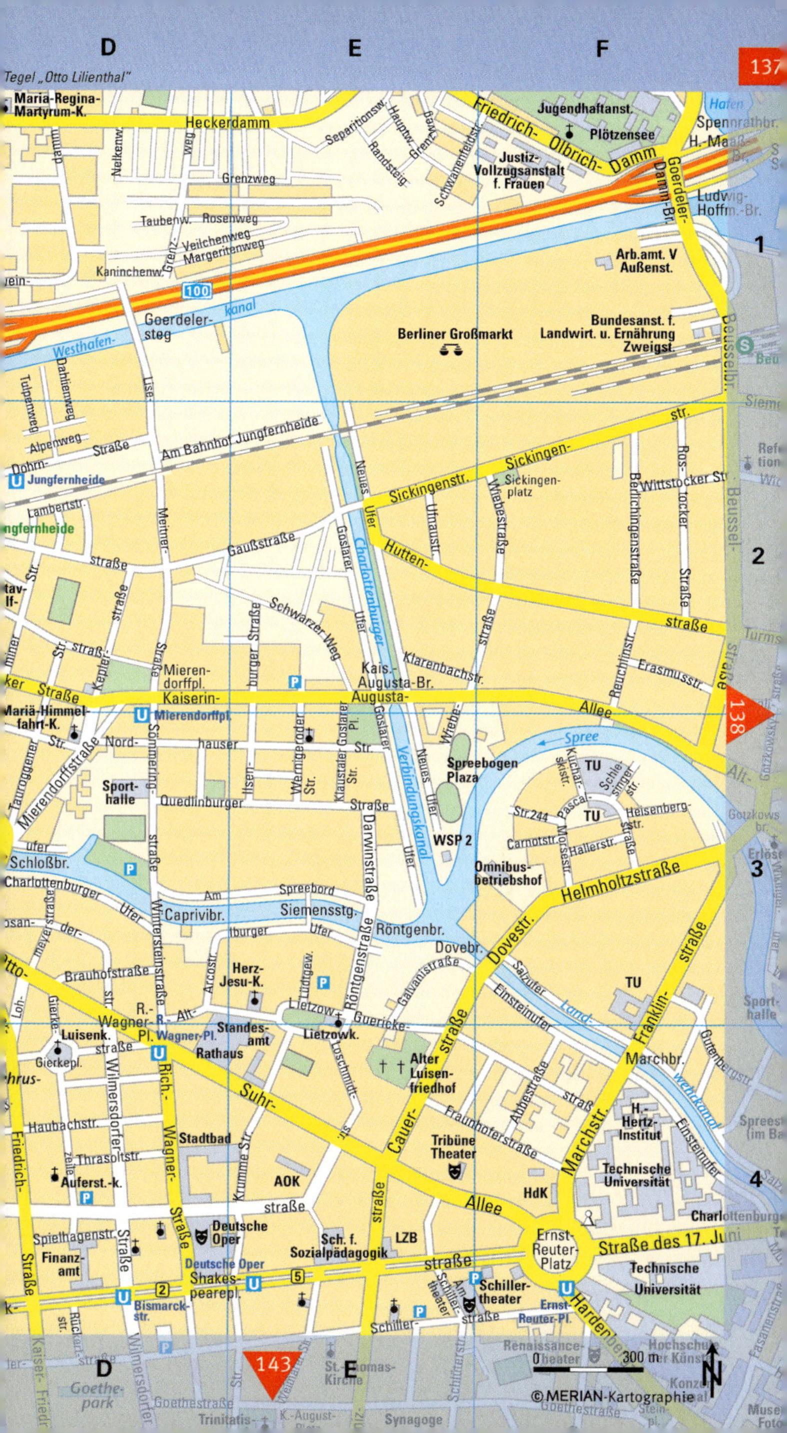

D
E
F
Tegel „Otto Lilienthal"
Maria-Regina-Martyrum-K.
Heckerdamm
Nelkenw.
Grenzweg
Taubenw.
Rosenweg
Veilchenweg
Margeritenweg
Kaninchenw.
100
Separationsw.
Hauptw.
Randsteig
Schwanenfeldstr.
Friedrich-Olbrich-Damm
Jugendhaftanst.
Plötzensee
Justiz-Vollzugsanstalt f. Frauen
Hafen
Goerdeler-Damm-Br.
Ludwig-Hoffm.-Br.
1
Arb.amt. V Außenst.
Goerdeler-steg
Westhafen-kanal
Berliner Großmarkt
Bundesanst. f. Landwirt. u. Ernährung Zweigst.
Beusselbr.
Tulpenweg
Dahlienweg
Alpenweg
Straße
Am Bahnhof Jungfernheide
Jungfernheide
Lambertstr.
Neues Ufer
Sickingenstr.
Sickingen-
Sickingen-platz
str.
Wittstocker Str.
Berlichingenstraße
Beussel-
2
Hutten-
Utrechtstr.
Wiebestraße
Gaußstraße
Gotzlarer Ufer
Charlottenburger
Schwarzer Weg
straße
Mieren-dorffpl.
Kaiserin-Augusta-
Kais.-Augusta-Br.
Klarenbachstr.
Reuchlinstr.
Erasmusstr.
Allee
Kepler-
Mariä-Himmelfahrt-K.
Mierendorffpl.
Nord-hauser
Str.
Mierendorffstraße
Sömmering-
Wernigeroder Str.
Klausthaler Str.
Verbindungskanal
Spreebogen Plaza
Spree
TU
Schleisingerstr.
Sport-halle
Quedlinburger
Straße
Darwinstraße
WSP 2
Str. 244
Pascalstr.
Heisenbergstr.
Carnotstr.
Morsestr.
Hallerstr.
Schloßbr.
Charlottenburger Ufer
Am Spreebord
Caprivibr.
Siemensstg.
Ufer
Röntgenbr.
Omnibus-betriebshof
Helmholtzstraße
3
Brauhofstraße
Herz-Jesu-K.
Dovebr.
Dovestr.
Galvanistraße
Salzufer
Landwehrkanal
TU
Luisenk.
Gierkepl.
Wagner-Pl.
Rich.-Wagner-Pl.
Standes-amt
Rathaus
Lietzow
Lietzowk.
Guericke-
Einsteinufer
Franklin-straße
Marchbr.
Alter Luisen-friedhof
Suhr-
Haubachstr.
Thrasoltstr.
Auferst.-k.
Stadtbad
Krumme Str.
AOK
Tribüne Theater
Fraunhoferstraße
Marchstr.
H.-Hertz-Institut
Technische Universität
4
HdK
Allee
Ernst-Reuter-Platz
Straße des 17. Juni
Charlottenburger
Spielhagenstr.
Deutsche Oper
Finanz-amt
Sch. f. Sozialpädagogik
LZB
Technische Universität
Deutsche Oper
Shakes-pearepl.
Bismarck-str.
Schiller-theater
Ernst-Reuter-Pl.
Hardenbergstr.
143
Renaissance-Theater
300 m
D
E
Goethe-park
Goethestraße
St. Thomas-Kirche
Trinitatis-
Synagoge
© MERIAN-Kartographie

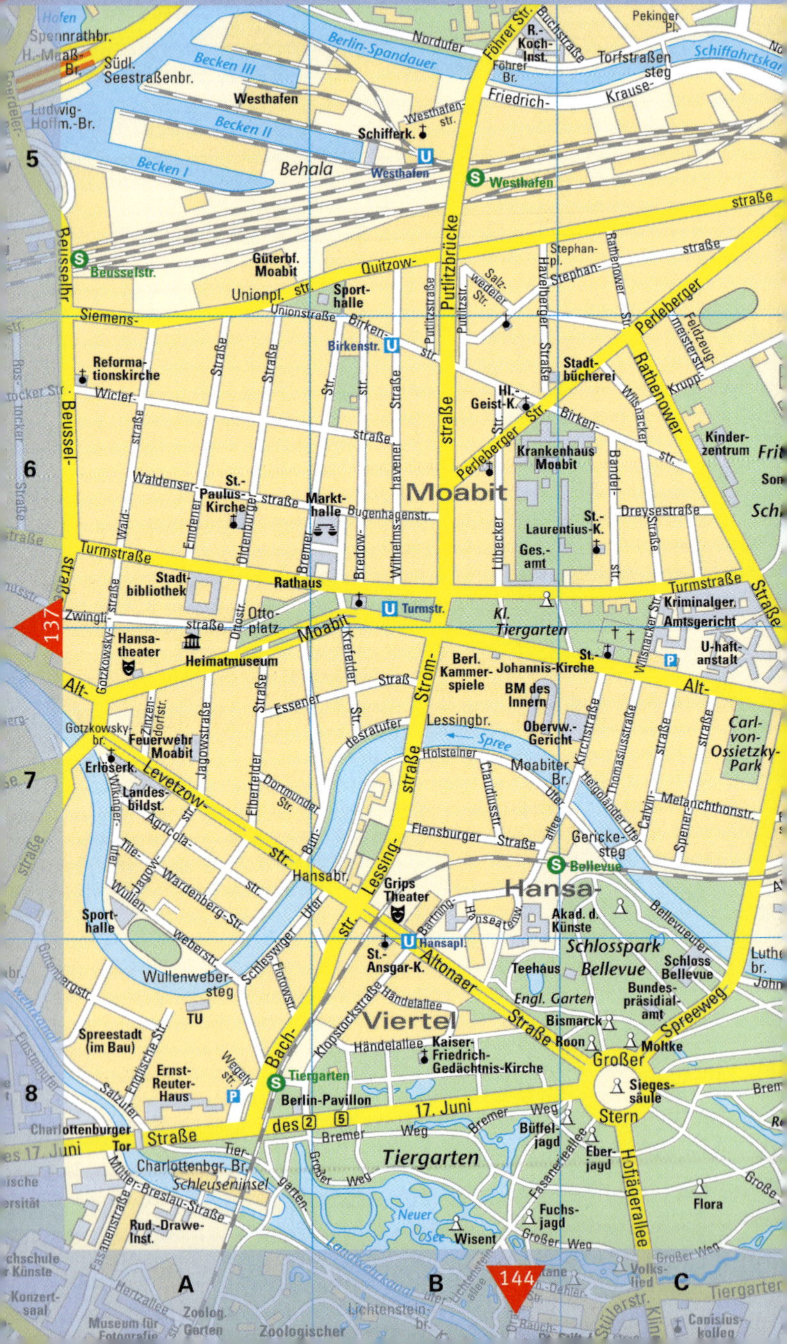

A
B
C
5
6
7
8
137
144
Hafen
Spennrathbr.
H.-Maaß-Br.
Südl. Seestraßenbr.
Ludwig-Hoffm.-Br.
Becken III
Becken II
Becken I
Westhafen
Behala
Berlin-Spandauer
Nordufer
Föhrer Str.
Föhrer Br.
R.-Koch-Inst.
Buchstraße
Pekinger Pl.
Torfstraßensteg
Schiffahrtskanal
Friedrich-Krause-
Westhafenstr.
Schifferk.
Westhafen
Putlitzbrücke
Beusselstr.
Güterbf. Moabit
Quitzow-str.
Unionpl.
Sport-halle
Unionstraße
Stephanpl.
Stephanstraße
Salzwedeler Str.
Putlitzstraße
Rathenower Str.
Havelberger Straße
Perleberger
Feldzeugmeisterstr.
Siemens-
Birkenstr.
Birken-str.
Reformationskirche
Wiclef-straße
Stadtbücherei
Rathenower
Krupp-
Hl.-Geist-K.
Perleberger Str.
Birkenstr.
Wilsnacker
Kinder-zentrum
Krankenhaus Moabit
Waldenser-straße
St.-Paulus-Kirche
Markt-halle
Bugenhagenstr.
Moabit
Dreysestraße
Bandel-straße
Turmstraße
Stadt-bibliothek
Rathaus
St.-Laurentius-K.
Ges.-amt
Lübecker Str.
Waldstr.
Emdener
Oldenburger
Bremer
Bredowstr.
Wilhelmshavener Straße
Zwingli-straße
Ottoplatz
Ottostr.
Turmstr.
Kl. Tiergarten
Turmstraße
Kriminalger.
Amtsgericht
U-haft-anstalt
Hansa-theater
Heimatmuseum
Moabit
Krefelder Str.
Berl. Kammer-spiele
Johannis-Kirche
St.-
BM des Innern
Alt-
Gotzkowskystr.
Strom-straße
Essener Straße
Lessingbr.
Oberverw.-Gericht
Carl-von-Ossietzky-Park
Gotzkowsky-br.
Zinzendorfstr.
Jagowstraße
Feuerwehr Moabit
Erlöserk.
Levetzow-str.
Landes-bildst.
Elberfelder
Dortmunder Str.
Kirchstraße
Thomasiusstraße
Spree
Holsteiner Ufer
Claudiusstr.
Moabiter Br.
Melanchthonstr.
Agricola-str.
Wikinger-Ufer
Flensburger Straße
Helgoländer Ufer
Calvinstr.
Spenerstr.
Gericke-steg
Bellevue
Tile-Wardenberg-Str.
Wullen-weberstr.
Hansabr.
Lessing-straße
Grips Theater
Hansa-
Akad. d. Künste
Bellevueufer
Sport-halle
Schleswiger Ufer
Bartning-allee
Hanseatenweg
Hansapl.
Schlosspark Bellevue
Schloss Bellevue
Luther-br.
Wullenweber-steg
Flotowstr.
St.-Ansgar-K.
Altonaer Straße
Teehaus
Bundes-präsidial-amt
Händelallee
Engl. Garten
Spreeweg
Viertel
Bismarck
Roon
Moltke
Großer
Spreestadt (im Bau)
TU
Englische Str.
Klopstockstraße
Händelallee
Kaiser-Friedrich-Gedächtnis-Kirche
Ernst-Reuter-Haus
Wegely-str.
Bach-str.
Tiergarten
Sieges-säule
Stern
Salzufer
Berlin-Pavillon
17. Juni
Charlottenburger Tor
Straße des 17. Juni
Bremer Weg
Büffel-jagd
Eber-jagd
Hofjägerallee
Tiergarten
Fasanerieallee
Tiergarten-Ufer
Charlottenbgr. Br.
Schleuseninsel
Großer Weg
Müller-Breslau-Straße
Neuer See
Wisent
Fuchs-jagd
Flora
Rud.-Drawe-Inst.
Fasanenstraße
Landwehrkanal
Volks-lied
Großer Weg
Lichtensteinbr.
Lichtensteinallee
Zoolog. Garten
Zoologischer
Konzert-saal
Museum für Fotografie
Hertzallee
Canisius-kolleg
Stülerstr.
Tiergarten

Schulzendorfer Str.
Reinickendorfer Str.
Fennstraße
Mettmannpl.
Tegeler Straße
Ufer
Fennbr.
Am Nordhfn.
Nordhafen
Nordhfn.-brücke
Sellerstr.
E.-Hess-Eisstadion
Chausseestr.
Neue Hochstr.
Liesenstraße
Friedh. d. St.-Hedw.-G., Franz. Dom-gem.
Ackerstraße
Gartenstr.
Max-Urich-Str.
Gartenplatz
Feldstr.
St.-Sebastians-K.
Heidestraße
Kieler Str.
Scharnhorststr.
Boyenstraße
Kieler Br.
Bundeswehr-krankenhaus
Handels-hochsch.
Wöhlertstr.
Pflugstr.
Stettiner Tunnel
Th.-Heuss-Str.
Lazarus-Krankenhaus
Bergstr.
Hamburger u. Lehrter Bf. Containerbf.
Schwartzkopffstr.
Caroline-Michaelis-Str.
Julie-Wolfthorn-Str.
Zinnowitzer Str.
Invaliden-Friedhof
Habersaathstr.
Museum für Naturkunde u. Zool. Mus.
Univ.
Amtsgericht
Strafanstalt
Poststadion
Sporthalle
Döberitzer Str.
Minna-Cauer-Str.
Lehrter Straße
Invalidenpark
BM für Wirtschaft u. Technologie
Schwarzer Weg
Invalidenstr.
Schlegelstr.
Tieckstr.
Novalisstr.
Museum für Gegenwart
Pl. v. d. Neuen Tor
Hannoversche Str.
Hessische Str.
Brechthaus/Archiv
Dorotheenstädt. und Friedrichsw. Friedhof
Oranienburger Tor
Friedhof
Komb. Hallen- u. Freibad
Sandkrugbr.
Akademie d. Künste
Rob.-Koch-Pl.
Humboldt-Universität
Philippstr.
Städt. Altenheim Tiergarten
Lesser-Ury-Weg
Clara-Wieck-Str.
Europa-pl.
Ladestr.
Humboldthafen
Universitäts-klinikum Charité
Luisenstraße
Hauptbahnhof
DB
Invalidenstraße
Kammerspiele
Deutsches Theater
Friedrichstraße
1 E.-Herwegh-Str.
2 A.-Zahn-Hamack-Str.
3 I.-Schaeffer-Str.
C.-Jaschke-Str.
K.-Paulus-Str.
E.-Trebe-Str.
B.-Benz-Str.
R.-Hirsch-Str.
Washington-pl.
Alexanderufer
Kapelleufer
Schumannstr.
Albrechtstr.
Bertolt-Brecht-Pl.
Am Zirkus
G.-Heinemann-Br.
Ludwig-Erhard-Ufer
Spreebogen-park
Reinhardtstr.
Charitéstr.
Karlpl.
Marienstraße
Berliner Ensemble
Moabit
W.-Brandt-Str.
Moltke-br.
Admiralspalast
Die Distel
Ingeborg-Drewitz-Allee
Otto-v.-Bismarck-Allee
CH
Konrad-Adenauer-Str.
Paul-Löbe-Haus
Reichstagufer
Schiffbauerdamm
Lüders-Haus
Luisenstr.
Friedrichstr.
Bundeskanzler-amt
Reichstag
Paul-Löbe-Allee
Reichstags-gebäude
Marschallbr.
Spree
Neustädtische Kirchstr.
Joachim-Karnatz-Allee
Moabiter Werder
B.-v.-Arnim-Ufer
Tipi das Zelt
Haus der Kulturen der Welt/Kongresshalle
Gr. Querallee
H.-v.-Gagern-Str.
Platz d. Republik
Deutscher Bundes-tag
Friedrich-Ebert-Pl.
Bundes-presseamt
Dorotheenstr.
Schadowstr.
Dulles-Allee
Foster-
Scheidemannstraße
Sowjetisches Ehrenmal
Simsonweg
Brandenburger Tor
Mittelstr.
Unter den Linden
Tiergarten
Yitzhak-Rabin-Str.
Pariser Pl.
Platz des 18. März
Wilhelmstr.
Glinkastr.
Komische Oper
Kleiner Stern
Straße des 17. Juni
Bremer Weg
Löwen-denkmal
Ahornsteig
Akademie d. Künste
Behrenstr.
Stasi-Die Ausst.
Mauerstr.
Französische Str.
Naturschutz- u. Grünfl.amt
Amazone
Musiker-denkmal
Goethe
Ebertstr.
Holocaust-Mahnmal
Hannah-Arendt-Str.
Hochsch. f. Musik
Jägerstr.
Tiergarten
Herkules mit der Lyra
Gertrud-Kolmar-Straße
Zietenpl.
Taubenstr.
Mitte
Friedrich Wilhelm III.
Lessing
In den Ministergärten
A. d. Kolonnade
Bundes-ministerien
Mohrenstraße
Baum-denkmal
Großer Weg
Königin Luise
Ahornsteig
Musikinstrumentenmus.
Kemperpl.
Lennéstraße
Ebertstraße
Voßstr.
Mohrenstr.
Kronenstr.
Bellevuestraße
Prinz Wilhelm
Wagner
Kunstgewerbe-museum
Philharmonie
Filmmus.
Sony Center
Potsd. Pl.
Leipziger Pl.
Leipziger Straße
Gemäldegalerie
Kulturforum
Potsdamer Str.
Potsdamer Pl.
Mus.
Bethlehemkirchpl.
Bundes-
0 300 m
N
96
139
140
145
2
5
6
7
8
9
D E F

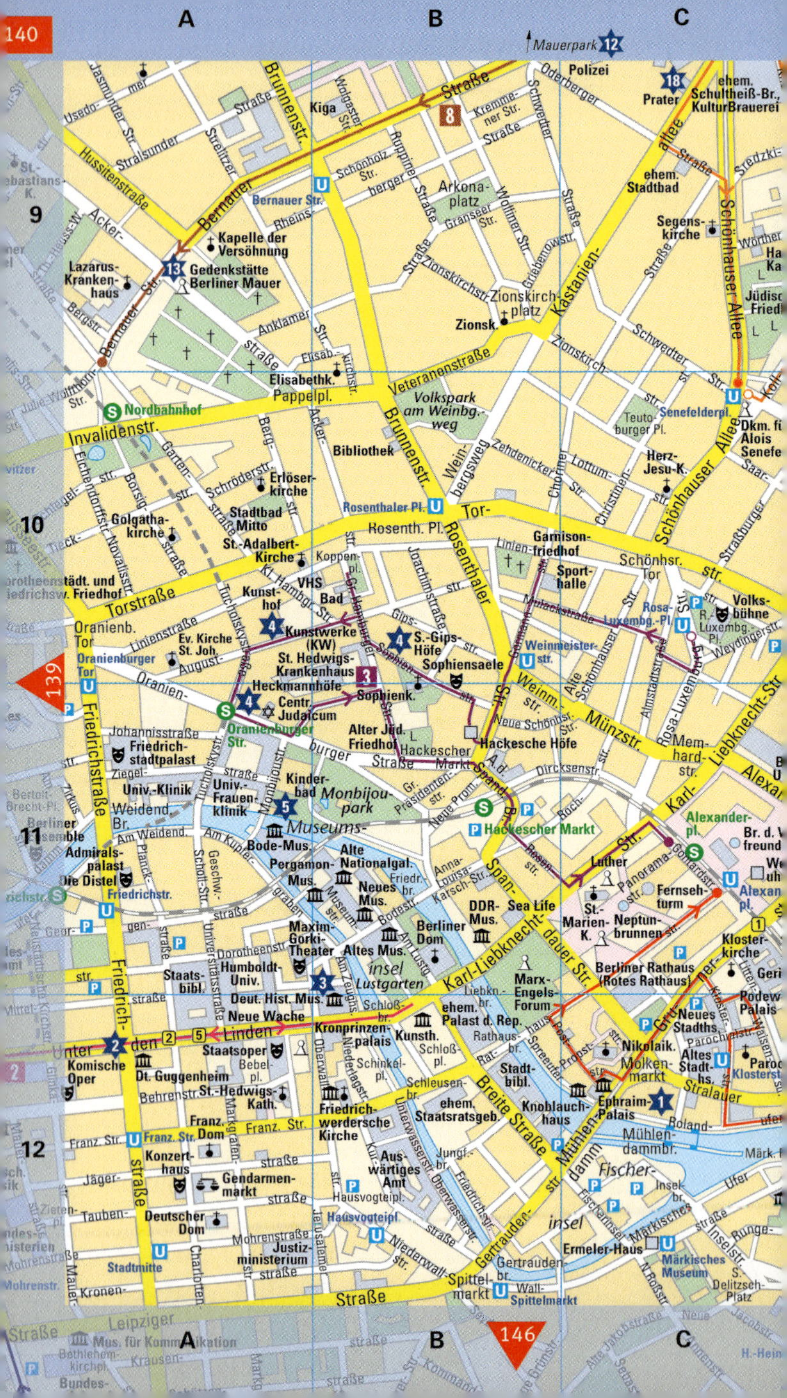
A
B
C
Mauerpark
9
10
11
12
Bernauer Str.
Brunnenstr.
Kiga
Polizei
Prater
ehem. Schultheiß-Br., KulturBrauerei
Hussitenstraße
Stralsunder Str.
Strelitzer Str.
Wolliner Str.
Arkonaplatz
Kapelle der Versöhnung
Gedenkstätte Berliner Mauer
Lazarus-Kranken-haus
ehem. Stadtbad
Segens-kirche
Schönhauser Allee
Zionskirchplatz
Zionsk.
Kastanienallee
Veteranenstraße
Elisabethk.
Pappelpl.
Nordbahnhof
Invalidenstr.
Volkspark am Weinbg.-weg
Bibliothek
Senefelderpl.
Teutoburger Pl.
Herz-Jesu-K.
Erlöser-kirche
Stadtbad Mitte
Golgatha-kirche
St.-Adalbert-Kirche
Rosenthaler Pl.
Rosenth. Pl.
Torstraße
Garnison-friedhof
Sport-halle
Schönhsr. Tor
Volks-bühne
Rosa-Luxemburg-Pl.
VHS
Bad
Kunst-hof
Kunstwerke (KW)
S.-Gips-Höfe
Sophiensaele
Weinmeister-str.
St. Hedwigs-Krankenhaus
Heckmannhöfe
Centr. Judaicum
Sophienk.
Oranienburger Tor
Oranienburger Str.
Ev. Kirche St. Joh.
Alter Jüd. Friedhof
Hackesche Höfe
Münzstr.
Friedrich-stadtpalast
Univ.-Klinik
Univ.-Frauen-klinik
Kinder-bad
Monbijou-park
Hackescher Markt
Alexander-pl.
Museums-insel
Bode-Mus.
Pergamon-Mus.
Alte Nationalgal.
Neues Mus.
Admirals-palast
Die Distel
Friedrichstr.
DDR-Mus.
Sea Life
Fernseh-turm
St.-Marien-K.
Neptun-brunnen
Berliner Dom
Maxim-Gorki-Theater
Altes Mus.
Lustgarten
Karl-Liebknecht-Str.
Marx-Engels-Forum
Berliner Rathaus (Rotes Rathaus)
Kloster-kirche
Staats-bibl.
Humboldt-Univ.
Deut. Hist. Mus.
Neue Wache
ehem. Palast d. Rep.
Nikolaik.
Unter den Linden
Kronprinzen-palais
Komische Oper
Dt. Guggenheim
Staatsoper
St.-Hedwigs-Kath.
Friedrich-werdersche Kirche
Ehemaliges Staatsratsgeb.
Stadt-bibl.
Knoblauch-haus
Ephraim-Palais
Molken-markt
Franz. Dom
Franz. Str.
Konzert-haus
Gendarmen-markt
Aus-wärtiges Amt
Breite Straße
Mühlen-damm
Fischer-insel
Deutscher Dom
Hausvogteipl.
Stadtmitte
Justiz-ministerium
Gertrauden-str.
Ermeler-Haus
Märkisches Museum
Spittel-markt
Leipziger Straße
Mus. für Kommunikation
146
139

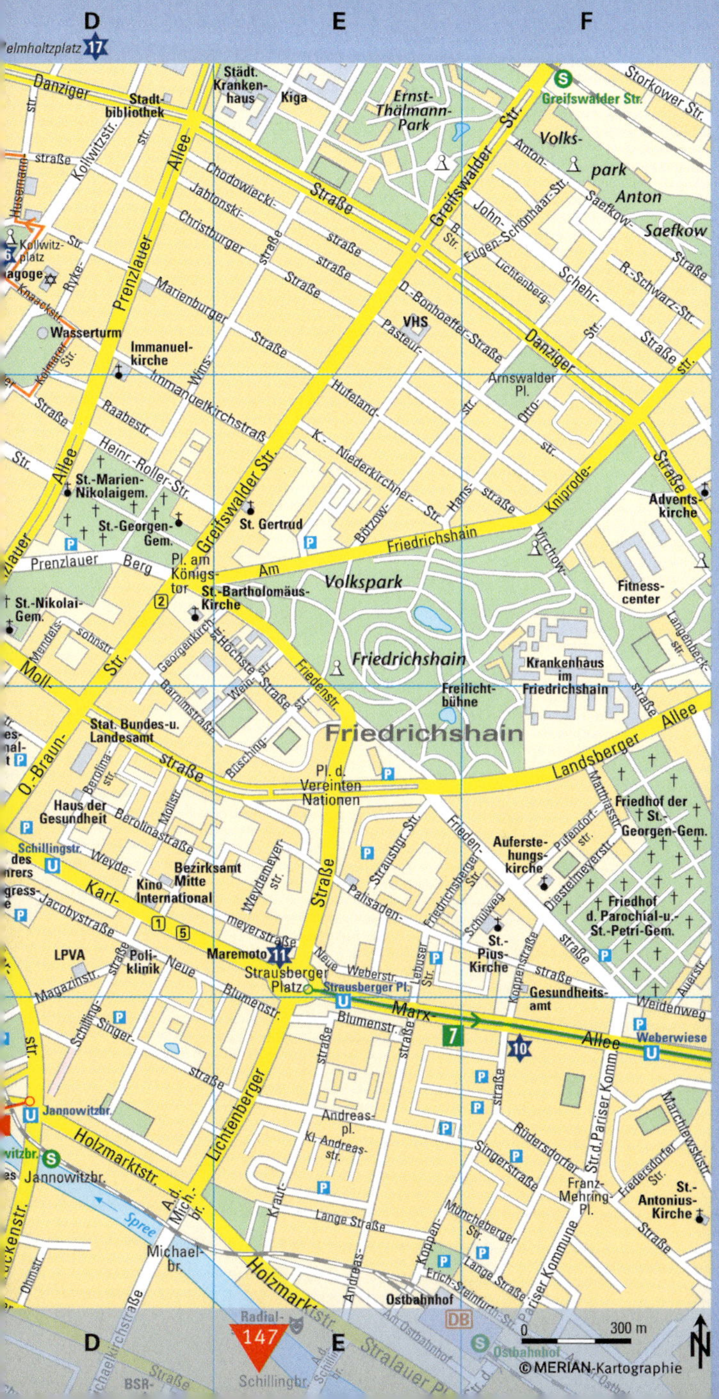
D
E
F
9
10
11
12
elmholtzplatz 17
Danziger
Stadt-
bibliothek
Städt.
Kranken-
haus
Kiga
Ernst-
Thälmann-
Park
Greifswalder Str.
Storkower Str.
Volks-
park
Anton
Saefkow
Kollwitzstr.
Prenzlauer
Allee
Chodowiecki-
Jablonski-
Christburger
Straße
Greifswalder
Anton-
Saefkow-
Straße
John-
Schönhaar-Str.
Eugen-
Lichtenberg-
Schehr-
R.-Schwarz-Str.
Kollwitz-
platz
agoge
Ryke-
Knaackstr.
Marienburger
D.-Bonhoeffer-Straße
VHS
Pasteur-
Wasserturm
Kolmarer Str.
Immanuel-
kirche
Immanuelkirchstraß
Wins-
Danziger
Arnswalder
Pl.
Otto-
Raabestr.
Hufeland-
Heinr.-Roller-Str.
K.-Niederkirchner-
Hans-
straße
Knipròde-
St.-Marien-
Nikolaigem.
St.-Georgen-
Gem.
St. Gertrud
Bötzow-
Friedrichshain
Virchow-
Advents-
kirche
Prenzlauer
Berg
Pl. am
Königs-
tor
Am
Volkspark
Fitness-
center
St.-Nikolai-
Gem.
St.-Bartholomäus-
Kirche
Mendels-
sohnstr.
Georgenkirch-
Höchste
Friedrichshain
Krankenhaus
im
Friedrichshain
Langenbeck-
str.
Moll-
Str.
Barnimstraße
Weinstr.
Friedenstr.
Freilicht-
bühne
Stat. Bundes-u.
Landesamt
Friedrichshain
Landsberger
Allee
O.-Braun-
Berolina-
Büsching-
Pl. d.
Vereinten
Nationen
Haus der
Gesundheit
Mollstr.
Berolinastraße
Strausberger Str.
Frieden-
Matthiasstr.
Friedhof der
St.-
Georgen-Gem.
Schillingstr.
Weyde-
Weydemeyer-
Bezirksamt
Mitte
Kino
International
Karl-
Straße
Palisaden-
Friedrichsberger
Schulweg
Auferste-
hungs-
kirche
Pufendorf-
Diestelmeyerstr.
Friedhof
d. Parochial-u.-
St.-Petri-Gem.
Jacobystraße
meyerstraße
LPVA
Poli-
klinik
Maremoto 11
Strausberger
Platz
Neue
Weberstr.
Lebuser
St.-
Pius-
Kirche
Koppenstraße
Gesundheits-
amt
Weidenweg
Magazinstr.
Blumenstr.
Strausberger Pl.
Marx-
Allee
7
10
Weberwiese
Schilling-
Singer-
straße
Jannowitzbr.
Holzmarktstr.
Lichtenberger
Andreas-
pl.
Kl. Andreas-
str.
Rüdersdorfer
Singerstraße
Str.d.Pariser Komm.
Marchlewskistr.
Fredersdorfer
Franz-
Mehring-
Pl.
St.-
Antonius-
Kirche
Jannowitzbr.
Spree
Michael-
br.
A.d.
Mich.-
br.
Lange Straße
Kraut-
Koppen-
Müncheberger
Lange Straße
Erich-Steinfurth-Str.
Pariser Kommune
Holzmarktstr.
Andreas-
Ostbahnhof
Ohmstr.
Radial-
147
Schillingbr.
Stralauer
Am Ostbahnhof
Ostbahnhof
BSR-
Straße
0
300 m
N
© MERIAN-Kartographie

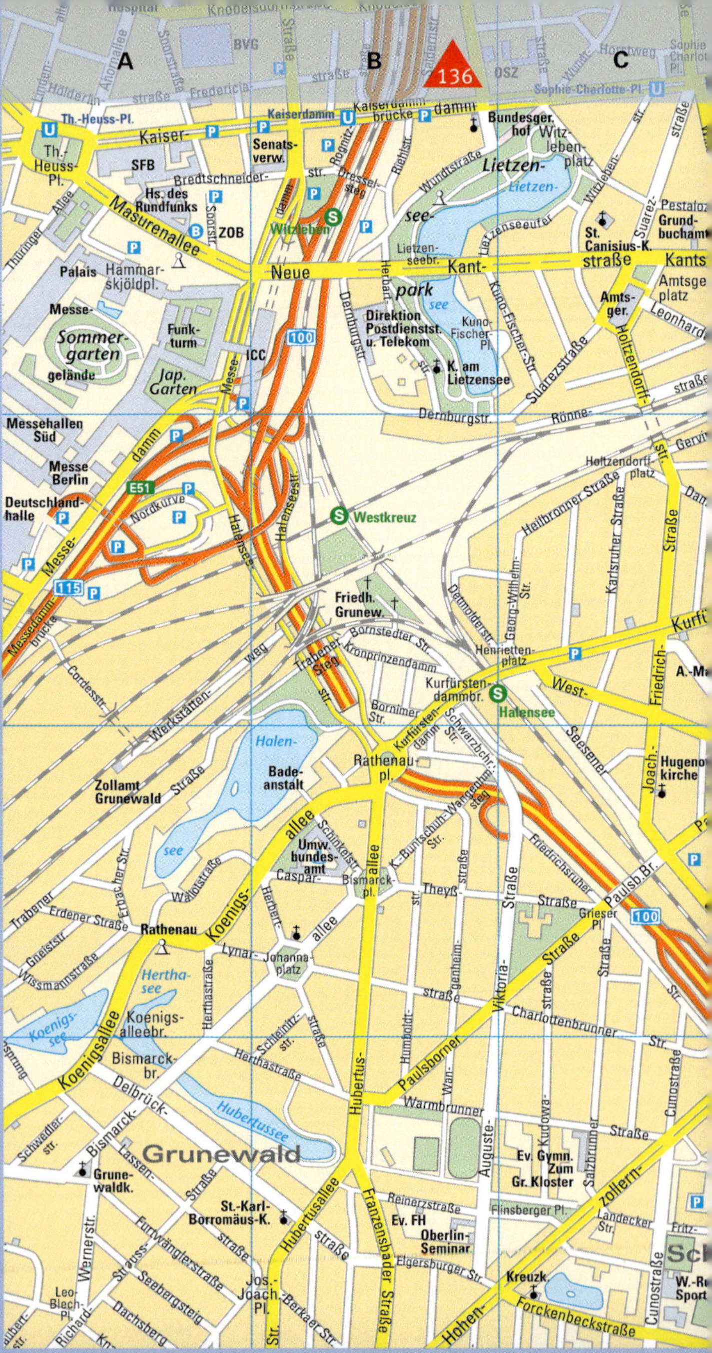

136
A
B
C
13
14
15
16
Th.-Heuss-Pl.
Th.-Heuss-Pl.
Kaiserdamm
Kaiser-damm
Kaiserdammbrücke
Senats-verw.
SFB
Hs. des Rundfunks
ZOB
Bredtschneider-str.
Masurenallee
Thüringer Allee
Witzleben
Bundesgerhof
Witzlebenplatz
Lietzensee
Lietzenseepark
Wundtstraße
Lietzenseeufer
Lietzenseebr.
Dresselsteg
Rognitzstr.
Riehlstr.
St. Canisius-K.
Kantstraße
Neue Kantstraße
Amtsgerichtsplatz
Amtsger.
Leonhardtstr.
Holtzendorffstr.
Pestalozzi-Grundschule
Suarezstraße
Witzlebenstr.
Palais Hammarskjöldpl.
Messe-Sommergarten-gelände
Funkturm
ICC
Jap. Garten
Messedamm
Herbartstr.
Dernburgstr.
Direktion Postdienststst. u. Telekom
K. am Lietzensee
Kuno-Fischer-Pl.
Kuno-Fischer-Str.
Rönnestr.
Messehallen Süd
Messe Berlin
Deutschlandhalle
Nordkurve
E51
100
115
Halenseestr.
Westkreuz
Holtzendorffplatz
Heilbronner Straße
Karlsruher Straße
Friedrichstraße
Joach.-Friedrich-Straße
Dernburgstr.
Georg-Wilhelm-Str.
Detmolderstr.
Messedammbrücke
Cordesstr.
Werkstättenweg
Friedh. Grunew.
Bornstedter Str.
Trabener Steg
Kronprinzendamm
Henriettenplatz
Kurfürstendamm
Kurfürstendammbr.
Halensee
West-
Seesener Str.
Hugenottenkirche
Bornimer Str.
Schwarzbacher Str.
Rathenaupl.
Zollamt Grunewald
Halensee
Badeanstalt
Wangenheimsteg
K.-Buntschuh-Str.
Friedrichsruher Straße
Pausb.Br.
Grieser Pl.
Umw.bundesamt
Schinkelstr.
Caspar-Theyß-Str.
Bismarckpl.
Bismarckallee
Koenigsallee
Wallotstraße
Trabener Str.
Erdener Straße
Erbacher Str.
Gneiststr.
Wissmannstraße
Rathenau
Herbertstr.
Lynarstr.
Johannaplatz
Herthasee
Herthastraße
Koenigssee
Koenigsalleebr.
Bismarckbr.
Schleinitzstr.
Humboldtstr.
Wangenheimstraße
Viktoria-Luise-Straße
Paulsborner Straße
Charlottenbrunner Str.
Cunostraße
Hubertusbader Str.
Delbrückstr.
Hubertussee
Warmbrunner Straße
Auguste-Viktoria-Str.
Kudowastraße
Salzbrunner Straße
Grunewald
Schwedlerstr.
Bismarckstr.
Lassenstraße
Grunewaldk.
Ev. Gymn. Zum Gr. Kloster
Flinsberger Pl.
Hohenzollerndamm
Landecker Str.
Fritz-
St.-Karl-Borromäus-K.
Hubertusallee
Franzensbader Straße
Reinerzstraße
Ev. FH
Oberlin-Seminar
Elgersburger Str.
Kreuzk.
Forckenbeckstraße
W.-R.-Sport
Wernerstr.
Furtwänglerstraße
Straussstr.
Seebergsteig
Dachsberg
Leo-Blech-Pl.
Richard-Str.
Jos.-Joach.-Pl.
Berkaer Str.
Hubertusstr.

A B C

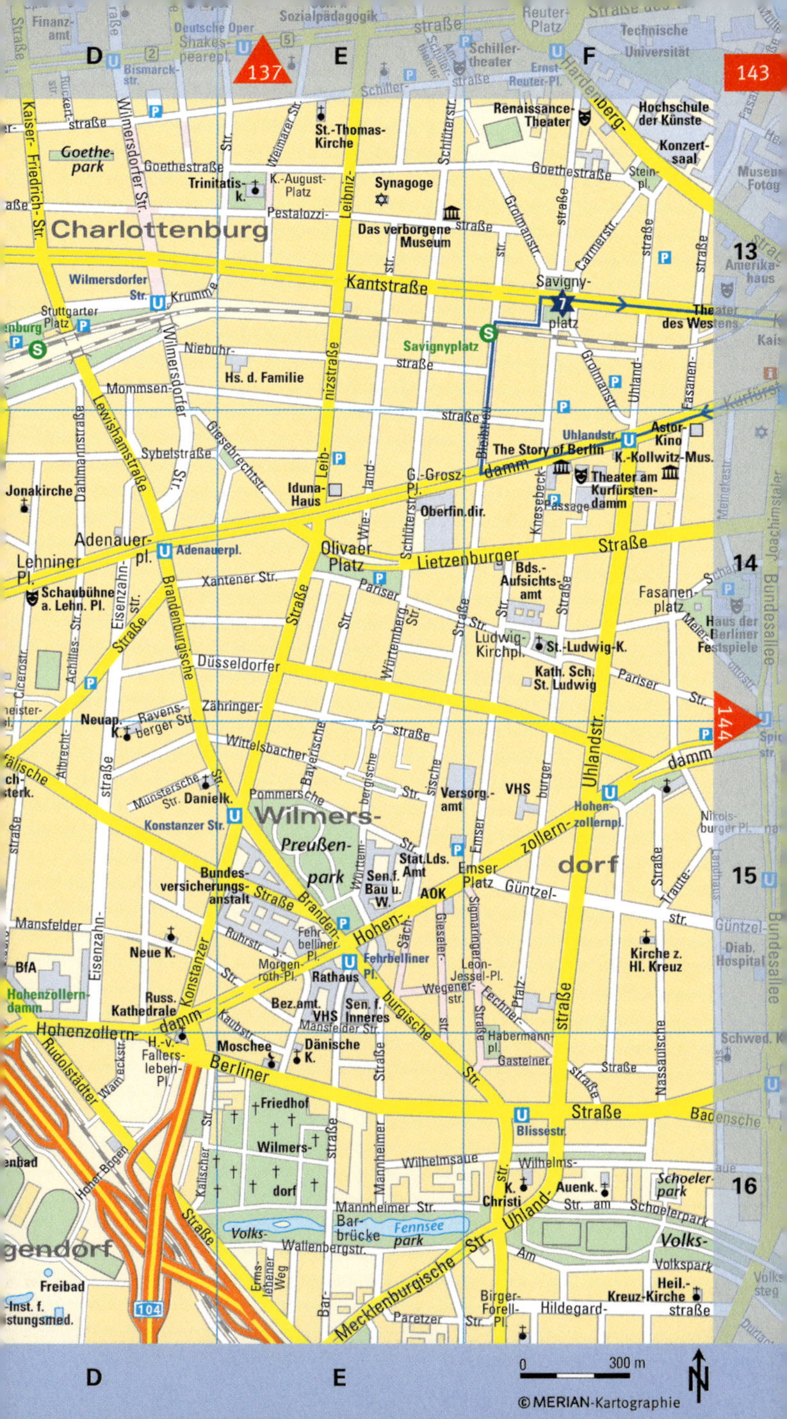

137
143
144
D
E
F
13
14
15
16
Charlottenburg
Wilmers-
dorf
Kaiser-Friedrich-Str.
Wilmersdorfer Str.
Goethepark
Goethestraße
Trinitatis-k.
K.-August-Platz
Pestalozzi-
St.-Thomas-Kirche
Leibniz-
Synagoge
Das verborgene Museum
Schlüterstr.
Renaissance-Theater
Hochschule der Künste
Konzertsaal
Hardenberg-
Grolmanstr.
Carmerstr.
Stein-pl.
Kantstraße
Savigny-platz
Savignyplatz
Theater des Westens
Wilmersdorfer Str.
Krumme
Stuttgarter Platz
Niebuhr-straße
Hs. d. Familie
Mommsen-
Lewishamstraße
Sybelstraße
Giesebrechtstr.
Jonakirche
Dahlmannstraße
Iduna-Haus
G.-Grosz-Pl.
Oberfin.dir.
Bleibtreu-
Uhlandstr.
Astor-Kino
The Story of Berlin
K.-Kollwitz-Mus.
Theater am Kurfürstendamm
Passage
Knesebeck-
Fasanen-
Adenauer-pl.
Adenauerpl.
Lehniner Pl.
Schaubühne a. Lehn. Pl.
Olivaer Platz
Lietzenburger Straße
Xantener Str.
Pariser Str.
Bds.-Aufsichts-amt
Ludwig-Kirchpl.
St.-Ludwig-K.
Kath. Sch. St. Ludwig
Fasanen-platz
Haus der Berliner Festspiele
Meier-
Brandenburgische
Düsseldorfer
Zähringer-
Neuapl. K.
Ravensberger Str.
Wittelsbacher
Bayerische
Württemberg. Str.
Albrecht-
Achilles-Str.
Cicerostr.
Eisenzahn-str.
Uhlandstr.
Bundesallee
Joachimstaler
Pommersche
Münstersche Str.
Danielk.
Konstanzer Str.
Preußen-park
Versorg.-amt
VHS
Hohenzollerndamm
Hohen-zollernpl.
Nikolsburger Pl.
Stat.Lds. Amt
Sen.f. Bau u. W.
AOK
Emser Platz
Güntzel-str.
Trautenau-
Bundesversicherungs-anstalt
Mansfelder
BfA
Neue K.
Ruhrstr.
Fehrbelliner Pl.
J.-Morgenroth-Pl.
Rathaus
Fehrbelliner Pl.
Sigmaringer-Str.
Leon-Jessel-Pl.
Wegener-str.
Fechner-
Kirche z. Hl. Kreuz
Diab. Hospital
Russ. Kathedrale
Bez.amt.
VHS
Sen. f. Inneres
Mansfelder Str.
Habermann-pl.
Gasteiner
Nassauische
Schwed. K.
Konstanzer
Kaubstr.
H.-v.-Fallersleben-Pl.
Moschee
Dänische K.
Berliner Straße
Blissestr.
Badensche
Rudolstädter
Wallenbergstr.
Friedhof Wilmers-dorf
Kalischer
Mannheimer
Wilhelmsaue
K. Christi
Auenk.
Am Schoelerpark
Schoeler-park
Mannheimer Str.
Barbrücke
Fennsee park
Volks-park
Volkspark
Uhland-
Mecklenburgische Str.
Birger-Forell-Pl.
Hildegard-straße
Heil.-Kreuz-Kirche
Paretzer Str.
Ems-lebener Weg
Hoher Bogen
Freibad
104
0
300 m
N
© MERIAN-Kartographie

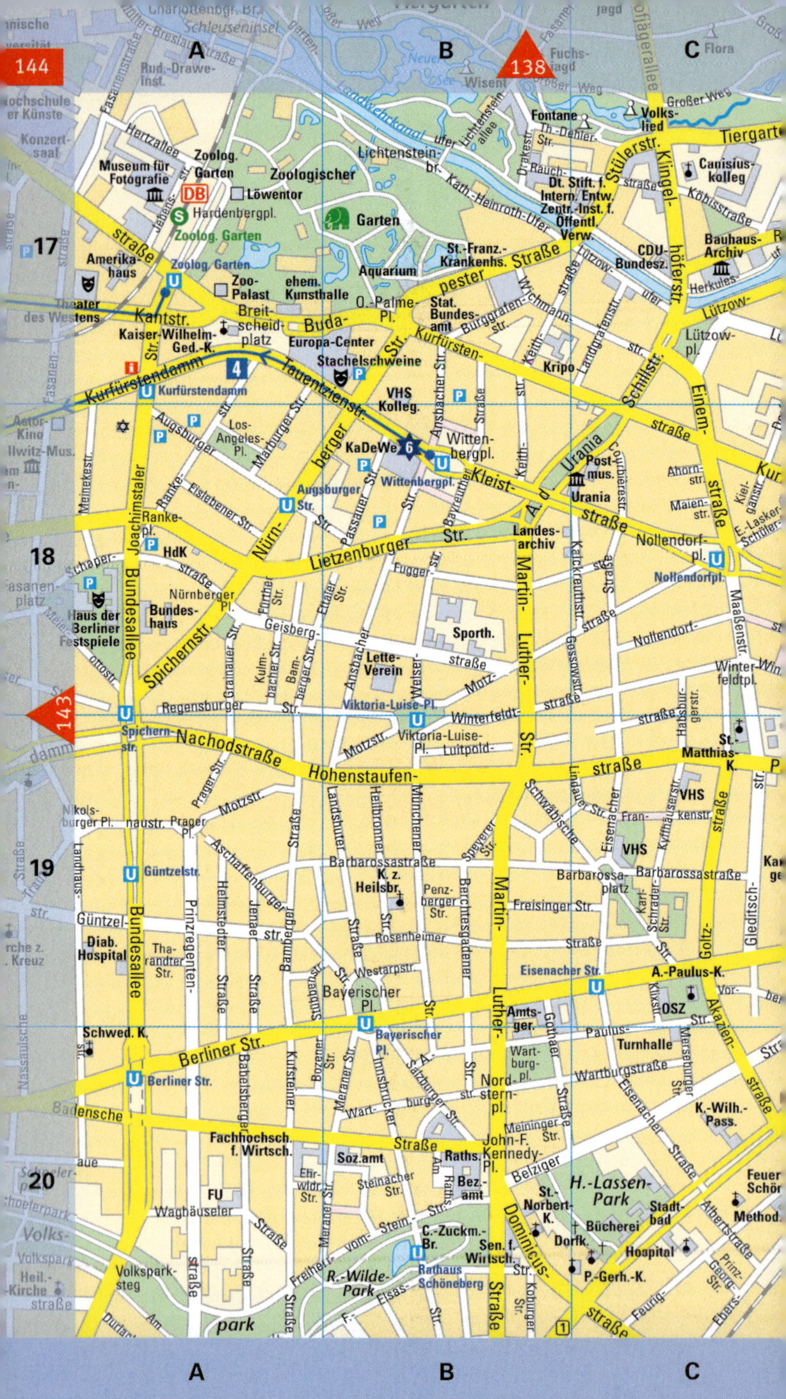
A
B
C
138
17
18
19
20
143
Schleuseninsel
Neuer See
Wisent
Fuchs-jagd
Großer Weg
Flora
Rud.-Drawe-Inst.
Hochschule der Künste
Konzertsaal
Hertzallee
Landwehrkanal
Lichtensteinbr.
Lichtensteinallee
Fontane
Th.-Dehler-Str.
Volkslied
Stülerstr.
Tiergarten
Museum für Fotografie
Zoolog. Garten
Zoologischer Garten
Löwentor
Hardenbergpl.
Zoolog. Garten
Kath.-Heinroth-Ufer
Drakestr.
Rauchstr.
Dt. Stift. f. Intern. Entw.
Zentr.-Inst. f. Öffentl. Verw.
Klingelhöferstr.
Canisius-kolleg
Köbisstraße
Bauhaus-Archiv
Amerika-haus
Zoolog. Garten
Zoo-Palast
ehem. Kunsthalle
Aquarium
St.-Franz.-Krankenhs.
Budapester Straße
Lützowufer
CDU-Bundesz.
Herkules
Lützowpl.
Theater des Westens
Kantstr.
Breitscheidplatz
O.-Palme-Pl.
Stat. Bundesamt
Burggrafenstr.
Wichmannstr.
Landgrafenstr.
Kaiser-Wilhelm-Ged.-K.
Europa-Center
Kurfürstenstr.
Keithstr.
Kripo
Schillstr.
Einemstraße
Kurfürstendamm
Kurfürstendamm
Tauentzienstr.
Stachelschweine
VHS Kolleg.
Ansbacher Str.
Astor-Kino
Augsburger Str.
Los-Angeles-Pl.
Marburger Str.
Nürnberger Str.
KaDeWe
Wittenbergpl.
Urania
Post-mus.
Kleiststr.
Ahornstr.
Maienstr.
Kielganstr.
Meinekestr.
Joachimstaler Str.
Rankestr.
Rankepl.
Eislebener Str.
Augsburger Str.
Passauer Str.
Wittenbergpl.
Bayreuther Str.
An der Urania
Landesarchiv
Courbièrestr.
Nollendorfstr.
Nollendorfpl.
HdK
Lietzenburger Str.
Fuggerstr.
Martin-Luther-Str.
Kalckreuthstr.
Schaperstr.
Haus der Berliner Festspiele
Bundesallee
Nürnberger Pl.
Bundeshaus
Fürther Str.
Eislebener Str.
Sporth.
Motzstraße
Maaßenstr.
Geisbergstr.
Spichernstr.
Kulmbacher Str.
Bamberger Str.
Ansbacher Str.
Lette-Verein
Welserstr.
Nollendorfstraße
Winterfeldtpl.
Grainauer Str.
Gossowstr.
Regensburger Str.
Viktoria-Luise-Pl.
Winterfeldtstraße
Habsburgerstr.
Spichernstr.
Nachodstraße
Motzstr.
Viktoria-Luise-Pl.
Luitpoldstr.
Hohenstaufenstraße
St.-Matthias-K.
Nikolsburger Pl.
Pragerstr.
Motzstr.
Prager Pl.
Landshuter Str.
Heilbronner Str.
Münchener Str.
Lindauer Str.
Schwäbische Str.
Eisenacher Str.
VHS
Frankenstr.
Kyffhäuserstr.
Goltzstraße
Güntzelstr.
Aschaffenburger Str.
Barbarossastraße
K. z. Heilsbr.
Speyerer Str.
Penzberger Str.
Berchtesgadener Str.
Barbarossaplatz
Barbarossastraße
Gleditschstr.
Güntzelstr.
Helmstedter Straße
Jenaer Str.
Prinzregentenstr.
Bamberger Str.
Rosenheimer Straße
Freisinger Str.
Karl-Schrader-Str.
Diab. Hospital
Tharandter Str.
Bayerischer Pl.
Westarpstr.
Eisenacher Str.
A.-Paulus-K.
Amtsger.
Klixstr.
OSZ
Akazienstraße
Schwed. K.
Berliner Str.
Stubbenstr.
Bayerischer Pl.
Gothaer Str.
Paulusstr.
Turnhalle
Wartburgpl.
Wartburgstraße
Merseburger Str.
Berliner Str.
Babelsberger Str.
Kufsteiner Str.
Bozener Str.
Meraner Str.
Innsbrucker Str.
Salzburger Str.
Nordsternpl.
K.-Wilh.-Pass.
Badensche Straße
Fachhochsch. f. Wirtsch.
Wartburgstr.
Meininger Str.
John-F.-Kennedy-Pl.
Belziger Str.
Soz.amt
Raths.
Bez.-amt
H.-Lassen-Park
Feuerw. Schön.
Ehrwalder Str.
Steinacher Str.
Rathausstr.
St.-Norbert-K.
Stadtbad
Method.
FU
Waghäuseler Str.
C.-Zuckm.-Br.
Sen. f. Wirtsch.
Dominicusstr.
Bücherei
Dorfk.
Hospital
Albertstraße
Prinz-Georg-Str.
Volkspark-steg
Freiherr-vom-Stein-Str.
R.-Wilde-Park
Rathaus Schöneberg
Koburger Str.
P.-Gerh.-K.
Feurigstr.
Ebersstr.
Volkspark
Heil.-Kreuz-Kirche

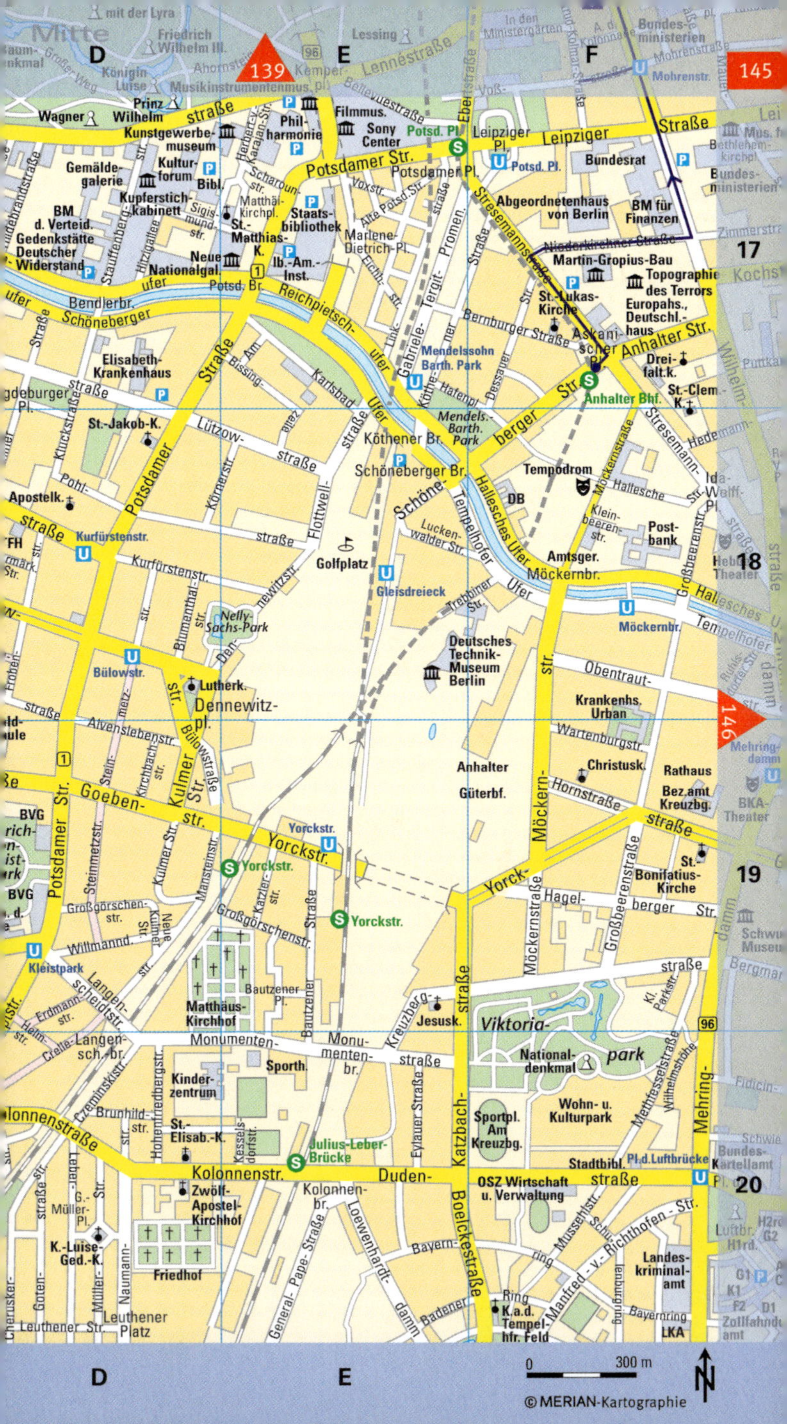

D
E
F
139
145
146
17
18
19
20
Mitte
Lessing
Friedrich Wilhelm III.
Königin Luise
Musikinstrumentenmus.
Lennéstraße
Bellevuestraße
Ebertstraße
In den Ministergärten
Bundes-ministerien
Mohrenstr.
Prinz Wilhelm
Wagner
Kunstgewerbe-museum
Phil-harmonie
Filmmus.
Sony Center
Potsd. Pl.
Leipziger Pl.
Leipziger Straße
Gemälde-galerie
Kultur-forum
Bibl.
Kupferstich-kabinett
Potsdamer Str.
Potsdamer Pl.
Bundesrat
BM d. Verteid.
Gedenkstätte Deutscher Widerstand
Stauffenbergstr.
St.-Matthias-K.
Matthäi-kirchpl.
Staats-bibliothek
Neue Nationalgal.
Ib.-Am.-Inst.
Marlene-Dietrich-Pl.
Alte Potsd. Str.
Voxstr.
Stresemannstraße
Abgeordnetenhaus von Berlin
BM für Finanzen
Niederkirchner Straße
Martin-Gropius-Bau
Topographie des Terrors
Europahs., Deutschl.-haus
St.-Lukas-Kirche
Askanischer Pl.
Anhalter Str.
Anhalter Bhf.
Drei-falt.k.
St.-Clem.-K.
Bendlerbr.
Schöneberger Ufer
Reichpietschufer
Potsd. Br.
Elisabeth-Krankenhaus
Magdeburger Pl.
Lützowstraße
Karlsbad
Mendelssohn Barth. Park
Mendels.-Barth.-Park
Bernburger Straße
Köthener Br.
Schöneberger Br.
Schöneberger Str.
Hafenpl.
Gabriele-Tergit-Promenade
St.-Jakob-K.
Apostelk.
Kurfürstenstr.
Kurfürstenstraße
Flottwell-straße
Körnerstr.
Golfplatz
Gleisdreieck
Tempodrom
DB
Hallesches Ufer
Tempelhofer Ufer
Luckenwalder Str.
Möckernbr.
Möckernstraße
Amtsger.
Post-bank
Kleinbeeren-str.
Hallesche Str.
Hebbel-Theater
Ida-Wolff-Pl.
Großbeerenstr.
Trebbiner Str.
Nelly-Sachs-Park
Dennewitzstr.
Bülowstr.
Lutherk.
Dennewitz-pl.
Deutsches Technik-Museum Berlin
Obentrautstr.
Krankenhs. Urban
Wartenburgstr.
Christusk.
Rathaus
Bez.amt Kreuzbg.
BKA-Theater
Mehringdamm
Alvenslebenstr.
Kulmer Str.
Bülowstraße
Goebenstr.
Yorckstr.
Anhalter Güterbf.
Hornstraße
Yorckstraße
Potsdamer Str.
Steinmetzstr.
Mansteinstr.
Katzlerstr.
St. Bonifatius-Kirche
Hagelberger Str.
Großgörschenstr.
Kleistpark
Willmannd.
Langenscheidtstr.
Matthäus-Kirchhof
Bautzener Pl.
Bautzener Straße
Jesusk.
Kreuzbergstr.
Katzbachstraße
Viktoria-park
National-denkmal
Monumentenstr.
Monumentenbr.
Langensch.-br.
Sporth.
Kinder-zentrum
Hohenfriedbergstr.
Czeminskistr.
Brunhildstr.
St.-Elisab.-K.
Kesselsdorfstr.
Julius-Leber-Brücke
Eylauer Straße
Sportpl. Am Kreuzbg.
Wohn- u. Kulturpark
Methfesselstraße
Mehringdamm
Kolonnenstraße
Kolonnenstr.
Dudenstraße
Stadtbibl.
Pl.d.Luftbrücke
OSZ Wirtschaft u. Verwaltung
Zwölf-Apostel-Kirchhof
Kolonnenbr.
Loewenhardtdamm
General-Pape-Straße
Bayernring
Boelckestraße
Manfred-v.-Richthofen-Str.
Landes-kriminal-amt
LKA
K.a.d. Tempelhfr. Feld
G.-Müller-Pl.
K.-Luise-Ged.-K.
Friedhof
Leuthener Str.
Leuthener Platz
Naumannstr.
Gotenstr.
Cheruskerstr.
0
300 m
N
D
E

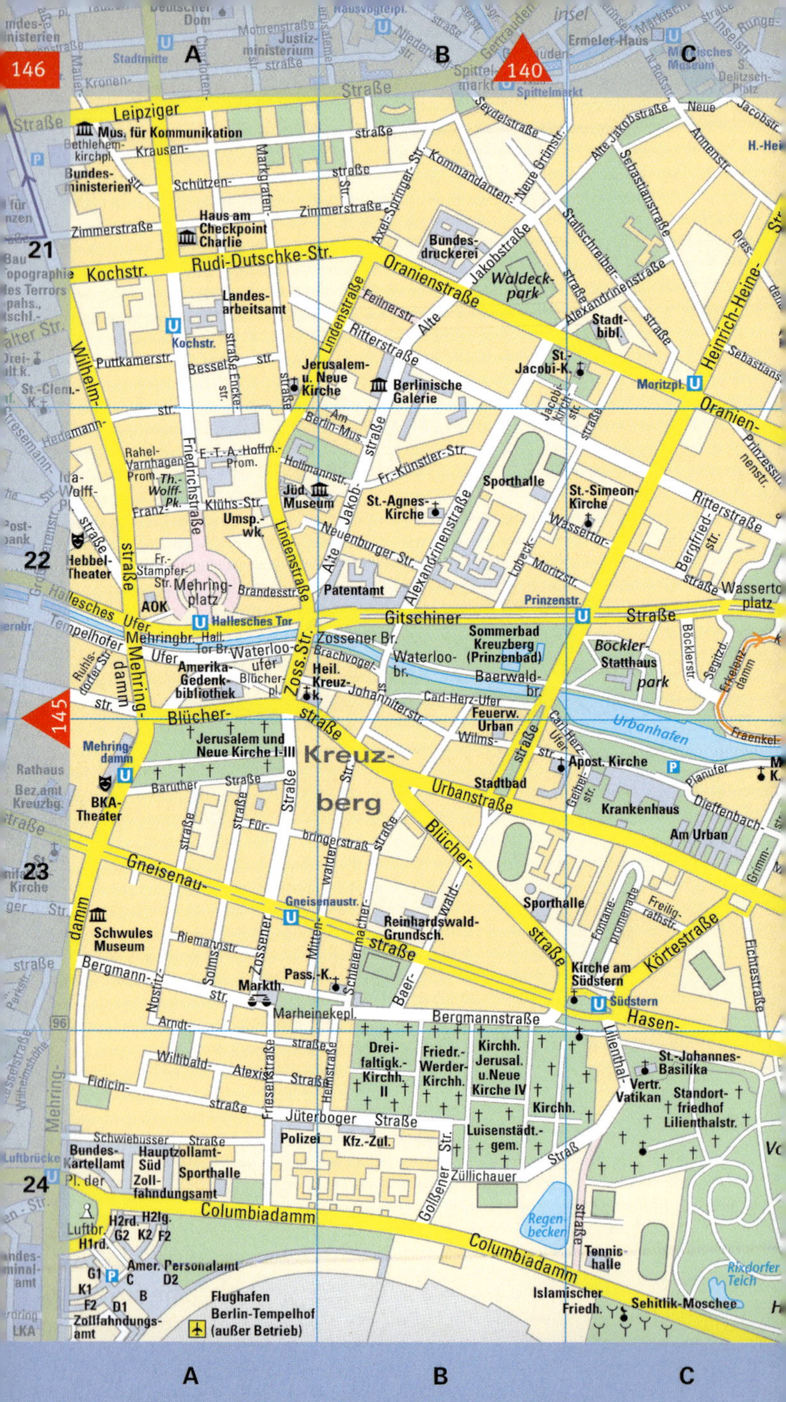
146
140
145
A
B
C
21
22
23
24
Leipziger Straße
Mus. für Kommunikation
Krausenstraße
Schützenstraße
Zimmerstraße
Haus am Checkpoint Charlie
Bundesministerien
Rudi-Dutschke-Str.
Kochstr.
Oranienstraße
Bundesdruckerei
Waldeck-park
Kommandantenstr.
Axel-Springer-Str.
Neue Grünstr.
Alte Jakobstraße
Sebastianstraße
Stallschreiberstraße
Alexandrinenstraße
Heinrich-Heine-Str.
Seydelstraße
Landesarbeitsamt
Kochstr.
Puttkamerstr.
Besselstr.
Enckestr.
Lindenstraße
Jerusalem- u. Neue Kirche
Berlinische Galerie
Ritterstraße
Feilnerstr.
Stadtbibl.
St.-Jacobi-K.
Moritzpl.
Oranienstr.
Wilhelmstraße
Friedrichstraße
Hedemannstr.
Rahel-Varnhagen-Prom.
E.-T.-A.-Hoffm.-Prom.
Th.-Wolff-Pk.
Franz-Klühs-Str.
Umsp.-wk.
Jüd. Museum
Hollmannstr.
Am Berlin-Mus.
Fr.-Künstler-Str.
St.-Agnes-Kirche
Alexandrinenstraße
Alte Jakobstraße
Neuenburger Str.
Sporthalle
St.-Simeon-Kirche
Wassertorstr.
Lobeckstr.
Moritzstr.
Bergfriedstr.
Wassertorplatz
Hebbel-Theater
Fr.-Stampfer-Str.
Mehringplatz
Brandesstr.
AOK
Patentamt
Hallesches Ufer
Hallesches Tor
Gitschiner Straße
Prinzenstr.
Tempelhofer Ufer
Mehringbr.
Waterloo-Ufer
Zossener Br.
Amerika-Gedenk-bibliothek
Blücherpl.
Zoss.-Str.
Heil. Kreuz-K.
Johanniterstr.
Waterloobr.
Sommerbad Kreuzberg (Prinzenbad)
Baerwaldbr.
Böckler-Statthaus park
Böcklerstr.
Urbanhafen
Carl-Herz-Ufer
Feuerw. Urban
Wilmsstr.
Mehringdamm
Blücherstr.
Jerusalem und Neue Kirche I-III
Kreuzberg
Baruther Straße
Fürbringerstraße
Urbanstraße
Stadtbad
Apost. Kirche
Planufer
Krankenhaus
Dieffenbachstr.
Am Urban
Rathaus Bez.amt Kreuzbg.
BKA-Theater
Gneisenaustraße
Gneisenaustr.
Blücherstraße
Reinhardswald-Grundsch.
Sporthalle
Fontanepromenade
Freiligrathstr.
Körtestraße
Fichtestraße
Schwules Museum
Riemannstr.
Bergmannstr.
Solmsstr.
Zossener Str.
Markth.
Pass.-K.
Schleiermacherstr.
Baerwaldstr.
Kirche am Südstern
Südstern
Hasenheide
Marheinekepl.
Bergmannstraße
Nostitzstr.
Arndtstr.
Willibaldstr.
Alexisstraße
Friesenstraße
Heimstraße
Fidicinstraße
Dreifaltigk.-Kirchh. II
Friedr.-Werder-Kirchh.
Kirchh. Jerusal. u.Neue Kirche IV
Kirchh.
Lilienthalstr.
St.-Johannes-Basilika
Vertr. Vatikan
Standortfriedhof Lilienthalstr.
Jüterboger Straße
Polizei
Kfz.-Zul.
Luisenstädt.-gem.
Schwiebusser Straße
Bundeskartellamt
Hauptzollamt-Süd
Zollfahndungsamt
Sporthalle
Pl. der Luftbr.
Columbiadamm
Züllichauer Str.
Golßener Str.
Regenbecken
Tennishalle
Islamischer Friedh.
Sehitlik-Moschee
Rixdorfer Teich
Amer. Personalamt
Zollfahndungsamt
Flughafen Berlin-Tempelhof (außer Betrieb)

D E F

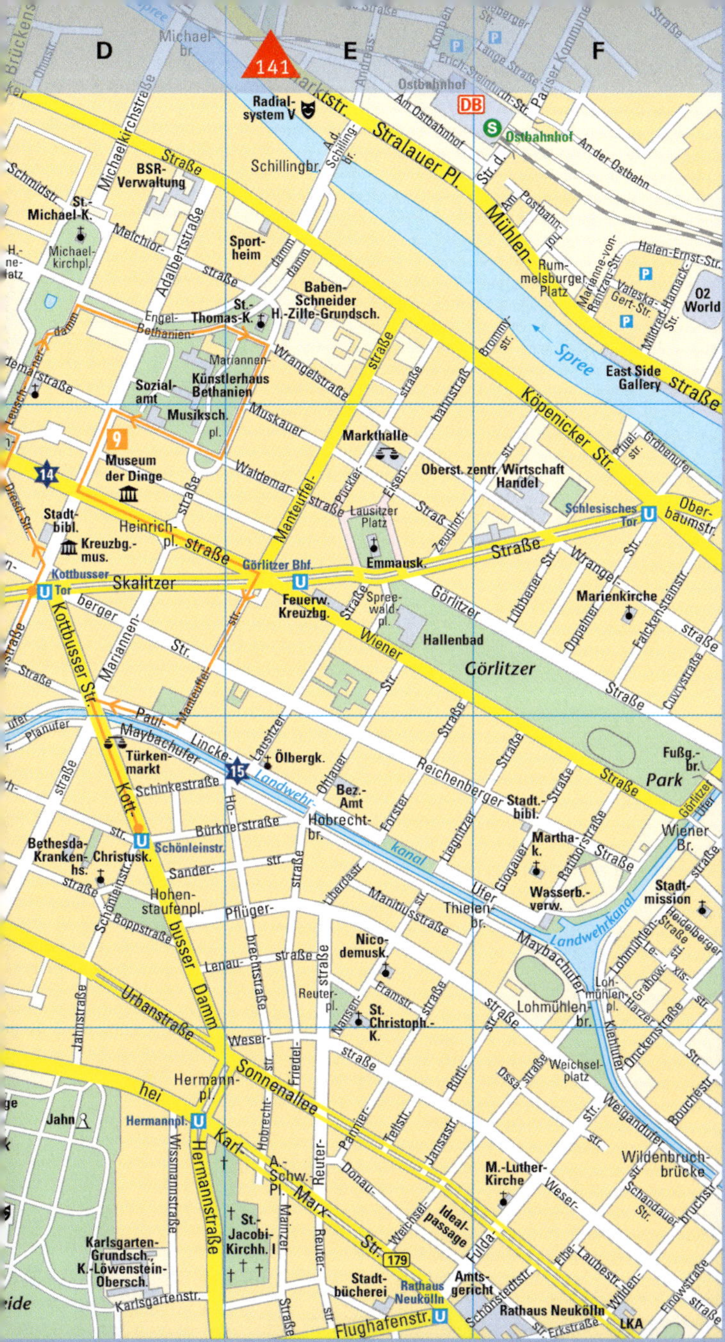

21
22
23
24

D E

0 300 m
N

Hier finden Sie alphabetisch aufgeführt alle auf den Spaziergängen beschriebenen Sehenswürdigkeiten. Außerdem enthält das Register wichtige Stichworte sowie alle MERIAN-Tipps dieses Reiseführers. Wird ein Begriff mehrfach aufgeführt, verweist die **fett** gedruckte Zahl auf die Hauptnennung im Band, eine *kursive* Zahl auf ein Foto.

Liebe Leserinnen und Leser,
wir freuen uns, Ihre Meinung zu diesem Reiseführer zu erfahren. Bitte schreiben Sie uns, wenn Sie Berichtigungen und Ergänzungsvorschläge haben oder wenn Ihnen etwas besonders gut gefällt:

TRAVEL HOUSE MEDIA GmbH, Postfach 86 03 66, 81630 München
E-Mail: merian-live@travel-house-media.de Internet: www.merian.de

Die Autorin
Diesen Reiseführer schrieb **Gisela Buddée.** Sie hat nach einem Pädagogik- und Kunststudium u. a. als Redakteurin der *Hamburger Rundschau* und Lektorin beim Verlag VSA gearbeitet. Seit 1994 lebt und schreibt sie als freie Journalistin in Berlin. Für MERIAN *live!* hat sie u. a. die Bände »Rügen«, »Harz« und »Berlin« verfasst.

Bei Interesse an digitalen Daten aus der MERIAN-Kartographie wenden Sie sich bitte an:
iPUBLISH GmbH, Abt. Cartography
merianmapbase@ipublish.de
www.merianmapbase.de

Bei Interesse an Anzeigenschaltung wenden Sie sich bitte an:
KV Kommunalverlag GmbH & Co KG
MediaCenterMünchen
Tel. 0 89 – 92 80 96 – 44
E-Mail: kramer@kommunal-verlag.de

Fotos
Titelbild: Hackesche Höfe (Georg Knoll/ Bilderberg
Alle Fotos von Erhard Pansegrau außer:
P. Adenis/laif: 55; akg-images: 4, 7, 8, 14, 18, 24, 34, 38, 39, 54, 56, 64, 66, 70, 86, 93; akg-images/AP: 11; akg- images/L.M. Peter: 47; akg-images/Peter Leibing: 92; A. Back/ laif: 42; Bildarchiv Pisarek/akg-images: 45; Freyer: 46, 60, 100, 108; Galli/laif: 20, 118; Langrock/Zenit/laif: 50, 76; B. Löschnig: 114, 116; G. Schneider: 40, 68, 115; L. Spörl: 28

Programmleitung
Dr. Stefan Rieß
Redaktion
Susanne Kronester
Lektorat
Heiderose Engelhardt
Gestaltung
wieschendorf.design, Berlin
MERIAN-Quiz
Verónica Reisenegger (Konzept und Idee)
Karten
MERIAN-Kartographie
Satz
Sabine Dohme, München
Druck
Appl, Wemding
Bindung
Auer, Donauwörth
Gedruckt auf
Eurobulk von der Papier Union

2. Auflage

TRAVEL HOUSE MEDIA

Ein Unternehmen der
GANSKE VERLAGSGRUPPE

Berliner Spaziergänge

MERIAN-Tipps

Was Sie auf den Spaziergängen nicht versäumen sollten

Spaziergang 7
Karl-Marx-Allee

10 Zeiten- und Systemwende überlebt hat das freundliche »Café Sibylle« mit seiner Ausstellung zur Entstehung der Straße (→ S. 82).

11 Ein kulinarisches Vergnügen der besonderen Art findet man im luxuriösen Gourmetlokal Maremoto am Strausberger Platz, wo die Menüs der Molekularküche die Sinne verzaubern (→ S. 87).

Spaziergang 8
Auf der Suche nach der Mauer

12 Als grüne Brücke mit Sport-, Spiel- und Sonnenplätzen verbindet der Mauerpark Ost- und West-Berlin. Der Mauer-Radweg führt vom Potsdamer Platz entlang der ehemaligen Grenze von West-Berlin (→ S. 90).

13 Im Dokumentationszentrum Berliner Mauer wird die Vergangenheit der geteilten Stadt hör- und sichtbar (→ S. 96).

Spaziergang 9
Kreuzberg

14 Gucken, stöbern, einkaufen, einkehren auf der Oranienstraße, dem quicklebendigen »Kudamm der Armen« (→ S. 107).

15 Kreuzberger Impressionen können bei einer Dampferfahrt auf dem Landwehrkanal ganz ungewöhnlich sein (→ S. 109).

Spaziergang 10
Prenzlauer Berg

16 Beim edlen Sonnabend-Markt am Kollwitzplatz gilt als sicher, dass man bekannte Politiker-Gesichter sieht. Auch die Kneipendichte ist hier deutlich höher als anderswo (→ S. 113).

17 Der Tag neigt sich dem Nachmittag zu, und man bestellt sich noch ein Frühstück am Helmholtzplatz (→ S. 117).

18 Ein Sommertag im Prater-Garten vereint Anwohner, Besucher, Künstler der Volksbühne, Kinder und Hunde (→ S. 119).

← Weitere MERIAN-Tipps finden Sie auf Seite 1

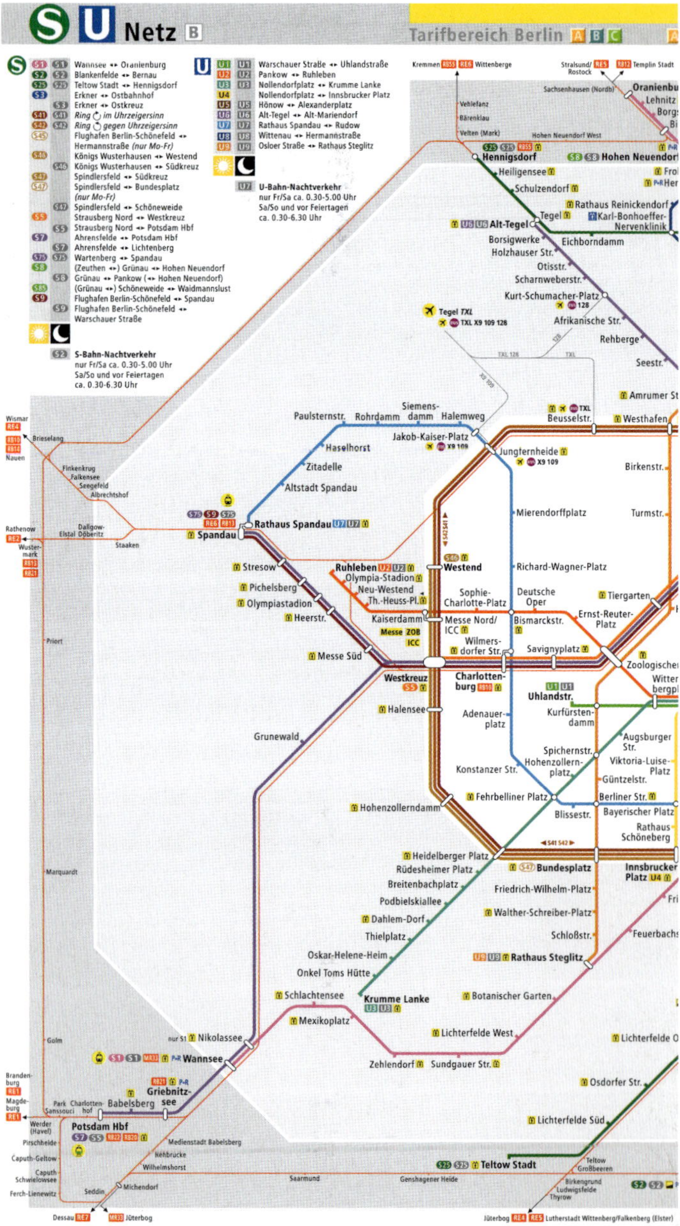
S U Netz B
Tarifbereich Berlin A B C
S1 Wannsee ↔ Oranienburg
S2 Blankenfelde ↔ Bernau
S25 Teltow Stadt ↔ Hennigsdorf
S3 Erkner ↔ Ostbahnhof
S3 Erkner ↔ Ostkreuz
S41 Ring im Uhrzeigersinn
S42 Ring gegen Uhrzeigersinn
S45 Flughafen Berlin-Schönefeld ↔ Hermannstraße (nur Mo-Fr)
S46 Königs Wusterhausen ↔ Westend
S46 Königs Wusterhausen ↔ Südkreuz
S47 Spindlersfeld ↔ Südkreuz
S47 Spindlersfeld ↔ Bundesplatz (nur Mo-Fr)
S47 Spindlersfeld ↔ Schöneweide
S5 Strausberg Nord ↔ Westkreuz
S5 Strausberg Nord ↔ Potsdam Hbf
S7 Ahrensfelde ↔ Potsdam Hbf
S7 Ahrensfelde ↔ Lichtenberg
S75 Wartenberg ↔ Spandau
S8 (Zeuthen ↔) Grünau ↔ Hohen Neuendorf
S8 Grünau ↔ Pankow (↔ Hohen Neuendorf)
S85 (Grünau ↔) Schöneweide ↔ Waidmannslust
S9 Flughafen Berlin-Schönefeld ↔ Spandau
S9 Flughafen Berlin-Schönefeld ↔ Warschauer Straße
S2 S-Bahn-Nachtverkehr
nur Fr/Sa ca. 0.30-5.00 Uhr
Sa/So und vor Feiertagen
ca. 0.30-6.30 Uhr
U1 Warschauer Straße ↔ Uhlandstraße
U2 Pankow ↔ Ruhleben
U3 Nollendorfplatz ↔ Krumme Lanke
U4 Nollendorfplatz ↔ Innsbrucker Platz
U5 Hönow ↔ Alexanderplatz
U6 Alt-Tegel ↔ Alt-Mariendorf
U7 Rathaus Spandau ↔ Rudow
U8 Wittenau ↔ Hermannstraße
U9 Osloer Straße ↔ Rathaus Steglitz
U7 U-Bahn-Nachtverkehr
nur Fr/Sa ca. 0.30-5.00 Uhr
Sa/So und vor Feiertagen
ca. 0.30-6.30 Uhr
Kremmen RB55 RE6 Wittenberge
Stralsund/ Rostock RE5 RB12 Templin Stadt
Oranienburg
Lehnitz
Sachsenhausen (Nordb)
Vehlefanz
Bärenklau
Velten (Mark)
Hohen Neuendorf West
Hennigsdorf
Hohen Neuendorf
Heiligensee
Schulzendorf
Tegel
Alt-Tegel
Rathaus Reinickendorf
Karl-Bonhoeffer-Nervenklinik
Borsigwerke
Holzhauser Str.
Eichborndamm
Otisstr.
Scharnweberstr.
Kurt-Schumacher-Platz
Afrikanische Str.
Rehberge
Seestr.
Tegel TXL
TXL X9 109 128
Amrumer St
Beusselstr.
Westhafen
Paulsternstr.
Rohrdamm
Siemensdamm
Halemweg
Jakob-Kaiser-Platz
X9 109
Jungfernheide
Haselhorst
Zitadelle
Altstadt Spandau
Birkenstr.
Mierendorffplatz
Turmstr.
Wismar RE4
Brieselang
RB10 RB14 Nauen
Finkenkrug
Falkensee
Seegefeld
Albrechtshof
Rathenow RE2
Dallgow-Döberitz
Elstal
Wustermark RB13 RB21
Staaken
Rathaus Spandau
Spandau
S75 S9 S75 RE6 RB13
Richard-Wagner-Platz
Stresow
Ruhleben
Olympia-Stadion
Neu-Westend
Th.-Heuss-Pl.
Westend
Pichelsberg
Olympiastadion
Heerstr.
Sophie-Charlotte-Platz
Deutsche Oper
Tiergarten
Kaiserdamm
Messe Nord/ICC
Bismarckstr.
Ernst-Reuter-Platz
Messe ZOB ICC
Wilmersdorfer Str.
Savignyplatz
Zoologischer
Messe Süd
Priort
Westkreuz
Charlottenburg
Uhlandstr.
Wittenbergpl
Halensee
Adenauerplatz
Kurfürstendamm
Grunewald
Augsburger Str.
Spichernstr.
Hohenzollernplatz
Viktoria-Luise-Platz
Konstanzer Str.
Güntzelstr.
Fehrbelliner Platz
Berliner Str.
Hohenzollerndamm
Blissestr.
Bayerischer Platz
Rathaus Schöneberg
S41 S42
Heidelberger Platz
Rüdesheimer Platz
Bundesplatz
Innsbrucker Platz
Marquardt
Breitenbachplatz
Friedrich-Wilhelm-Platz
Podbielskiallee
Walther-Schreiber-Platz
Dahlem-Dorf
Thielplatz
Schloßstr.
Feuerbach
Oskar-Helene-Heim
Rathaus Steglitz
Onkel Toms Hütte
Schlachtensee
Krumme Lanke
Botanischer Garten
Mexikoplatz
Golm
nur S1 Nikolassee
Lichterfelde West
Lichterfelde O
Wannsee
Zehlendorf
Sundgauer Str.
Brandenburg RE1
Magdeburg RE1
Griebnitzsee
Park Sanssouci
Charlottenhof
Babelsberg
Osdorfer Str.
Werder (Havel)
Potsdam Hbf
Lichterfelde Süd
Pirschheide
Medienstadt Babelsberg
Rehbrücke
Caputh-Geltow
Wilhelmshorst
Caputh-Schwielowsee
Teltow Stadt
Teltow
Großbeeren
Ferch-Lienewitz
Seddin
Michendorf
Saarmund
Genshagener Heide
Birkengrund
Ludwigsfelde
Thyrow
Dessau RE7
MR33 Jüterbog
Jüterbog RE4 RE5 Lutherstadt Wittenberg/Falkenberg (Elster)